U0549095

本书获西华师范大学出版基金资助

Sports Policies for Primary and Secondary Schools in Western Countryside

Theory and Practice

刘霞——著

西部农村中小学校体育政策

理论与实践

社会科学文献出版社
SOCIAL SCIENCES ACADEMIC PRESS (CHINA)

序　言

青少年体质健康既是今天全民健康的“基数”，也是明天全民健康的“基石”。不可否认，青少年体质健康水平已经成为我国建设人才强国和人力资源强国进程中的一个热点和难点问题。学校体育是促进青少年全面成长的重要内容，是学校教育培养全面发展人才的重要组成部分，因此，做好学校体育工作是促进我国青少年体质健康发展的基本路径，也才能实现国人期盼的“体质强，做栋梁”的青少年健康成长目标。新中国成立以来，为了解决学校体育发展中存在的问题，国家围绕体育教学、课外体育活动、学生体质健康、体育场地设施建设、体育安全等出台了一系列政策文件，但这些政策文件在“小胖墩”继续增加、学生视力不良检出率持续上升的现实面前显然乏力，学校体育依然任重道远。由于受地理位置、经济条件、历史等诸多因素的制约和影响，我国西部地区尤其是西部农村地区，不管是教育水平、办学条件、教学质量还是教育发展速度，与东部地区相比，都存在比较明显的差距。因此，在这样的背景下，探讨西部农村中小学校体育政策执行的理论与实践问题，加快发展西部农村中小学校体育，提升西部农村中小学校体育政策执行效果，既是顺应时代的需要，也是实现教育全面发展的必然要求。

本书认为，西部农村中小学校体育政策执行作为我国学校体育政策执行的重点和难点，其政策执行效果必须以准确的现状调查为基础，充分考虑西部农村学校体育的地域、社会、文化差异，同时要充分认识到西部农村中小学校体育政策执行的作用和意义。从已有的研究成果来看，这几个方面的内容缺乏系统深入的研究。基于以上认识，本书的主要内容包括以下方面。一是在理论研究方面，阐明学校体育政策执行的概念、功能等基本理论问题，分析学校体育政策执行的作用和意义，同时，对不同时期我国学校体育政策法规的数量变化、内容变迁、特征等进行系统分析，探讨学校体育政策执行的特点和影响因素，构建学校体育政策执行效果评价的理论框架。二是在实证研究方面，对西部农村中小学校体育政策执行主体能力、组织执行、执行资源与环境、执行效果以及学校体育政策本身等现状进行了调查，并采用层次分析法建立学校体育政策执行评价指标体系，以此对西部农村中小学校体育政策执行情况进行更直观的探讨研究，在理论和实证研究的基础上，对西部农村中小学校体育政策执行存在的主要问题进行提炼分析。三是在原因及对策研究方面，本书从政策网络理论出发，分析得出西部农村中小学校体育政策执行存在问题的原因有执行主体情绪障碍、执行组织协同机制缺乏、执行资源结构封闭、执行监管缺位等，同时，从西部农村中小学校体育政策执行的实际出发，对如何提升西部农村中小学校体育政策执行水平提出了对策建议。

在研究方法上，考虑到农村中小学校体育政策执行研究的成果相对较少，同时，宏观的大规模问卷调查往往对现实生活的反馈不够深刻和全面，因此，本书在综合运用问卷调查法、数理统计法、访谈法之外，还采用层次分析法确定学校体育政策执行评价指标体系中各指标的权重，以期全面客观评价西部农村中小学校体育政策执行的实然状态。

在整个编写过程中，课题组成员和负责各个地区的调查人员付出了辛勤的劳动，同时也得到了很多专家学者的帮助，如成都师范学院陈宁教授、上海体育学院唐炎教授和卢文云教授、丽水学院张正民教授、西南大学夏思永教授和龚坚教授、西华师范大学王永安教授给予本书许多有益的指导；在研究成果形成过程中，湖南工业大学王国军副教授、西南大学刘峥教授、西华师范大学杨斌副教授和贺彦淇副教授等做了大量研究工作；硕士研究生岳锐、刘仕梅对研究成果进行了校订工作，李花、何忝蒝、鲍倩、管福平、刘斌、刘伟等在问卷发放和资料整理过程中付出了汗水。在研究成果出版之际，谨在此向给予本书研究帮助的全体人员表达由衷的感谢。

总体来看，本书的学术价值体现在：通过对学校体育政策执行的概念、特点、作用等进行研究，建立学校体育政策执行的理论框架，可以丰富和完善体育政策学等相关学科的理论知识，对今后我国学校体育政策执行的规范研究具有重要的理论意义。本书的应用价值体现在以下两个方面。一是研究方法上，采用定量研究和定性研究相结合的方法，对西部农村中小学校体育政策执行现状、存在的问题以及对策进行了分析。定量研究注重对学校体育政策执行现状及存在的问题进行实证分析，定性研究注重采用层次分析法确立学校体育政策执行评价指标体系。二是通过研究调查西部农村中小学校体育政策执行的实际情况，从中发现制约西部农村中小学校体育政策执行的阻滞因素，找到消除我国学校体育政策执行阻滞的行之有效的对策，为国家或地区改变青少年体质健康持续下滑的现实情况提供相关决策参考。

本书重点放在了西部农村中小学校体育政策基层执行主体学校层面上，因此，在后续研究中，可以有针对性地开展对教育主管部门领导和体育主管部门领导的调查或者访问，以便获取领导层对西部农村中小学校体育政策执行的态度取向、策略实施、支持力度和方式等方面的信息；此外，研究中缺乏对西部农村中小学校体育政策执行的典型调查结果，有待今后进行更深入的研究。

由于笔者学识水平有限，书中谬误在所难免，恳望同行专家和广大学者批评指正。

刘 霞

2022 年 8 月于南充

目　录

1. 导论

青少年是国家和民族的希望。习近平总书记强调："少年强、青年强则中国强。"① 近年来，在各级政策措施的引领下，我国青少年身高、体重、胸围等身体形态发育指标持续向好，柔韧、力量、速度等身体素质出现好转，学生肺活量全面提升。第八次全国学生体质与健康调研结果显示，我国学生体质健康优良达标率总体呈现上升趋势，学生体质与健康水平持续提高。但与此同时，儿童青少年超重和肥胖的检出率继续上升，已超过世界卫生组织公布的10%的"安全临界点"，视力不良检出率继续上升等问题仍较为显著。② 2016年5月，《国务院办公厅关于强化学校体育促进学生身心健康全面发展的意见》（国办发〔2016〕27号）也明确指出："学校体育仍是整个教育事业相对薄弱的环节……学生体质健康水平仍是学生素质的明显短板。"如何精准把握青少年体质健康新局面，加强和改进学校体育工作，提升学生体质健康水平，依然任重道远。

国家历来高度重视青少年的健康成长，为了保证学校体育工作的顺利开展，中央把学校体育政策制定和执行作为重要抓手，各级各部门制定了一系列促进学校体育工作正常开展的政策举措。从已经颁布的学校体育政策来看，既有行政法规、规章，也有指导性文件；既有针对学校体育工作开展的具体要求，也有专门的指导性方案。应该说，不管是学校体育政策文件颁布的数量和频率，还是学校体育政策文本的类型和层级，学校体育领域都属于"政

① 《强身健体　多彩假期（新时代画卷）》，《人民日报》2022年8月26日。

② 刘扶民、杨桦主编《中国青少年体育发展报告（2016）》，社会科学文献出版社，2017，第3页。

策密集区”。但是，长期以来，受社会环境、教育体制、文化观念的影响，学校体育工作处于号召多、行动少、落实难的困境中[①]，我国学校体育政策执行效果不佳。

当前时代背景下，增强青少年体质、增进青少年健康对推进“健康中国战略”具有强烈的时代意义。青少年的体质健康水平不仅关系着个人的健康和幸福，而且关系着祖国和民族的未来，甚至关系着国防的安全。我们要全面建成的小康，不仅仅是生活的小康，更是身体的全面健康，尤其是肩负祖国未来发展的青少年的身体更要健康和强壮。因此，没有青少年的身体健康，祖国的未来和民族的希望就将成为无源之水、无本之木。青少年的体质健康问题已经成为影响我国体育强国建设的严峻问题。

第六次全国人口普查资料显示：我国农村中小学生人数占到全国中小学生总数的75%以上，农村中小学校数量占全国中小学校总体数量的85%，西部农村中小学校数量为3.8万余所。在学校体育改革进程中，西部农村地区学校体育的发展成为制约学校体育改革的关键一环。面对西部农村地区自然条件差、经济条件相对落后的现实，学校体育的发展更加受到限制，因此，探讨西部农村中小学校体育政策执行的理论与实践问题，加快发展西部农村中小学校体育，提升西部农村中小学校体育政策执行效果，既是顺应时代的需要，也是实现教育全面发展的必然要求。

1.1 研究依据

1.1.1 教育全面发展的时代需要

中国共产党第十九次全国代表大会提出，到2020年，实现全面建成小康社会的第一个百年奋斗目标；到21世纪中叶，实现建成富强民主文明和谐美丽的社会主义现代化强国的奋斗目标。[②] 实际上，早在2002年，在中国共产党第十六次全国代表大会上就已经提出“全面建设小康社会，加快推进社会

---

① 张文鹏、王健、董国永：《让学校体育政策落地生根——基于教育部〔2014〕3号文的解读》，《体育学刊》2015年第1期，第67页。

② 《习近平在中国共产党第十九次全国代表大会上的报告》，人民网，http://cpc.people.com.cn/n1/2017/1028/c64094-29613660.html。

主义现代化”的目标任务。自此，党中央带领全国各族人民在全面实现社会主义现代化的道路上不断奋进，从“解决人民温饱问题”到实现“人民生活达到小康水平”，从实现“总体小康”到“全面建设小康”，直至“全面建成小康”，无不体现出党中央带领全国各族人民不断迈向社会主义现代化的信心和决心。

教育是民族振兴、社会进步的基石，教育全面发展是我国进入人才强国和人力资源强国行列的重要保证。当然，教育的全面发展必然离不开学校体育的全面发展，作为培养德智体美劳全面发展人才教育体系重要组成部分的学校体育，在实现人才强国和人力资源强国的目标上有着不可替代的重要作用。如果说教育是社会进步、民族振兴的基石，那么学校体育就是学校教育的基石，没有儿童青少年强健的体魄和良好的体质健康水平，德育、智育、美育的培养都将成为一句空话。学校体育是素质教育的重要内容，因其教育、健身、娱乐、文化、经济等功能在增强学生体质、健全学生人格方面具有不可或缺的重要作用。因此，在这样的时代背景下，为积极回应时代的需要，要重新审视教育、审视学校体育是否符合我国教育全面改革发展的需要。

当前，我国学校体育发展过程中表现出来的“政策依赖、资源分配不公平、监督问责不力”① 等现实问题，已经严重阻碍了教育现代化的进程。一方面，学校体育资源分配不均问题凸显。在学校体育场地设施资源上，有两种情况并存：在农村学校，有地方、有土地但没有经费来源，导致学校体育场地设施匮乏甚至严重不足；在城市学校，有经费来源却受限于土地资源紧张而导致无法进行修建。特别是在中西部欠发达地区，有的学校因为条件差，没有办法修建体育场地。在学校体育师资资源上，按照《国家学校体育卫生条件试行基本标准》的规定，各级各类学校应当按照教学课时需要配足、配齐体育教师，但实际情况是，体育师资力量不足仍然是制约学校体育发展的难题之一，目前体育教师缺口仍在 20 万人左右。② 另一方面，学校体育的监督问责机制不健全，在实践中可操作性差，学校体育“自上而下”的单一管理制度，造成上级部门只能依靠基层学校单方面的汇报，获取基层学校体育开展的信息，而对于基层学校体育政策执行的实际情况，无法更全面的获得。

---

① 张正民：《论我国学校体育发展方式转变》，博士学位论文，北京体育大学，2015，第 7 页。

② 《新华社调查体育师资紧缺情况：七个人的活，四个人干》，中国青年网，http://news.youth.cn/gn/201909/t20190910_12065683.htm。

2007年，教育部和国家体育总局推出《国家学生体质健康标准》，要求每年各级各类学校按时准确上报学生体质健康测试结果，2018年，除极少数省份外，其他省份的上报率都在90%以上①，但是，由于宣传和动员不到位，且平时缺乏练习，因此，一大部分学生持消极应付的态度对待学生体质健康测试，而在数据上报过程中，个别学校为了达到数据“美观”，存在恶意篡改数据的情况，学生体质健康水平难以得到真实反映②。

体育是教育的基石，是我国教育全面发展不可或缺的重要组成部分。学校体育能否顺利开展不仅关系到青少年能否拥有健康的体魄和良好的体质健康水平，而且关系到青少年成年后体育态度和体育价值观的形成。第六次全国人口普查资料显示：我国有8亿人口居住在农村，占总人口数量的63.78%，而农村中小学生人数占到全国中小学生总数的75%以上，农村中小学校数量占全国中小学校总体数量的85%，西部农村中小学校数量为3.8万余所。因此，在我国加快推进社会主义现代化建设进程中，学校体育的改革发展特别是西部农村中小学校体育的改革发展，应顺应时代的需要，加快现代化建设步伐，为我国早日进入人才强国和人力资源强国行列做出贡献，这是学校体育发展的时代需要，也是实现教育全面发展的必然要求。

1.1.2 青少年体质健康引发的忧思

长期以来，党和国家都高度关注青少年的全面健康成长，不断强调学校体育工作的重要性。但是，近30年，我国青少年体质持续下降的现实显示，不断出台的学校体育政策文件并未能完全改变我国学校体育的发展状况，超重、肥胖、视力不良检出率等指标令人担忧，爆发力、耐力等身体素质虽有提升但依然不乐观，青少年身体活动不足，运动技能掌握和体育习惯养成缺失，这些都表明我国的学校体育目标任务没有很好完成，学校体育在顺应学校教育发展的进程中已经暴露出其发展的弊端，与此同时，青少年体质持续下降也从另一个层面反映出我国学校体育发展的滞后性，因此，让学校体育政策落地生根，切实推动学校体育改革发展势在必行。

---

① 《2018年各省上报学校情况统计》，学生体质健康网，http://www.csh.moe.edu.cn/wtzx/zcwj/20190116/2c95958c67b7572e0167baabb57e0000.html。

② 周琦：《〈国家学生体质健康标准〉的演变过程及现实问题分析》，《黑龙江教育（理论与实践）》2018年第6期，第88页。

少年强、体育强则中国强。[①] 青少年身心健康、体魄强健是国家繁荣、民族昌盛、社会文明进步的重要标志。青少年是祖国的未来，民族的希望。改革开放以来，国民经济的飞速发展带来人民生活水平和生活质量的不断提高，本应是随着社会经济发展和生活质量改善而不断提高的国民体质，尤其是处于生长发育关键期的青少年体质，却事与愿违。据 2013 年对全国范围内 20 多万青少年的测试，在初中及以上男生的引体向上测试中，有一半以上的人一个都拉不上去。[②] 而与之形成鲜明对比的是，过去 25 年，韩国、日本青少年肺活量、运动能力等体质指标一直在不断提升，日本青少年身高 25 年间平均增长 10 多厘米。2013 年，杭州市一所小学召开学生运动会开幕式，在不到 1 个小时的时间内晕倒 20 人，让人胆战心惊。[③] 2014 年 5 月，南昌某高校一学生在跑步时因突感不适，送医后经抢救无效死亡；2015 年 4 月，深圳某中学一学生在体育课热身跑时突然倒地，送医后经抢救无效死亡。[④] 青少年体质健康呈现的“一动就晕，一跑就倒”的窘境已经引起了党和政府的高度重视和忧思，也引起了社会的广泛关注。《中共中央　国务院关于加强青少年体育增强青少年体质的意见》（简称“中央 7 号文件”）强调：青少年身体素质的持续下降已经成为社会发展的潜在危机，如果不切实加以解决，将关乎国家和民族的未来。

2014 年 10 月，国务院印发《关于加快发展体育产业促进体育消费的若干意见》（简称《意见》），首次把全民健身上升到国家战略的高度，将提高人民健康水平作为根本目标，并希望通过全民健身国家战略，促进人人参与、人人健康、人人快乐、人人幸福。2016 年 8 月，习近平总书记在全国卫生与健康大会上提出的“推动全民健身和全民健康深度融合”，再一次对全民健身国家战略进行顶层调控。当前的时代背景下，增强青少年体质、增进青少年健康对推进“健康中国战略”具有重要的时代意义。而西部农村地区受自然条件差、经济条件相对落后的影响，学校体育的发展受到限制，因此，西

---

① 《凝聚合力提升青少年身体素质》，国家体育总局官网，https://www.sport.gov.cn/n20001280/n20745751/n20767239/c23438524/content.html。

② 《教育部新标准：初中以上男生必测引体向上》，人民网，http://edu.people.com.cn/n/2014/0725/c1053-25340839.html。

③ 《数据显示中国青少年体质下降 运动能力大幅下降》，央广网，https://edu.cnr.cn/pdtj/yw/201404/t20140408_515243308.shtml。

④ 《学生体育课成送命课？猝死刺痛了谁》，腾讯体育，https://sports.qq.com/a/20151105/010544.htm#p=1。

部农村学校体育更应积极调整发展方式，积极参与到学校体育改革中，从学校体育政策执行的源头着手，积极发现西部农村中小学校体育政策执行的问题和矛盾，结合西部农村中小学校体育发展现状，建立学校体育发展的良性运行机制，打造西部农村中小学校体育发展特色，如此，才能有针对性地解决西部农村中小学校体育发展问题，从而促进西部农村学校体育的跨越发展。

1.1.3 学校体育政策执行不力的现实需要

国家历来高度重视青少年的健康成长，为了保证学校体育工作的顺利开展，中央把学校体育列为国家重要大事，各级各部门制定了一系列促进学校体育工作正常开展的政策举措。长期以来，受各种因素的影响，学校体育工作处于号召多、行动少、落实难的困境[①]，我国学校体育政策执行效果不佳。

其一，体育课被占用现象严重。体育课和课外体育活动是学校体育工作开展的落脚点，因此，《学校体育工作条例》明确规定：学校应当根据教育行政部门的规定，组织实施体育教学活动，普通中小学校、农业中学、职业中学、中等专业学校各年级和普通高等学校的一、二年级必须开设体育课。《中共中央 国务院关于加强青少年体育增强青少年体质的意见》也明确指出：各级各类学校必须严格执行国家《体育与健康课程》标准，保证小学和初中每周3学时、高中每周2学时的体育课时。但是，国家统计局调查数据显示：我国许多地区体育课被占用现象非常严重，我国中学体育课被占用改上其他课程的比例为37.5%，到初三年级和高三年级，体育课被占用的现象更是相当普遍。一名四川省南充市某小学四年级的学生在接受访谈时谈道："一到期末，我们的体育课、音乐课、美术课基本改成语文课和数学课，语文老师和数学老师不停地轮流来占体育课、音乐课、美术课。"而这种现象在农村中小学更加严重，在农村中小学中，19%的学生没有享受体育教育，12%的学校体育教学处于随意状态；在经济不发达的西部农村中小学，有16.2%的学校由于各种原因尚没有开设体育课。[②] 雷敏的研究结果显示：体

---

① 张文鹏、王健、董国永：《让学校体育政策落地生根——基于教育部〔2014〕3号文的解读》，《体育学刊》2015年第1期，第67页。

② 葛新、曹磊、王华倬：《教育公平视域下我国农村学校体育发展的困境与对策》，《北京体育大学学报》2013年第10期，第89页。

育课被其他学科占用的情况相对普遍，尤其在期中、期末和调考前，这种情况愈发严重。在被调查的25名体育教师中，有4名体育教师反映自己一学期被占用的体育课达5~10节，被占比例为16%。[①]

其二，课外体育活动时间难以得到保证。青少年体质健康水平下降的原因是多方面的，但体育锻炼的时间和强度不能得到保证是其主要原因。课外体育活动是体育课的延伸，是学校体育工作的重要组成部分，课外体育活动的开展情况和成效对提高学生体质健康水平起着关键的作用。因此，围绕课外体育活动的有序开展，教育部印发的《切实保证中小学生每天一小时校园体育活动的规定》指出："中小学校要认真执行国家课程标准，保质保量上好体育课……没有体育课的当天，学校必须在下午课后组织学生进行一小时集体体育锻炼；每天上午统一安排25~30分钟的大课间体育活动。"这是我国第一次以制度形式规定各级各类中小学校要贯彻落实学生每天1小时体育活动。随后，"中央7号文件"、《国务院办公厅关于强化学校教育、促进学生身心健康全面发展的意见》等一系列文件也明确要求各级各类学校要认真贯彻落实中共中央、国务院的要求，这些高规格、强针对性的课外体育活动政策文件最终结果如何呢？一项涉及8个省区市8000余所学校的调查结果显示：绝大多数学校不能保证每天1小时体育锻炼时间，其中37%的学校根本没有组织学生开展课外体育活动[②]，近70%的学生在上课日家庭作业超过两小时[③]。政策的相继出台，并未改变"3000多人的高中学校体育器材少有使用的痕迹"[④]和"半数以上的学校几乎没有执行过中央7号文件"[⑤]的情况。学生的大量精力被消耗在"分数第一"的应试教育指导思想下，各种英语兴趣班、国学兴趣班、奥数思维班层出不穷，让学生应接不暇，根本没有时间和精力进行体育锻炼，即便有，也是为应对体育中考而产生的短期行为。学校体育政策

---

① 雷敏：《成都市初中学校体育现状调查及对策研究》，硕士学位论文，成都体育学院，2018，第39页。

② 国家体育总局政策法规司编《体育事业"十二五"规划文件资料汇编》，人民体育出版社，2011，第478页。

③ 杨成伟、唐炎、张赫、张鸿：《青少年体质健康政策的有效执行路径研究——基于米特-霍恩政策执行系统模型的视角》，《体育科学》2014年第8期，第60页。

④ 慈鑫：《拯救政策为何止不住青少年体质的下滑》，《中国青年报》2010年3月21日。

⑤ 李少群、卢其宝：《落实"中央7号文件"不妨从"校长重视体育抓起"——读〈体育教学〉卷首〈一小时之上〉所想到的》，《体育教学》2012年第7期，第70页。

有令不行、有禁不止，严重影响了学校体育政策的执行效果，自然影响青少年体质健康水平。

其三，学生体质健康测试数据准确性存疑。青少年时期是身体素质发展和身心健康成长的关键期，其体质健康水平不仅和个人的健康成长和家庭幸福息息相关，也关系到整个民族人才培养的质量。因此，我国从1985年开始实施的体质健康监测，其目的就是要了解真实的青少年体质健康状况，有针对性地采取干预措施，从而促进青少年体质健康发展。但是，在实际操作中，体质健康监测并没有真正发挥促进青少年体质健康水平提升的作用，测试数据失真现象比较严重。首先，国家历年向社会公布的全国学生体质与健康调研结果都是与上一次调研结果相比较后得出来的，这种调研结果不利于对当年学生体质的真实情况做出准确判断，其数据结果存在局限性和模糊性。[①] 如2015年向社会公布的全国学生体质与健康监测结果是：中小学生身体素质"向好"，大学生身体素质"向下"，全国学生体质与健康状况"喜忧参半"。与2010年相比，7～18岁学生中多数组别的学生速度、力量、柔韧、耐力等身体素质指标呈现稳中向好，且女生身体素质改善好于男生。[②] 其次，各级基层测试学校的数据准确性存疑。目前，部分中小学评优、评先进，本科教学评估等工作与《国家学生体质健康标准》挂钩，因此，为了达到国家规定的测试数据要求或标准，有些学校领导会直接给体育教师确定目标要求，在这种情况下，有的学校在数据不理想或不符合目标要求的情况下，会采取更改数据后上报或将其他学校测试的数据更改学校名称后上报的办法，以达到领导下达的要求。[③] 由于对《国家学生体质健康标准》政策执行的目的不明确，应付、被动现象不断出现，还出现弄虚作假现象，这些现象不仅使国家浪费了大量的人力、物力和财力，也使学生和老师浪费了大量的时间，其测试得到的结果却是一些令人遗憾的失真数据，没有达到《国家学生体质健康标准》应有的目的和要求。

---

① 马思远：《我国中小学生体质下降及其社会成因研究》，博士学位论文，北京体育大学，2012，第6页。

② 《全国学生体质健康状况喜忧参半》，人民网，http://edu.people.com.cn/n/2015/1126/c1053-27858518.html。

③ 王凤仙：《〈国家学生体质健康标准〉测试与数据上报存在的主要问题及其解决策略》，《体育学刊》2013年第3期，第91页。

1.2 研究目的与意义

1.2.1 研究目的

本书以西部农村中小学校体育政策执行情况为研究对象，探讨学校体育政策执行的理论与实践问题，其研究目的主要有以下三个方面。一是通过对不同历史时期我国学校体育政策的演变分析，试图揭示不同发展阶段我国学校体育政策的主要特征，为我国学校体育政策的改革提供历史经验与启示。二是通过对西部农村中小学校体育政策执行现状进行翔实的调查，以此作为西部农村中小学校体育政策执行的主要评价依据，分析影响西部农村中小学校体育政策执行存在问题的主要原因，以期总结出我国西部农村中小学校体育政策执行的普适性规律。三是通过理论探索和实证分析，以西部农村中小学校体育政策执行存在问题的普适性规律为依据，综合考虑城乡之间、东西部之间学校体育的实际情况，以此提出提升我国学校体育政策执行水平的对策建议。

1.2.2 研究意义

1.2.2.1 现实意义

青少年体质健康是今天全民健康的“基数”，也是明天全民健康的“基石”。然而，我国青少年体质健康问题已经成为困扰我国教育和社会发展的重大问题之一。[①] 青少年体质健康水平持续下降的现实，已然成为我国建设人才强国和人力资源强国进程中的一个热点和难点问题，这一问题不仅引起了党中央和国务院的高度重视，而且也引发了社会各界的广泛关注。发达国家的改革实践和研究经验表明，减少久坐行为、加强体育锻炼、增加身体活动量是增强青少年体质健康的最有效方式，而要减少青少年的久坐行为，提高青少年体育锻炼的积极性则离不开学校体育。学校体育不仅教会青少年掌握正确的体育基本知识、基本技术和基本技能，而且帮助青少年养成良好的体育锻炼习惯，形成积极的生活方式，树立正确的体育价值观和人生观。因

---

① 杨成伟、唐炎、张赫、张鸿：《青少年体质健康政策的有效执行路径研究——基于米特－霍恩政策执行系统模型的视角》，《体育科学》2014 年第 8 期，第 56 页。

此，做好学校体育工作是促进我国青少年体质健康发展的基本路径，也才能实现国人期盼的“体质强，做栋梁”的青少年健康成长目标。

体育是教育的重要组成部分，教育的全面协调发展，离不开体育的全面协调发展。可以说，没有体育的教育，就不是全面协调发展的教育，没有农村学校体育的全面开展就没有农村教育的全面协调发展。长期以来，由于受地理条件、经济条件、历史等诸多因素的制约和影响，我国西部地区尤其是西部农村地区，教育资源匮乏，教育发展水平相对滞后，城乡学校之间差距较大。不管是办学条件、教学质量还是教育发展速度，与东部地区相比，都存在比较明显的差距。为此，2000 年 10 月，《中共中央关于制定国民经济和社会发展第十个五年计划的建议》把实施西部大开发、促进地区协调发展作为一项战略任务，指出加快中西部地区发展，能够服务于国家经济社会发展大局，是关系民族团结、社会稳定、经济发展和实现共同富裕的重大战略举措。近年来，虽然中央不断加大财政转移支付力度，但是，由于县一级财政相对困难，投入不足依然是制约农村教育发展的一个重要问题，学校体育的开展在这种整体制约下自然受到相应的影响，有的农村学校平均只有 0.8 个体育教师，学校体育场地、器材设施达标的小学不到 50%、中学不到 30%的学校体育政策执行现状，使青少年体质健康的促进和落实举步维艰。[①] 因此，研究西部农村中小学校体育政策执行的实际情况，从中发现制约西部农村中小学校体育政策执行的阻滞因素，找到消除我国学校体育政策执行阻滞的行之有效的对策，可以解决西部农村中小学校体育落后的局面，为国家或地区改变青少年体质健康持续下滑的现实提供相关决策参考，对促进我国学校体育改革实践具有重要的现实意义。

1.2.2.2 理论意义

学校体育是教育的重要组成部分，学校体育政策对学校体育事业的健康发展起着指导和规范作用。新中国成立以来，为了解决学校体育发展存在的问题，国家出台了很多相关政策，如《体育与健康课程标准》《国家学生体质健康标准》《关于开展全国亿万学生阳光体育运动的通知》《学校体育工作条例》《中共中央 国务院关于加强青少年体育增强青少年体质的意见》《关

① 王登峰：《学校体育的困局与破局——在天津市学校体育工作会议上的报告》，《天津体育学院学报》2013 年第 1 期，第 3 页。

于保证中、小学生每天有一小时体育活动的通知》《切实保证中小学生每天一小时校园体育活动的规定》，但这些政策在青少年体质健康水平持续下降的现实面前显然没有真正发挥应有的政策效果。如何让学校体育政策落地生根，不仅关系着学校体育工作的全面有效开展，而且关系着广大青少年在学校享有健身、健心、益智、乐群的体育教育，达到增强体质、增进健康的目的。国内对学校体育政策执行的研究起步相对较晚、成果较少，仍处于探索阶段，尚未形成系统、规范的研究成果。通过对学校体育政策执行的概念、特点、作用等进行研究，建立学校体育政策执行的理论框架，可以丰富和完善体育政策学等相关学科的理论知识，对今后我国学校体育政策执行的规范研究具有重要的理论意义。

1.3 文献综述

1.3.1 相关概念界定

1.3.1.1 西部地区的界定

《国务院关于实施西部大开发若干政策措施的通知》（国发〔2000〕33号）指出，西部地区包括四川省、重庆市、贵州省、西藏自治区、广西壮族自治区、云南省、甘肃省、陕西省、青海省、宁夏回族自治区、新疆维吾尔自治区、内蒙古自治区等12个省区市。① 四川省、重庆市、贵州省、广西壮族自治区作为西部的主要省区市，具有大致相同的地理位置结构和经济发展水平，因此，本书研究的西部地区包括四川省、重庆市、贵州省、广西壮族自治区4个省区市。

1.3.1.2 农村与农村中小学

“农村”是一个地理概念，是相对于城市的称谓，是以农业生产为主要职业的居民的居住地。② 由于农村这一概念涵盖很强的区域性和层级性，不同层级的农村在物质条件和文化传统上具有很大的差异。因此，本书研究所指的农村是以市辖区下镇一级别的农村。由此，农村中小学在本书研究中的

① 《国务院关于实施西部大开发若干政策措施的通知》，中国政府网，http://www.gov.cn/gongbao/content/2001/content_60854.htm。

② 李宇军、张继焦编著《农村》，长征出版社，1998，第1页。

界定则是指位于市辖区下镇一级别的农村中小学。

1.3.1.3 政策与学校体育政策

明确政策的内涵是理解学校体育政策概念的逻辑起点。“政策”（policy）一词来源于西方，是由政治（politics）一词派生出来的。[①] 日本明治维新时期引入政策一词，将语义相近的汉字“政”和“策”组合起来，并翻译为政策。19世纪末，维新变法运动发生，中国引入政策一词。[②] 在中国古代汉语中，“政”是指国家治理的大事，政事实际上就是管理国家的大事。《说文解字》中提到“政者，正也”，也就是规范、控制的意思。《韩非子·五蠹》也指出“今欲以先王之政，治当世之民”。由此可知，“政”皆为国家管理、统治之意。“策”则是指智谋和方略。《人物志·接识》中“术谋之人，以思谟为度，故能成策略之奇”是对“策”的内涵为谋略的最好诠释。因此，从中国古代对政策的释义来看，所谓政策，是指治理国家、处理政事的计划和方略。[③] 同时，《牛津高阶英语词典》（第七版）将政策定义为“政党、企业采取的行动计划”[④]。《辞海》对政策的定义是“国家、政党为实现一定历史时期的路线和任务而规定的行动准则和具体措施”[⑤]。因此，从以上对政策的分析可以看出，政策的内涵主要集中在政策制定主体为了实现一定的政策目标而制定的行动方案、计划或准则等，而政策制定主体则包括政党、组织或者企业机构，政策内容则是具体的行动方案、计划或准则。

目前，学术界对政策的看法不一。国外学者对政策的界定主要从政策属性上进行区分，其主要观点有如下三种。第一种观点，美国当代政策科学家詹姆斯·E. 安德森将政策定义为“一系列为解决相关问题所采取的有目的的行动”[⑥]。第二种观点，政策科学的奠基者哈罗德·D. 拉斯韦尔对政策的定义是“一种包括为了某种目标而采取具体行动策略的大型规划”[⑦]。第三种观

---

① 王骚编著《公共政策学》，天津大学出版社，2010，第2页。

② 兰秉洁、刁田丁主编《政策学》，中国统计出版社，1994，第3页。

③ 王骚编著《公共政策学》，天津大学出版社，2010，第2页。

④ Hornby，A. S.，Wehmeier，S.，McIntosh，C.，Turnbull，J.，Ashby，M.，*Oxford Advanced Learner's Dictionary*（7th Edition），Oxford University Press，2005，p. 1165.

⑤ 《辞海》（第六版），上海辞书出版社，2010，第2343页。

⑥ 詹姆斯·E. 安德森：《公共政策制定》（第五版），谢明等译，中国人民大学出版社，2009，第4页。

⑦ Lasswell，H. D.，*Power and Society*，N. Y.：McGraw-Hill Book Co，1963，p. 70.

点，戴维斯·伊斯顿指出，政策是“对全社会价值所做的权威性分配”[①]。从国外学者的不同观点可以看出，学者们将政策的基本内涵界定为为了某种具体目的而采取的规划或行动。

国内学者在借鉴国外学者对政策定义的基础上，从我国文化语境和实际出发，对政策的内涵和外延做出了较为明确的界定。陈振明认为“政策是国家机关或政治团体为了实现特定目标所采取的一系列法令、条例、措施、办法的总称”[②]。孙光认为“政策应该是国家和政党为了实现一定的总目标而制定的行动准则”[③]。兰秉洁和刁田丁指出“政策是国家、政党为实现一定历史时期的任务和目标而规定的行动准则和行动方向”[④]。孙效良指出政策是政策制定主体为了实现一定的目标任务而采取的强制性规定，其包括政策方向、政策目标、政策措施三个要素。[⑤] 伍启元将政策定义为“带有指引、指示性质的行动或活动”[⑥]。综合上述分析，国内学者对政策的界定不仅明确地概括了政策的本质是什么，也明确了政策的基本内涵除包括政策属性之外，还应明确政策的制定主体。政策的本质解决政策是什么的问题，只有解决了政策是什么，才能更好地理解政策。由此，可以将政策界定为，国家和政府制定的为实现一定时期目标任务的行动计划。这一概念明确了政策的制定主体是国家和政府，政策的本质是一系列行动计划。

当前，学术界对学校体育政策的界定也同对政策的界定一样，存在争议，尚未形成统一的认识。王书彦将学校体育政策定义为“国家在特定时期内，为实现一定的学校体育目标任务而制定的法规、措施、计划和方案”[⑦]。陶克祥将学校体育政策界定为“针对学校教育领域内的体育问题，为贯彻教育政策和体育政策而制定的具体行动方案”[⑧]。肖谋文认为“学校体育政策是指执政党、政府或其他代表机构为促进在校青少年体质健康、实现其个性发展，

① Easton, D., *The Political System*, N. Y.: Knopf, 1953, p. 128.

② 陈振明主编《政策科学》，中国人民大学出版社，1998，第 59 页。

③ 孙光：《政策科学》，浙江教育出版社，1988，第 14 页。

④ 兰秉洁、刁田丁主编《政策学》，中国统计出版社，1994，第 3 页。

⑤ 孙效良：《政策科学论纲》（修订本），经济科学出版社，2012，第 5 页。

⑥ 伍启元主编《公共政策》，商务印书馆，1989，第 1 页。

⑦ 王书彦：《学校体育政策执行力及其评价指标体系实证研究——以黑龙江省普通中学为例》，博士学位论文，福建师范大学，2009，第 47 页。

⑧ 陶克祥：《学校体育政策执行力及其影响因素》，《现代教育管理》2012 年第 6 期，第 69 页。

达成人才培养目标而制定的指导方略及行动方案”[①]。结合上述学者对学校体育政策的定义，本书将学校体育政策界定为，国家和政府为保障学校体育工作正常开展，实现学校体育目标任务而制定的行动方略。其内涵包括三个方面：其一，国家和政府是学校体育政策的制定主体，对学校体育政策具有顶层设计和调控权力；其二，学校体育政策本质上是一系列行动方略，用以指导政策执行者开展学校体育工作；其三，学校体育政策的价值取向是保障学校体育工作正常开展，促进一定时期学校体育目标任务的实现。

1.3.1.4 政策执行与学校体育政策执行

国内外学者对政策执行的概念认识纷繁不一，但是通过整理政策执行的相关文献，发现其主要有如下两种观点。

第一种观点将政策执行看作一系列活动或行为。美国学者查尔斯·O. 琼斯认为政策执行是将政策付诸实施的各项活动[②]，这些活动分别通过解释、组织和实施三个步骤，进而完成政策目标。解释是完成政策执行目标的第一步，就是将政策内容转化为人们能够接受和了解的政策指令；组织则是要通过政策执行机关，将政策指令转化成具体执行的办法，并将这些办法予以落实；实施就是政策执行机关为保障政策的顺利执行，在政策执行过程中提供相应的经费、服务、设备等，保证这些办法能够顺利落实，完成政策目标。唐纳德·S. 冯美特和卡尔·E. 冯霍恩指出“政策执行是相关政策部门为实现政策目标而采取的行动”[③]。此外，也有国内学者对政策执行持活动或行为的观点，谢明指出“政策执行是政策执行者为实现既定政策目标采取的各种行动，这些行动包括对政策进行解释、宣传、实施、协调、监控等”[④]。

第二种观点将政策执行看作一个过程。林水波和张世贤也认为“政策执行是一种执行机关和执行人员利用各种要素、扮演管理角色、采取各项行动、成就一定政策目标的动态过程”[⑤]。陈庆云对政策执行的理解是“一种把政策

① 肖谋文：《21世纪我国学校体育政策的情景、问题及优化——基于政策过程的视角》，《武汉体育学院学报》2018年第2期，第82页。

② Jones, C. O., *An Introduction to the Study of Public Policy*, California: Brooks/Cole Publishing Company, 2005, p. 166.

③ Van Meter, D. S., Van Horn, C. E., “The Policy Implementation Process,” *Administration and Society*, 1995 (4), p. 89.

④ 谢明：《政策分析概论》，中国人民大学出版社，2004，第271页。

⑤ 林水波、张世贤：《公共政策》，五南图书出版公司，1982，第258页。

内容转化为具体执行办法的动态优化过程”①。桑玉成和刘百鸣认为“政策执行是政策执行系统通过积极的行动实施政策的过程”②。

综合上述分析，不同的学者对政策执行持不同的观点，但是，他们认为政策执行是一种实现政策目标的动态过程，为我们的研究提供了有益的借鉴。因此，综合国内外学者的观点，本书提出：学校体育政策执行是为了实现学校体育目标任务而贯彻落实学校体育政策的全部活动和整个过程。

1.3.2 国外关于体育政策的研究

以 sports policy、physical education policy、school sports policy 为关键词，通过查阅 EBSCO 数据库、ProQuest 数据库、ScienceDirect 数据库、Google 学术等后发现，学者们对体育政策的研究主要分为两个方面：一是体育政策的作用、演变研究；二是体育政策的分类研究。

从体育政策的作用、演变研究来看，Skille 研究认为，体育可以被看作一种实现社会良性运行的工具和手段。③ Green 和 Collins 研究指出，21 世纪以来，各国与体育相关的公共政策议程表现出逐年递增的态势，英国、德国、芬兰、挪威、中国等根据各自不同的政治、文化背景，形成了不同的体育公共政策发展路径。④ Patrick 和 Eric 通过对澳大利亚、新加坡和中国香港的体育政策比较后得出，新加坡和澳大利亚的政府机构、体育组织和私营企业通过协同配合，为大众提供了充分的体育公共服务，满足了社会大众的体育需求，同时，体育产业的发展也极大地促进了大众体育和竞技体育的发展，具有积极作用。⑤ 在体育政策变迁研究方面，King 将澳大利亚体育政策分为体育发展政策、体育管理改进政策、体育公平政策三类，并将这些政策发展演变的过程分为四个阶段：良性运行阶段（1920～1971 年）；碰撞运行阶段（1972～1982 年）；强化运行阶段（1983～1996 年）；平稳巩固运行阶段

---

① 陈庆云：《公共政策分析》，中国经济出版社，1996，第 232 页。

② 桑玉成、刘百鸣：《公共政策学导论》，复旦大学出版社，1991，第 146 页。

③ Skille, E. A., “Sport as Social Polioy: A Conceptual Reflection about Policy Making and Implementation Through the Case of the Norwegian Sports Qty Program,” *International Journal of Applied Sports Sciences*, 2009 (2), p. 2.

④ Green, M., Collins, S., “Policy, Politics and Path Dependency, Sport Development in Australia and Finland,” *Sports Management Review*, 2008 (3), p. 225.

⑤ Patrick, W. C., Eric, C. H., “A Comparison of Australia, Singapore & Hong Kong Sport Policy,” *Asian Journal of Physical Education & Recreation*, 2012 (1), p. 58.

(1997年以来)。[①] Mendes和Codato在对巴西体育政策演变过程研究的基础上指出，巴西体育管理存在的主要问题包括：官僚机构之间的分工冲突和公共机构部门之间的交叉重叠；体育政策的制度结构不协调，人力资源障碍凸显；公共政策缺乏连续性，系统性规划不足。[②]

从体育政策的分类研究来看，学者们主要围绕竞技体育政策、体育产业政策以及大众体育政策三个方面进行。在竞技体育政策研究上，Sotiria和Gowthorp认为，竞技体育政策之所以能够得到大部分研究者的关注，在于每一项竞技体育政策都会影响运动员的表现，体现了体育文化之间相互的政策联系。[③] 但是，经常使用国际竞技比赛成绩作为评估竞技体育政策有效性的做法，既缺乏对竞技比赛成绩的获得受哪些因素的影响评估，也缺乏对运动员可持续发展的考量。同时，研究者通过实证研究后发现，竞技投入的逐年增加，并未实现竞技体育政策预期目标。为了促进巴西竞技体育可持续发展，巴西政府专门设立了运动员奖学金计划，旨在从经济上促进运动员的可持续发展，但是，政策规则不清晰、奖学金数量有限、领取程序官僚化严重等问题，使政策在发展过程中出现了相应的偏差。Oliveira和Bortoleto研究认为，尽管该项政策对推动巴西体操发展发挥了积极的作用，但应该通过实施问责制和简化申请程序进一步完善这项计划，促进巴西竞技体育的发展。[④] 为了保证竞技比赛的公平竞争，全球范围的国家和体育组织都颁布了相关反兴奋剂法律，禁止运动员在体育比赛中使用兴奋剂。尽管当前世界各国的反兴奋剂政策不尽相同，也存在一些矛盾和歧义，但世界反兴奋剂政策对维护竞技体育公平竞争环境，保护运动员健康无疑具有积极的作用。因此，在世界反兴奋剂政策规范中，首先应该树立公平竞争的体育精神，反兴奋剂人员应向运动员、教练员宣传兴奋剂的危害，遵守规则与法律的重要性。[⑤] 为此，澳大利亚群众支持对使用兴奋剂的运动员进行严厉的处罚，并支持政府和企业

---

① King, N., *Sport Policy and Governance*, Routledge, 2009, p. 80.

② Mendes, A., Codato, A., "The Institutional Configuration of Sport Policy in Brazil, Organization, Evolution and Dilemmas," *Revista de Administração Pública*, 2015 (3), p. 563.

③ Sotiria, P., Gowthorp, L., "Elite Sport Culture and Policy Interrelationships: The Case of Spirit Canoe in Australia," *Leisure Studies*, 2014 (6), p. 598.

④ Oliveira, M. S., Bortoleto, M. A. C., "Public Sports Policy: The Impact of the Athlete Scholarship Program on Brazilian Gymnastics," *Science of Gymnastics Journal*, 2012 (1), p. 12.

⑤ McNamee, M. J., "The Spirit of Sport and Anti-Doping Policy: An Ideal Worth Fighting for," *Play True*, 2013 (1), p. 15.

对使用兴奋剂的运动员停止支持和赞助。[①] 在体育产业政策研究上，学者们主要围绕美国健全完善的体育产业政策进行研究。Rich 指出，美国体育之所以能够发展成为世界体育产业的中心，与其健全完善的公共体育政策体系密不可分。[②] 其中基于反垄断法形成的职业体育联盟，对美国体育产业的发展具有不可或缺的积极作用。但与此同时，职业体育联盟的形成也让职业体育联盟与运动员内部之间的矛盾日益凸显。[③] 在大众体育政策研究上，Ruetten 等通过选取 8 个欧盟成员国的大众体育政策进行研究后发现，大众体育政策的制定与大众体育锻炼水平和体育参与率呈正相关关系，制定大众体育政策的国家，大众体育锻炼水平和体育参与率高，且政府支持力度和环境设施配套政策等契合度也高；反之，如果大众体育锻炼水平与体育参与率低，则政府支持力度、环境设施配套政策等契合度也低。[④]《美国人体育锻炼指南》是美国的主要大众体育政策之一，每五年更新一次。[⑤] 总体来说，体育锻炼指南是指导人们通过合理的体育锻炼，达到国家体育锻炼标准的指导性文件，但是，调查显示，美国青少年在有氧运动能力和肌肉耐力方面还远远没有达到国家体育锻炼指南的标准。[⑥] 为此，2010 年，美国颁布《国家体育锻炼计划》，以此激发广大民众参与体育活动的积极性，使之自觉参加体育锻炼，达到国家建议的体育活动水平，持续落实国家和基层组织的体育政策。[⑦] 同时，Evenson 和 Satinsky 研究发现，虽然制订国家体育锻炼计划的国家不断增多，但能够进行系统评估的却很少，因此，国家体育政策目标的实现，不仅需要各级部门协调配合，层层落实，也需要及时进行系统评估，了解政策执

① Engelberg, T., Moston, S., Skinner, J., "Public Perception of Sport Anti-Doping Policy in Australia," *Education, Prevention & Policy*, 2012 (1), p. 86.

② Rich, W. C., "Professional Sports, Economic Development and Public Policy," *Review of Policy Research*, 1998 (1), p. 2.

③ Santo, C., Mildner, G., "Sport and Public Policy: Social, Political and Economic Perspectives," *Human Kinetics*, 2010 (6), p. 56.

④ Ruetten, A., Frahsa, A., Engbers, L., "Supportive Environments for Physical Activity, Community Action, and Policy in 8 European Union Member States: Comparative Analysis and Specificities of Context," *Journal of Physical Activity & Health*, 2014 (5), p. 878.

⑤ "Strong Support in U. S. for Update Physical Activity Guidelines," *Active Living*, 2009 (6), p. 26.

⑥ Morrow, J. R., Jackson, A. W., et al., "Meeting Physical Activity Guidelines and Health-Related Fitness in Youth," *American Journal of Preventive Medicine*, 2013 (5), p. 440.

⑦ Bornstein, D. B., Pate, R. R., "From Physical Activity Guidelines to a National Activity Plan," *Journal of Physical Education, Recreation & Dance*, 2014 (7), p. 22.

行的最新信息。[①]

1.3.3 国外关于学校体育政策的研究

国外学者对学校体育政策的研究主要从学校体育政策的作用、学校体育课程政策、学校体育政策执行三个方面展开。

从学校体育政策的作用研究来看，学者们普遍认为“儿童肥胖”“低水平的身体活动”已经严重威胁青少年的身体健康。学校体育政策是提供高质量体育的保证[②]，它可以“保证学生参与有规律的体育锻炼”，有助于提高学生的健康水平[③]。Kanter 等研究认为，课外体育活动和体育竞赛有助于调动青少年体育运动的积极性、提高青少年体育参与率，是学校体育政策不可或缺的重要组成部分。[④] 因此，英国学校体育政策体系以学校和社区为基础，注重校内和校外的有机结合，这是提高青少年体育参与率的积极有效的途径。德国的学校体育政策由联邦政府和州政府共同制定，联邦政府负责学校体育基本政策的制定，州政府则负责制定具体的学校体育政策内容。不管是联邦政府还是州政府制定的学校体育政策，其目的都是增进德国青少年的体质，提升青少年体育运动的参与率。同样，美国学校体育政策也是由联邦政府和州政府共同制定，联邦政府主要颁布体育活动、健身计划、健身指南等指导性政策，而州政府则通过制定学校体育的具体政策提高包括青少年在内的美国人参与体育运动的积极性以预防肥胖。[⑤]

从学校体育课程政策研究来看，法国实施的新课程政策是 2010 年法国教

---

① Evenson, K. R., Satinsky, S. B., “Sector Activities and Lessons Learned Around Initial Implementation of the United States National Physical Activity Plan,” *Journal of Physical Activity & Health*, 2014 (6), p. 29.

② Sanchez-Vaznaugh, E. V., Sa'nchez, B. N., Rosas, L. G., et al., “Physical Education Policy Compliance and Children's Physical Fitness,” *American Journal of Preventive Medicine*, 2012 (5), p. 452.

③ Lafleur, M., Strongin, S., et al., “Physical Education and Student Activity: Evaluating Implementation of a New Policy in Los Angeles Public Schools,” *The Society of Behavioral Medicine*, 2013 (1), p. 130.

④ Kanter, M. A., Bocarro, J. N., Edwards, M. B., Casper, J. M., “School Sport Participation Under Two School Sport Policies *Comparisons by Race/Ethnicity, Gender, and Socioeconomic Status*,” *Annals of Behavioral Medicine*, 2013 (S1), p. 120.

⑤ Sanchez-Vaznaugh, E. V., Sa'nchez, B. N., Rosas, L. G., et al., “Physical Education Policy Compliance and Children's Physical Fitness,” *American Journal of Preventive Medicine*, 2012 (5), p. 459.

育部颁布的，课程政策中明确规定：体育是学校教育的重要组成部分，体育课是学校教育的主干课程之一，体育课时应随着学生年级的提升得到相应增加，体育考试成绩应纳入升学考试总成绩。为了对全体儿童青少年负责，美国教育部要求各州和学校都要制定具体而明确的学校体育政策，用以指导学校体育工作的顺利开展。由于美国联邦政府不直接参与各州学校体育课程政策的制定，因此，各州的体育课程标准都是根据各州的实际情况制定的，其标准各不相同。① 事实上，《不让一个孩子掉队》（No Child Left Behind Act）的法案，使美国学校体育课程政策开始重视学生对运动技能的学习和掌握。因此，美国体育教育专家 Bane McCracken 指出，当今美国的体育课程一定要重视健身和运动技能的掌握，并能够使学生形成终身体育锻炼的兴趣和习惯。如果体育教学不能使学生的体育活动习惯发生变化，那么，从一定程度上来讲，学校的体育教学则是错误和失败的。体育教学的无效，要么是因为学校提供的体育教学内容不适合学生身心发展的需要，要么是学校没有提供足够的体育锻炼时间和空间。自《1988 年教育改革法》实施之后，英国的学校体育课程体系形成了“让运动成为生活习惯”的校内外相结合的模式，校内的体育课程政策开始由地方分权转向中央集权，由英国政府统一制定国家体育课程政策。② 从 2002 年开始，为了提升基础体育课程质量，英国政府相继颁布设立基金、政府拨款、改善体育基础设施等政策③，以确保国家体育课程政策的顺利实施。校外则以青少年体育俱乐部、街区运动计划和体育志愿者服务等一系列政策作为校内体育课程政策的有益补充，为广大儿童青少年提供多样化的体育参与方式。④ Green 指出，英国国家体育课程政策的确立使新的体育课程更加关注增强青少年体质、增进健康、形成积极生活方式的能力，同时也标志着英国体育课程集权化的开始。⑤

从学校体育政策执行研究来看，国外学者对学校体育政策执行的研究主要围绕三个论域展开。

---

① 《国外的学校如何上体育课的?》，搜狐网，https://www.sohu.com/a/303733625_505573。

② Reid, A., “The Concept of Physical Education in Current Curi and Asses Policy in Scotland,” *European Physical Education Review*, 1996 (2), p. 11.

③ Donovan, M., Jones, G., and Hardman, K., “Physical Education and Sport in England: Dualism, Partnership and Delivery Provision,” *Physical Education and Sport*, 2006 (1), p. 26.

④ Penney, D., Evans, J., *Politics, Policy and Practice in Physical Education*, E & FN Spon, 1999, p. 113.

⑤ Green, K., *Understanding Physical Education*, Paul Chapman Publishing Ltd, 2008, p. 234.

一是对学校体育与健康政策执行效能的研究。政策执行效能是某一政策执行对目标群体产生的效果或作用。对一项政策执行的效果进行有效性的判断，不能简单地说有效或无效，而应该经过科学研究设计对政策执行的具体情况进行全面综合的判断，并由此将执行结果与政策目标进行比较，这样得出的结论才是科学有效的。Haug 等认为，从学校体育与健康政策执行效能的现有文献来看，迫切需要学者们开展对学校体育与健康政策执行效能的研究，而且，这种研究必须是从学校体育与健康政策执行启动开始，对学校体育与健康政策执行全过程进行资料收集，通过比较同一学生群体在学校体育与健康政策执行前后的身体活动水平，论证政策执行的效能。[①] Pate 等研究指出，未来学校体育健康政策执行的研究应重点着眼于政策执行的有效性，这样才能很好地判断出学校体育健康政策执行是否对学生的体育活动行为产生了影响。[②] 由此，国外学者们开始对学校体育政策执行进行深入的实践探索。Evenson 等对北卡罗来纳州各个学区的学生采用在线调查的方式，调查了在校学生执行《健康活力儿童政策》中规定的“学习日进行不少于 30 分钟的中等以上强度身体活动”情况，调查数据结果显示，有很大一部分学校没有达到学校体育与健康政策规定的要求，而影响具体政策执行的因素主要有体育锻炼时间、教师对学生进行体育锻炼的态度、文化学习成绩的压力、政策执行资源和环境等。[③] 加拿大学者 Mâsse 等采用半结构式访谈的方法研究指出，学校体育活动政策的效果是靠政策执行决定的，但实际上学校体育与健康政策执行情况并不理想。[④] Lee 等研究指出，美国学校体育教育政策执行效能并不理想，虽然多数州和地区要求按照政策执行学校体育教育，但是仍然有 21.7% 的学校没有按照政策执行。[⑤] Lounsbery 等通过研究，采用学校体育政

---

① Haug, E., Torsheim, T., Samdal, O., “Local School Policies Increase Physical Activity in Norwegian Secondary Schools,” *Health Promotion International*, 2010 (1), p. 63.

② Pate, R. R., et al., “Policies to Increase Physical Activity in Children and Youth,” *Exercise Science Fitness*, 2011 (1), p. 12.

③ Evenson, K. R., et al., “Implementation of a School-Based State Policy to Increase Physical Activity,” *Journal of School Health*, 2009 (5), p. 231.

④ Mâsse, L. C., Naiman, D., Naylor, P. J., “From Policy to Practice: Implementation of Physical Activity and Food Policies in Schools,” *International Journal of Behavioral Nutrition and Physical Activity*, 2013 (10), p. 71.

⑤ Lee, S. M., et al., “Physical Education and Physical Activity: Results from the School Health Policies and Programs Study 2006,” *Journal of School Health*, 2007 (8), p. 459.

策执行保真度指数建立学校体育政策执行环境因素指标，并根据影响程度的高低分为完全执行、较高执行、部分执行、低执行、没有执行5个评价层次，通过实证研究发现，能够完全按照政策要求执行体育教育的学校很少，也就是说，这些体育教育政策并未完全得到执行。[①]

二是对学校体育与健康政策执行相关影响因素的研究。学校体育政策执行是一个复杂的多元化过程，因此，围绕学校体育政策执行影响因素进行深入剖析，是国外学者们研究学校体育政策执行的一个重要着力点。对相关影响因素的研究，学者们主要围绕体育教育政策文本因素、政策执行主体因素、政策执行环境因素三个因素展开。学者们一致认为，体育教育政策文本的质量是影响学校体育与健康政策执行成败的一个关键因素，学校体育政策目标明确是政策顺利执行的前提，如果政策目标表述含糊不清，则很容易造成政策歧义而使政策执行产生偏差。因此，Bellew 等通过对各国体育标准的分析研究，提出了理想体育政策的8条标准，即政策执行中的相互协商、政策执行中的伙伴合作、良好的政策执行资源、全面有效的沟通、明晰的执行分工、评估体系独立完善、尊重事实和数据、具体政策措施清晰明确。[②] 与此同时，Mâsse 等提出，能够得到顺利执行的学校体育政策具备的特征包括：政策目标具有一定的前瞻性、政策制定理念与学校和体育教师的理念相符、政策实施的难易程度适中、政策效果清晰明确。[③] McCullick 等指出，学校体育政策表述上的含糊不清使不同的人在解读时出现不同的理解，也由此容易带来政策执行的偏差。[④] Carlson 等采用“强烈措辞、温和措辞、弱措辞”三级评价量表，从政策话语的研究视角，对美国16个州19所学校的学校体育政策文本进行分析后发现，19项学校体育政策中没有一项在措辞上是强烈措辞。[⑤]

---

① Lounsbery, M. A. F., et al., “District and School Physical Education Policies: Implications for Physical Education and Recess Time,” *Annals of Behavioral Medicine*, 2013 (S1), p. 131.

② Bellew, B., et al., “The Rise and Fall of Australian Physical Activity Policy 1996 – 2006: A National Review Framed in an International Context,” *Australia and New Zealand Health Policy*, 2008 (5), p. 2.

③ Mâsse, L. C., Naiman, D., Naylor, P. J., “From Policy to Practice: Implementation of Physical Activity and Food Policies in Schools,” *International Journal of Behavioral Nutrition and Physical Activity*, 2013 (10), p. 71.

④ McCullick, B. A., et al., “An Analysis of State Physical Education Policies,” *Journal of Teaching in Physical Education*, 2012 (31), p. 203.

⑤ Carlson, J. A., et al., “State Policies about Physical Activity Minutes in Physical Education or during School,” *Journal of School Health*, 2013 (3), p. 155.

政策执行主体是学校体育政策执行的具体实施者，因此，执行人员因素是影响学校体育政策执行的另一个重要因素。在对学校体育政策执行主体的研究中，学者们主要针对学校校长和体育教师展开探讨。Rainer 等采用半结构式访谈的方式，研究了校长们对实施学校体育运动计划中面临挑战的认知以及在如何营造良好的学校体育活动环境中所面临的挑战。[①] Amis 等采用跟踪研究的方式，对美国两个州 8 所高中学校体育与健康政策执行情况进行了跟踪调查，并对包括校长、体育教师、决策者在内的政策执行人员进行了深入访谈，研究结果表明，执行主体对学校体育与健康政策的认知、经验、观念对学校体育政策执行环境有很大的影响。[②] Gray 等采用质性研究的方法，针对体育政策实施过程中体育教师对政策的认知、态度、行为进行了系统的分析，结果表明，要激发体育教师积极参与体育课程改革的热情，必须使改革与体育教师的知识体系相匹配，这样体育教师对政策才有充分的认知，也才能更好地推动政策的执行。[③] 同时，要使学校体育政策有效执行，应首先让学校校长和体育教师深入领会学校体育政策精神，在政策精神的指引下灵活执行本校政策；在对学校体育政策执行效能进行评估的过程中，不要仅仅依靠专业评估人员，而应给予家长、社区成员、教师更多的权限，让他们也参与到监控学校体育政策执行过程及结果的工作中来。[④] 由于学校体育与健康政策执行是一个跨系统的实践操作过程，因此，政策执行系统人员对学校体育政策的态度对政策执行产生的影响也受到研究者们的关注。Sanchez-Vaznaugh 等从利益分析视角，通过对部分学校体育政策执行的实证研究指出，学校体育政策目标群体对政策是否遵从是政策执行成功与否的关键，而政策目标群体在采取行动策略时，自然会在政策遵从成本和收益之间权衡，选择低成本高收益的执行策略。因此，要想提高学校体育政策执行效能，就需要平衡不

① Rainer, P., et al., "From Policy to Practice: The Challenges of Providing High Quality Physical Education and School Sport Faced by Head Teachers within Primary Schools," *Physical Education and Sport Pedagogy*, 2012 (4), p. 429.

② Amis, J. M., et al., "Implementing Childhood Obesity Policy in a New Educational Environment: The Cases of Mississippi and Tennessee," *American Journal of Public Health*, 2012 (7), p. 1409.

③ Gray, S., MacLean, J., Mulholland, R., "Physical Education within the Scottish Context: A Matter of Policy," *European Physical Education Review*, 2012 (2), p. 258.

④ Lafleur, M., Strongin, S., et al., "Physical Education and Student Activity: Evaluating Implementation of a New Policy in Los Angeles Public Schools," *The Society of Behavioral Medicine*, 2013 (1), p. 128.

同目标群体的利益并加以协调整合。[①] 学校体育政策的有效执行，其政策环境起着不可小觑的作用。Lounsbery 等对加拿大学校体育政策执行过程中的背景因素和制度性障碍进行了分析，认为社会因素、政治因素、经济因素等环境因素都影响条例的实施。[②] 此外，Amis 等研究发现，"政策超载"现象让政策执行主体左右为难，无所适从，面对频频出台的政策，校长会因疲于应对而选择逃避执行。[③]

三是对学校体育政策执行治理模式的研究。在对学校体育政策执行进行研究的过程中，研究者们发现，比分析学校体育政策执行影响因素更为重要的是，通过科学的理论分析模型对政策执行过程进行深入的剖析，发现政策执行过程中存在的利益关系、组织结构、利益表达，由此将学校体育政策执行过程全面呈现出来，加强相关执行者之间的互动与协作，共同推进学校体育政策执行。为破解学校体育政策执行困境，Mistry 等提出，采用系统性政策加强各级政府、相关部门的协同治理策略，建立多属性与层级性治理结合的政策执行网络，平衡政策执行主体之间的利益博弈，构建政策执行互动机制。[④] 这一研究为学校体育政策执行提供了一个新的分析框架。Lounsbery 等通过对美国 65 所学校体育政策执行情况的调查，得出学校体育政策目标的实现不是单一政策就能解决的，同时需要相关政策的配套协同，为此，他们构建了一个学校体育活动多维生态模型，提出了多中心治理的学校体育政策执行"共同构建"策略。[⑤] 学校体育政策执行的多元主体特征决定了学校体育政策执行的多属性特点，因此，Aarts 等通过研究指出，应建立学校体育政策执行多元主体间的横向协调关系，如果这种互动的网络关系不能很好地建立，

① Sanchez-Vaznaugh, E. V., Sa'nchez, B. N., Rosas, L. G., et al., "Physical Education Policy Compliance and Children's Physical Fitness," *American Journal of Preventive Medicine*, 2012 (5), p. 452.

② Lounsbery, M. A. F., et al., "District and School Physical Education Policies: Implications for Physical Education and Recess Time," *Annals of Behavioral Medicine*, 2013 (S1), p. 131.

③ Amis, J. M., et al., "Implementing Childhood Obesity Policy in a New Educational Environment: The Cases of Mississippi and Tennessee," *American Journal of Public Health*, 2012 (7), p. 1409.

④ Mistry, K. B., et al., "A New Framework for Childhood Health Promotion: The Role of Policies and Programs in Building Capacity and Foundations of Early Childhood Health," *American Journal of Public Health*, 2012 (9), p. 1688.

⑤ Lounsbery, M. A. F., et al., "District and School Physical Education Policies: Implications for Physical Education and Recess Time," *Annals of Behavioral Medicine*, 2013 (S1), p. 131.

将导致政策执行困境出现。[①] 为了更好地改善学生体质健康状况，Haug 等认为，应通过建立家庭、学校、社区的伙伴合作联盟，采取多层次治理生态路径共同实现政策的推进。[②] Mistry 等研究了涉及儿童健康政策实施的教育、公共健康、住房、环境、医疗保健等不同政府部门与私营组织之间的复杂关系，构建了一个多部门协同行动的综合性政策实施框架。[③]

综上所述，从研究领域上看，国外学者对体育政策的研究主要从理论和实证两个维度进行。在理论研究维度上，主要从体育政策的作用、演变过程、决策过程、体育政策的组织管理等多个层面进行，研究涉及的领域广泛，强调政策的可操作性。在实证研究维度上，学者们重点通过定量研究与个案研究分析不同体育政策的特点，这正是当前我国学校体育政策研究可以加强的地方。从研究方法上看，国外学者较多通过定量研究和个案研究揭示相关体育政策的实施效果，研究成果多体现在微观和中观层面。同时，国外学者在坚持定量研究的同时，也呈现综合的研究趋势，研究视角更加多元化和综合化。

1.3.4 国内关于体育政策的研究

厘清体育政策研究的基本情况，是进行学校体育政策研究的前提。以“体育政策”为主题词检索发现，国内学者对体育政策的研究处于分散性的探索阶段，还没有形成系统的标志性研究成果。国内学者对体育政策的研究主要围绕竞技体育政策、群众体育政策、体育产业政策等方面展开。基于此，对体育政策研究的文献综述也按照这样的分类进行梳理，其关于学校体育政策的研究另做他述。

1.3.4.1 竞技体育政策相关研究

中国竞技体育的不断完善和发展离不开竞技体育政策的指导，竞技体育

① Aarts, M. J., Van de Goor, I. A. M., et al., “Towards Translation of Environmental Determinants of Physical Activity in Children into Multi-Sector Policy Measures: Study Design of a Dutch Project,” *BMC Public Health*, 2009 (9), p. 396.

② Haug, E., Torsheim, T., Samdal, O., “Local School Policies Increase Physical Activity in Norwegian Secondary Schools,” *Health Promotion International*, 2010 (1), p. 63.

③ Mistry, K. B., et al., “A New Framework for Childhood Health Promotion: The Role of Policies and Programs in Building Capacity and Foundations of Early Childhood Health,” *American Journal of Public Health*, 2012 (9), p. 1688.

政策完善发展的过程，就是竞技体育水平不断提高的过程。[①] 我国竞技体育政策制定主体以国家体育总局为主，其他部门为辅，政策制定体现了一定的时代性。但竞技体育政策在制定过程中民主参与度不够、政策的监控和评价力度不强、政策执行困难是竞技体育政策存在的问题。[②] 我国竞技体育政策变迁分为八个时期[③]，每一个时期的竞技体育政策都是对前一个时期政策的改革推进，未来竞技体育政策的改革在运动员选取上应注重政策的制定与落实并行，在竞技体育训练政策上应注重效益与质量共存，在竞赛管理政策上应注重协调配合[④]，从宏观调控的角度系统协调竞技体育政策，如此，竞技体育才能获得可持续发展的政策支持[⑤]。

竞技体育中兴奋剂的使用，不仅对运动员的身心健康产生极大危害，还违反体育道德和法规，影响体育的公平竞争。因此，我国学者从不同视角对反兴奋剂政策进行探讨，并针对具体问题进行相关分析，提出政策建议。我国反兴奋剂立法与国际反兴奋剂立法相比，存在一定的差距，因此，加快建立反兴奋剂立法国际化是世界反兴奋剂立法的新趋势，同时应制定一体化的标准和处罚严厉的制度。[⑥] 研究发现，我国反兴奋剂政策变迁的历程可以分为彷徨歧途、拨乱反正、严查重罚、深化完善以及综合治理五个阶段，并且反兴奋剂政策变迁存在事件导向明显、外部驱动性显著、波动性弱等特点。[⑦] 基于我国反兴奋剂的实际情况，应进一步完善行业处罚、行政处罚、刑事处罚依次递增的处罚体系，在《刑法》中增加滥用兴奋剂罪，用法律手段的强制性约束治理兴奋剂问题。[⑧] 兴奋剂问题涉及范围广，不同利益群体之间利益诉求不同，因此，对使用兴奋剂的处罚需要平衡不同利益群体的利益，既要维护运动员的合法权益，也要保证体育组织对运动项目的良性治理。[⑨]

---

① 张明：《新中国竞技体育政策的发展和特点初探》，《体育文史》1991 年第 2 期，第 2 页。

② 张翠芳：《新中国以来我国竞技体育政策演进研究》，硕士学位论文，华中师范大学，2017，第 31 页。

③ 郑文强：《我国竞技体育政策及其变迁研究》，硕士学位论文，广西师范大学，2018，第 59 页。

④ 郑文强：《我国竞技体育政策及其变迁研究》，硕士学位论文，广西师范大学，2018，第 65 页。

⑤ 李伟：《竞技体育宏观调控政策和法律问题研究》，硕士学位论文，山西大学，2009，第 6 页。

⑥ 闫旭峰、余敏：《国际反兴奋剂立法发展趋势与我国反兴奋剂立法》，《北京体育大学学报》2004 年第 4 期，第 455 页。

⑦ 白旭盛：《我国反兴奋剂政策变迁研究》，博士学位论文，北京体育大学，2014，第 50 页。

⑧ 康均心、夏婧：《兴奋剂的入罪问题研究》，《武汉体育学院学报》2010 年第 1 期，第 40 页。

⑨ 韩勇：《体育法的理论与实践》，北京体育大学出版社，2009，第 416 页。

总体上看，我国在反兴奋剂立法方面与世界发达国家还存在一定差距，一些具有世界范围法律效力的反兴奋剂规范性文件仍然缺乏[①]，因此，我们应借鉴其他国家的先进经验，加强与世界各国反兴奋剂治理体系的协同配合。

1.3.4.2 群众体育政策相关研究

国内学者对群众体育（又称“大众体育”）政策的研究主要分为两个方面：群众体育政策演变研究和群众体育政策执行研究。我国群众体育政策的演变离不开群众体育的发展，群众体育的发展过程就是群众体育政策的演变过程。因此，我国群众体育政策的演变也和群众体育的发展一样，分为奠定发展期、曲折发展期、探索和创新发展期、民主化和法制化发展期。群众体育政策的演变特点表现在三个转变：第一个是实现政策制定由“自上而下”向“上下互动”的转变，第二个是实现政策执行由“刚性”向“刚柔并重”转变，第三个是实现政策指导思想由“国家本位”向“以人为本”转变。[②]我国群众体育政策在数量上主要呈现两头少、中间多的态势，政策内容稳定，但存在行政系统管理不到位、政策制定过程不透明、社区体育专门政策少、政策目标不清晰、政策执行情况缺乏、在执行层面缺乏加强沟通协调的机制等问题。[③] 冯晓丽从社会变迁的视角探讨了我国群众体育政策的历史变迁，认为影响群众体育政策变迁的主要因素包括群众体育需求、群众体育政策执行主体、群众体育政策执行对象、群众体育政策环境。[④] 同时，吴凡专门从政策变迁的视角对我国残疾人群众体育政策进行研究，指出我国残疾人群众体育政策呈现数量井喷化、主体多元化、内容多样化、导向明确化等特征。我国残疾人群众体育政策的发展离不开社会对残疾人观念的改变，随着社会经济的不断发展，越来越多的人开始关注残疾人群体，政府不断出台残疾人政策以保证残疾人群体的合法权益，残疾人群众体育政策的发展正是为满足

---

① 黄世席：《〈反对在体育运动中使用兴奋剂国际公约〉研究》，《武汉体育学院学报》2006 年第 3 期，第 13 页。

② 肖谋文：《我国群众体育政策的历史演进及过程优化》，博士学位论文，北京体育大学，2007，第 85 页。

③ 王梦柔：《1978 年以来我国社区体育政策的沿革》，硕士学位论文，北京体育大学，2017，第 44 页。

④ 冯晓丽：《建国以来我国群众体育政策的变迁特点与影响因素》，《体育学刊》2012 年第 3 期，第 44 页。

残疾人多样化的健身需求而不断完善的。我国残疾人群众体育政策起步相对较晚，与国际残疾人群众体育政策相比，发展进程相对缓慢，政策体系不完善、政策前瞻性不足、政策执行和监督乏力等发展中存在的问题，急需得到解决。[①]

在对群众体育政策执行的研究方面，我国大众体育政策涉及内容较为广泛，虽然制定的过程具有严密性，但是我国的大众体育政策在制定和执行环节存在脱节，如果执行过程中出现突发问题，将没有现成的法律可依。[②] 因此，姜熙研究指出，我国建立的立法理论体系应该符合国情，对于《体育法》的修改与完善应结合原则立法与精细立法，唯有如此，《体育法》才能成为我国体育事业可持续发展的有力保障，为我国体育改革发展保驾护航。[③]

刘红建和李响认为群众体育政策执行过程就是目标群体利益体、执行机构利益体与公共体育利益体基于不同利益的一种复杂多变的动态博弈过程。所以在制定群众体育政策时就应该广泛听取社会公众的利益表达，在执行时完善与创新各种制度与机制，保障政策的有效执行，最后为避免由政策执行内部评估引起的评估失范，应引入基于公众满意度的群众体育政策执行评价机制。[④] 群众体育政策执行过程中，因为目标群体对政策的认同度不高、执行资源缺乏、执行策略选择不当等因素，选择性执行、替代性执行和象征性执行等偏差现象会出现。而要避免这种执行偏差的产生，需要提高目标群体对政策的认同度、提供资源保障、建立良好的沟通协调机制。[⑤] 与此同时，群众体育政策执行过程中也存在政策执行阻滞现象，政策执行主体的特性和价值认知、政策文本本身的系统性和可操作性、目标群体对政策的认同度都是造成群众体育政策执行阻滞的影响因素。[⑥] 因此，要提升群众体育政策执

---

① 吴凡：《我国残疾人群众体育政策变迁研究》，硕士学位论文，北京体育大学，2017，第 37 页。

② 张颖：《中国大众体育政策制定情况与执行者现状研究》，硕士学位论文，北京体育大学，2006，第 40 页。

③ 姜熙：《比较法视角下的我国体育立法研究——以〈体育法〉修改为切入点》，博士学位论文，上海体育学院，2017，第 13 页。

④ 刘红建、李响：《利益分析范式下的群众体育政策执行探析》，《南京体育学院学报》（社会科学版）2014 年第 5 期，第 70 页。

⑤ 刘秋燕、范春晶：《中国群众体育政策执行偏差的表现及原因分析》，《经济研究导刊》2013 年第 15 期，第 262 页。

⑥ 杨青松、罗建河：《我国群众体育政策执行阻滞效应的多维分析——以〈全民健身计划纲要〉为例》，《广州体育学院学报》2008 年第 6 期，第 13 页。

行的实效，政府应从群众体育政策执行的协调性出发，加强公私协力关系的建立，鼓励民间体育组织参与和进行绩效评估。[①] 同时，应建立与完善群众体育政策执行的协同合作机制，调动社会力量参与的积极性、加强执行主体之间利益的信任度、畅通目标群体利益表达，共同促进群众体育政策有效执行。[②] 许田宇以《全民健身计划（2016—2020 年）》政策为分析文本，从政策工具视角对《全民健身计划（2016—2020 年）》进行案例分析，不管从国家层面还是各省区市层面来看，我国的《全民健身计划（2016—2020 年）》政策的差异性都体现在环境型、需求型、供给型三种类型的运用上。其中，在国家层面上，环境型政策工具运用较多、范围较广，在供给型政策工具的使用过程中以创新为侧重点，相对前两者而言，需求型政策工具的运用较少，具体表现在政府缺乏购买力。在各省区市层面上，政府为了推动全民健身战略发展，更侧重于使用环境型政策工具，在体育购买行为方面，以运用需求型政策工具为主。但不管从国家层面还是各省区市层面出发，我国《全民健身计划（2016—2020 年）》政策中的健身活动与政策保障体系都需要继续完善，并继续加强全民健身科技创新、加强体育文化与大众体育交流、加大资金投入与保障力度。[③]

大众体育政策执行效果的好坏是衡量大众体育发展状况的关键。程华以大众体育政策执行效果评估为研究对象，研究指出，大众体育政策执行效果的结构包括六大要素：制度环境要素、共识认知要素、资源基础要素、服从力度要素、监督反馈要素、目标效度要素。在此基础上，程华构建了大众体育政策执行效果评估指标体系，并以《上海市全民健身实施计划（2011—2015 年）》为例，进行了实证分析。[④] 大众体育政策执行者专业化程度不高，获得专业认证资格的人数少；大众体育政策执行者对大众体育政策基本知识的整体认知基础一般。这些现状表明，我国大众体育政策执行者的整体素质有待提高。[⑤] 地方大众体育政策执行研究属于大众体育政策执行研究的真空

---

① 李晓甜：《刍议群众体育政策执行的公私协力困境与前景》，《体育与科学》2012 年第 3 期，第 104 页。

② 孙庆祝：《群众体育政策执行的协同效应研究》，《体育成人教育学刊》2014 年第 2 期，第 22 页。

③ 许田宇：《基于政策工具视角下中国全民健身计划（2016—2020 年）政策文本分析》，硕士学位论文，上海师范大学，2018。

④ 程华：《大众体育政策执行效果评估研究——以〈上海市全民健身实施计划（2011—2015 年）〉为例》，博士学位论文，上海体育学院，2018，第 141 页。

⑤ 张颖：《中国大众体育政策制定情况与执行者现状研究》，硕士学位论文，北京体育大学，2006，第 32 页。

地带。黄盛泉通过对上海市大众体育政策执行的制度与组织进行分析指出，权力分配制度不完善、组织制度安排不合理、利益协调制度不完备、监督管理制度不科学是影响上海市大众体育政策执行的制度根源，要解决根源问题，必须完善执行主体权力分配制度，优化组织结构，协调执行主体利益关系以及进行有效监督。[①] 陈钰潇在对《沈阳市全民健身实施计划（2011—2015年）》执行情况的研究中发现沈阳市重视大众体育发展，有着良好的群众基础，体育文化氛围浓厚，四级全民健身设施网络使沈阳市大众体育政策执行初具规模，也为执行力的提升奠定了基础。同时，研究也发现，沈阳市大众体育硬环境和软环境还不健全和完善，大众体育政策体系急需完善，以满足大众体育事业发展的需要；政府主导型的大众体育政策执行模式也没有充分调动社会力量的积极性。[②]

1.3.4.3 体育产业政策相关研究

从体育产业政策研究来看，学者们普遍认为，我国政府出台的各项体育产业政策有利于体育产业的完善和发展。我国体育产业政策实践历程大致可分为孕育阶段、萌芽阶段、起步阶段、形成阶段、发展阶段。体育产业政策未能与其他产业政策融合，相关政策支持体系和激励机制有待完善。[③] 我国体育产业的政策变迁以改革为主线，以内、外动力的交互作用为变迁动力，经历了五个历史阶段，分别是初步探索阶段、积极起步阶段、全面推进阶段、相对停滞阶段和加速发展阶段。[④] 政策主体的变迁由中央层面向地方层面延伸，由以国务院体育行政部门为主向多部门共同参与转变。[⑤] 2008 年北京奥运会后，我国体育产业政策在数量上持续增加，政策内容体系更加完善，政策重点更加突出，政策目标更加符合国情，政策主体增多，更加注重政策的执行力，政策的制定与国家发展战略紧密贴合。更好地完善我国体育产业政策体系，需要遵循经济社会与体育产业发展相协调，因地制宜、开拓创新，总结经验、取长补短，以人为本和以体为本，科教兴体、依法治

① 黄盛泉：《上海市大众体育政策执行的制度分析》，硕士学位论文，东华大学，2014，第 36 页。

② 陈钰潇：《沈阳市大众体育政策执行研究——以“沈阳市全民健身实施计划（2011—2015年）”为例》，硕士学位论文，沈阳体育学院，2017，第 31 页。

③ 侯高璐：《供给侧改革的体育产业政策分析》，硕士学位论文，北京体育大学，2016，第 18 页。

④ 陈爱辉：《我国体育产业政策变迁的研究》，博士学位论文，北京体育大学，2015，第 50 页。

⑤ 肖乐乐：《2008 年北京奥运会后中国体育产业政策变迁研究——基于政策文本的量化分析》，硕士学位论文，华东政法大学，2018，第 17 页。

体和科学管理的原则。在体育产业政策目标、政策内容、政策工具选择、政策主客体、政策过程等方面加以完善。[①] 龙盈利从政策决策、实施、效果三个维度对体育产业政策进行分析，得出我国体育产业政策目前处于中等水平，政策有效性一般，政策的实施效果一般，还需要不断地完善的结论。[②] 在体育产业政策制定方面，我国群众体育政策制定较为全面，促进了我国群众体育事业的发展；体育彩票管理政策制定合理，也促进了体育彩票业的良好发展。而政策体系不健全，内容不完善，政策内容不具体，缺乏鼓励支持政策，导致体育产业发展动力不足。[③] 在体育产业外部效应上，我国体育产业与相关产业的融合还处于初级阶段，外部效应虽然有一定显现，但总体带动力不强，产业延伸度不够，巨大潜力没有得到充分释放。[④]

吴香芝指出，在我国体育政策文件中，涉及体育服务产业政策的文件很多，主要分为两大类，分别是体育服务产业专门政策与体育服务产业相关政策。我国的体育服务产业政策多数比较宏观，少数地方性政策比较具体，政策内容早期以经营公共体育资源为主，后期主要吸引社会体育服务产业资源。通过分析我国体育服务产业政策执行效果可以看出，体育服务产业与体育服务产业政策需求之间的偏差是影响政策执行效果的主要因素之一。从实践上看，我国体育服务产业政策的整体表现为：体育服务产业结构不合理，体育用品业占据主要地位，体育服务产业产值偏低，体育服务产业整体处于低水平、低利润状况，居民整体体育消费水平低，体育服务产业组织没有充分体现竞技体育的经济价值，体育服务产业与我国文化、旅游发展势头之间差距较大。[⑤] 从供给侧改革视角审视我国体育产业政策，其存在的问题主要包括：体育产业扶持政策体系不完善，特别是体育服务业发展的政策文件缺乏，导致市场主体积极性未能充分调动；体育产业政策不协调，配套措施不完备，导致体育产业运行机制不畅，市场活力未能充分发挥。[⑥] 在我国走向新型产

① 高巍：《完善我国体育产业政策体系研究》，博士学位论文，东北师范大学，2014，第 72 页。

② 龙盈利：《我国体育产业政策有效性研究——以［国发（46 号文件）］为例》，硕士学位论文，华侨大学，2018，第 47 页。

③ 陈爱辉：《我国体育产业政策变迁的研究》，博士学位论文，北京体育大学，2015，第 95 页。

④ 侯高璐：《供给侧改革的体育产业政策分析》，硕士学位论文，北京体育大学，2016，第 28 页。

⑤ 吴香芝：《我国体育服务产业政策研究》，博士学位论文，上海体育学院，2012，第 125 页。

⑥ 侯高璐：《供给侧改革的体育产业政策分析》，硕士学位论文，北京体育大学，2016，第 28 页。

业化、工业化的进程中，需要改变传统体育产业发展思路，加快体育产业战略结构调整，树立对今后我国体育产业规划的新思路，科学合理规划区域布局和重点产业选择[①]，加快发展体育健身娱乐业，大力扶持体育竞赛表演业，积极推动体育中介、体育保险、体育金融的发展[②]。随着我国体育产业发展战略的逐渐调整，国内学者关于体育竞赛表演业政策的研究数量急剧增多，政策发展体系与国家战略发展高度一致，赛事审批制度逐步规范，政策内容条款逐步细化并具有可操作性，赛事市场供给从以奥运赛事为核心向大型品牌赛事转变。[③]

从整体上看，我国大型体育赛事税收政策支持力度小，结构失衡，征管执行力、监管力不强，并缺少大型体育赛事税收优惠政策。在承办国际体育赛事过程中，体育赛事税收政策方面存在延续性问题。大型体育赛事对经济的影响有目共睹，体育赛事政策的核心是通过税收政策实现对体育、文化等产业的支持。我国体育赛事税收政策立法层次低，政策的时效性和权威性有待进一步提高。税收政策是调整国家经济的重要杠杆，因此，如何针对赛事前、赛事中、赛事后制定科学合理的体育赛事税收政策，改变当前税收政策作用发挥有限的瓶颈，是我国体育赛事税收政策现存需要解决的问题。[④] 徐亦鹏对我国体育产业税收政策存在问题的分析指出，我国体育产业税收政策数量可观，但覆盖面偏窄，主要集中在体育彩票业和体育竞赛业，实施效果不佳；我国体育产业税收优惠手段简单，以直接优惠为主，无法起到很好的导向作用，不利于体育产业和财政的可持续发展；体育产业税收政策体系缺乏持续性。[⑤] 体育竞赛表演政策制定主体多样，但不同的政策主体之间协作性不强，政策文本是以“该怎么做”为主，缺少强制性措施。基于此，骆雷基于政策目标与政策思路的视角，以产业经济学理论为基础分析了我国竞赛表演业政策制定的思路。具体包括：竞赛表演业的主要形式为运动竞技和运

① 马晓河：《我国体育产业发展与产业政策选择》，《体育文史》2000 年第 1 期，第 10 页。

② 陈林祥：《我国体育产业结构与产业布局政策选择的研究》，《体育科学》2007 年第 3 期，第 82 页。

③ 王涛：《基于文本分析的我国竞赛表演业政策研究》，硕士学位论文，苏州大学，2016，第 15 页。

④ 陈冠楠：《我国体育赛事税收政策中的问题及对策》，硕士学位论文，西安体育学院，2015，第 17 页。

⑤ 徐亦鹏：《我国体育产业税收优惠政策研究及对杭州亚运会税收政策的启示》，硕士学位论文，杭州师范大学，2018，第 35 页。

动表演，它是一个为社会提供服务型产品的组织与活动的集合；目前关于我国竞赛表演业的政策都是从宏观层面出发，对于区域的差异性没有充分地进行考虑，所以可操作性不强。再者，我国竞赛表演业的立法机关层次较低，所以制定的政策效力也比较低，制定的政策内容不能紧密地与时代贴合，这样的政策不适应我国竞赛表演业的可持续发展。因此，我国竞赛表演业发展不成熟，处于萌芽阶段；我国竞赛表演业的经济特征为混合性；我国竞赛表演业行业利润率不高；等等。这导致我国竞赛表演业的区域发展非常不平衡。①

在体育产业政策执行研究方面，有学者以地方性体育产业政策执行为研究对象，发现体育产业政策执行中存在的问题。杨金娥在对湖北省体育产业政策的研究中指出，湖北省体育产业政策缺乏执行力，落实不到位；政策执行的主体部门之间缺乏交流沟通，影响体育产业政策执行的整体效果；政策监督机制有待完善，监督效力有待提升；缺乏相关配套政策的引领和支持，体育产业政策执行效果不佳。② 魏亚楠研究发现，江苏省体育产业政策的执行效果总体良好，体育产业政策在对不同业态的促进中，对体育旅游、体育健身、体育场馆、体育赛事的促进作用明显。江苏省体育产业政策具有很强的权威性，政策内容体系完善健全，政府主体参与积极性高，参与主体多元，群体法制意识强，对体育产业政策认同度高，这些都成为促使江苏省体育产业政策执行效果良好的动力。与此同时，该研究也指出，体育产业政策目标不明确，政策内容太过宏观；政策内容与政策需求不匹配；政策执行环境有待改善，市区体育产业政策执行组织财权与事权不匹配，对财政的调控能力相对较弱；等等。这些是江苏省体育产业政策执行存在的问题。③

1.3.4.4 其他相关体育政策研究

从文献资料来看，国内学者还分别从青少年体育政策、农村体育政策、少数民族体育政策和国内外体育政策比较等方面展开研究。

在青少年体育政策研究方面，通过对青少年体质健康政策的研究发现，

① 骆雷：《体育强国建设中我国竞赛表演业政策研究——基于政策目标与政策思路的视角》，博士学位论文，上海体育学院，2013，第93页。

② 杨金娥：《湖北省体育产业政策研究》，硕士学位论文，华中师范大学，2017，第17页。

③ 魏亚楠：《江苏省体育产业政策执行效果研究》，硕士学位论文，江苏师范大学，2018，第27页。

从横向来看，我国青少年体质健康政策内容多样，丰富多彩，形式多元。从纵向来看，研究内容深度不够。郭志明和杨成伟指出，我国青少年体质健康政策的研究方法比较单一、传统、缺乏创新，进行的理论研究较多、实证研究较少。[①] 李冲和史曙生专门针对青少年体质健康促进政策评估存在的问题进行分析，认为评估主体单一且权威性不够，在评估的过程中缺少对学生健康促进的公益性关注，注重评估但不关注评估反馈。[②] 郭立涛和贾文彤研究实践证明，虽然我国青少年体育取得了巨大成就，但也出现了诸多问题，因此，青少年体育发展政策研究要从多方面进行创新与突破，围绕研究主体进行深化，并扩展研究广度，应选取国外研究中适合我国青少年体质健康政策的研究经验进行适当借鉴，将青少年体育政策的制定和青少年政策环境结合起来，使制定的青少年体育政策更加符合我国青少年体育发展的实际需要。[③] 同时，张晓林等对我国青少年体质健康政策执行偏差产生的原因进行分析，认为我国青少年体质健康政策执行偏差产生的制度原因是青少年体育政策体系不完善，直接动因是执行主客体利益不均衡，外部原因是政策执行环境不佳，管理体制原因是政策执行的监督不健全。而要解决这种执行困境，应提高政策目标层次，确立政策法律的权威，提升执行主客体政策的认同，拓宽政策执行资源，建立政策执行联动机制，健全政策执行监控体系。[④] 杨成伟等提出在完善政策体系、提升政策目标层次、拓宽政策执行资源的前提下，提升我国青少年体质健康政策执行的有效路径包括：提升执行主客体对政策的认同，优化政策执行环境，整合政策执行资源，加强政策执行宣传，完善监督评价机制。[⑤] 青少年体质健康是一个跨区域性和复杂性很强的问题，传统的青少年体质健康治理呈现的“出现问题—政策应对—问题再出现—政策再改变”的被动状态，致使青少年体质健康政策无法产生积极的效果。因

---

① 郭志明、杨成伟：《我国青少年体质健康政策的研究回顾与展望》，《吉林体育学院学报》2016 年第 3 期，第 21 页。

② 李冲、史曙生：《我国青少年体质健康促进政策评估现存问题及改进思路》，《体育学刊》2018 年第 4 期，第 72 页。

③ 郭立涛、贾文彤：《我国青少年体育发展政策研究》，《成都体育学院学报》2013 年第 9 期，第 17 页。

④ 张晓林、文烨、陈新键、毛振明：《我国青少年体质健康政策执行困境及纾解路径》，《西安体育学院学报》2017 年第 4 期，第 430 页。

⑤ 杨成伟、唐炎、张赫、张鸿：《青少年体质健康政策的有效执行路径研究——基于米特 - 霍恩政策执行系统模型的视角》，《体育科学》2014 年第 8 期，第 63 页。

此，郇昌店从政策协同的角度出发，利用青少年体质健康政策协同框架，采用定量分析方法从“政策颁布主体”“政策目标”“政策措施”等方面对我国青少年体质健康政策协同状况进行分析，同时通过对我国青少年体质健康政策执行情况进行实证调研，得出以下结论。第一，在我国青少年体质健康政策文本协同方面，在青少年体质健康政策目标中，体育教学目标、体质达标和行为习惯协同情况较好，体质达标和体育教学目标之间协同较差，体育活动开展与体质达标之间基本不具备协同性。在青少年体质健康政策具体措施中，青少年体质健康知识传授协同状况较好，青少年体质健康政策环境安全协同状况较差，而青少年体质健康政策落实和运动项目设置之间、运动项目设置与青少年体质健康政策环境安全之间不具备协同性。第二，在青少年体质健康政策制定主体协同方面，政策制定主体之间存在阶段性政策协作网络密度下降的趋势，核心政策制定主体如教育部、卫生部等政策网络合作凝聚力指数上升。第三，在青少年体质健康政策执行协同方面，协同形式以体育卫生工作联席会议制度为主，协同执行主体以教育部为主，协同方式以协调会议为主，整体上存在的问题表现在协作领域单一、协作流于形式、协作能力有限、协作职责不清晰。在此基础上，他提出在青少年体质健康政策文本协同方面，应提升青少年体质健康政策文本的质量，提高政策目标和政策措施的清晰性，消解由政策模糊性产生的矛盾。在青少年体质健康政策制定主体协同方面，应充分发挥核心政策制定主体的引领作用，引导多部门积极参与到青少年体质健康政策制定中，发挥专业智库在青少年体质健康政策制定中的作用。在青少年体质健康政策执行协同方面，纵向上，中央政府应加强对青少年体质健康政策的顶层设计与创新，给予地方政府执行政策的自主性；横向上，有效治理青少年体质健康政策执行的协同惰性，大力强化地方政府体育卫生工作联席会议制度建设，从而改进青少年体质健康政策执行主体的行为，提高协同意识，促进青少年体质健康水平提升。①

王婧研究发现，改革开放以来我国农村体育政策中，针对我国地域特点制定的农村体育政策、城乡体育资源分配不均的政策以及农村体育资金政策等很少，同时区域发展不协调，缺少促进农村体育政策调控的抓手，政策实

① 郇昌店：《我国青少年体质健康政策协同研究》，博士学位论文，上海体育学院，2016，第 193 页。

施比较困难。农村体育政策执行者的体育意识淡薄，并且农村体育政策中缺乏关于指导操作的条款，导致农村体育宣传力度不够。[①]

我国针对少数民族的体育政策、法律法规较少，并且没有得到及时的修订与完善，缺乏科学性。少数民族地区的群众对少数民族体育政策法规了解甚少。政府在制定相应法规上缺少民主参与，导致制定出的少数民族体育政策、法律法规准确性不高，并且多数少数民族的体育政策是在实践中遇到不能够依据法律解决的问题所采取的补救型政策，在这种情况下制定出来的法规不具有远瞻性与系统性。随着我国少数民族体育事业不断发展，在少数民族政策法规的管理上，管理主体仍在政府，同时，政府内部并未设置专门管理少数民族体育政策法规的部门和机构，因此，针对存在的这些问题，本书提出，应加强对少数民族体育法律法规的修订和完善，健全少数民族体育法律法规体系，完善对少数民族体育政策的管理机制。

在国内外体育政策比较研究方面，李旻俊对中韩两国社会体育政策、竞技体育政策、学校体育政策、体育产业政策等进行比较分析。通过对两国社会体育政策法规的比较得出，我国社会体育政策的制定和韩国相比，在立法程序方面不够完善，缺乏明确的法律依据；在竞技体育政策方面，韩国在颁布相关法律后会继续出台相应的法规、细则，让法律条文细化更具有可操作性，而我国相应的配套法规较少，而且较为笼统，可操作性低；在学校体育政策法规方面，我国学校体育政策立法层次没有韩国高，韩国学校体育政策全部由文教部和教育部发布；在体育产业政策法规方面，我国体育产业政策主体体现多元化的趋势，相比韩国单一政策主体的模式更具有活力；在其他政策法规方面，韩国颁布了专门的民族传统体育政策法规，但在我国至今未有相关法律出台。[②] 田福蓉运用政策工具理论对日本体育政策进行分析，日本非常重视政府职能建设，完善的政策对指导体育事业发展起到了重要的规范作用，但从政策工具视角来看，应逐步加大供给型政策工具和需求型政策工具在日本体育政策各要素层面的使用，加强环境型政策工具的综合运用。[③]

---

① 王婧：《改革开放以来我国农村体育政策的研究——以山东省部分农村实施情况为例》，硕士学位论文，上海体育学院，2011，第 14 页。

② 李旻俊：《中韩两国体育政策法规的比较研究》，硕士学位论文，湖南师范大学，2012，第 69 页。

③ 田福蓉：《政策工具视角下的日本公共体育政策分析》，硕士学位论文，山东体育学院，2017，第 45 页。

而相比之下，加拿大体育政策关注的重点是青少年体育运动的参与，所以它们在运用政策工具时会有针对性地补充青少年运动缺失的政策工具，尤其是需求型政策工具。[①] 而欧盟体育政策的制定与实施的“一元”为主和“多元”参与的过程则为我们在体育政策制定和执行过程中综合协调体育部门、体育社会组织以及其他利益相关者共同参与协商提供了借鉴。[②]

综上可知，国内学者对体育政策的研究，依据研究目的的不同，形成了不同的研究成果。从已有的体育政策文献来看，其研究特点主要包括以下两个方面。其一，从研究领域来看，学者对体育政策的研究涵盖了竞技体育政策、群众体育政策、体育产业政策、青少年体育政策等方面。竞技体育政策研究则主要围绕竞技体育政策变迁和运动员反兴奋剂政策两方面进行，而在反兴奋剂政策的研究上，以法理分析和责任处罚为主，缺乏对兴奋剂治理的正常法律程序，不利于从政策层面解决兴奋剂问题；群众体育政策的制定和执行研究是群众体育政策研究的主要内容，对群众体育政策的具体分析、评价以及群众体育政策执行的实证调研等方面的研究成果相对缺乏；体育产业政策研究主要集中在体育产业政策的变迁、内涵方面，对体育产业政策的执行效果评估研究相对较少；在青少年体育政策研究上，学者们主要围绕青少年体质健康政策进行分析，而对青少年体质健康政策的实证研究相对缺乏。其二，从研究方法来看，学者们都习惯从逻辑分析出发，定性分析体育政策存在的问题，据此提出解决问题的对策，而对具体体育政策实施效果的调研和评估的实证研究较为缺乏。实际上，不管是在群众体育政策领域，还是学校体育政策领域，都需要从实际出发，对政策效果进行实地调查，获取第一手政策效果的翔实资料，以此对相关体育政策进行分析，这样才能真正发现相关体育政策存在的实际问题，找到优化体育政策的科学依据。

1.3.5 国内关于学校体育政策的研究

长期以来，为更好地促进学校体育工作顺利开展，培养学生良好的体育健身意识，养成良好的体育锻炼习惯，提高学生体质健康水平，党和政府颁布了一系列学校体育政策，但学校体育工作面临的“说起来重要、做起来次

---

① 杨馨蕾：《加拿大体育政策研究——目标、价值与工具的三维分析》，硕士学位论文，山东体育学院，2016，第17页。

② 张艺贤：《欧盟体育政策现状的研究》，硕士学位论文，北京体育大学，2016，第41页。

要、忙起来不要”的困境仍然不容乐观。如何更好地解决当前我国青少年体质健康面临的严峻问题，一直是学术界关注的焦点和难点。为了突破当前学校体育工作面临的发展困境，学者们借助多学科理论对学校体育工作进行了多视角的分析，并提出相应的改革思路。从政策学视角对学校体育改革与发展进行审视和分析，是当前学者进行学校体育政策研究的重要出发点。通过分析现有文献发现，国内学者主要围绕学校体育政策分析和学校体育政策分类两方面对学校体育政策进行研究。

从学校体育政策分析研究来看，我国学校体育政策制定过程具有科学性、程序性与层次性的精英式决策特征，但民主参与度不够、协调性缺乏、约束力弱，使学校体育政策的“运动式”和“碎片式”执行过程梗阻现象严重，因此，应调动政策制定中民主参与的积极性，丰富学校体育政策执行手段和方法，完善政策执行评估机制，实现学校体育政策科学与效益的统一。① 许婕和赵均从协同视角出发，通过对我国学校体育角色认知误差进行分析发现，学校体育政策制定者受自身内部因素的有限性和掌握外部环境的有限性以及制定者本身的有限性的影响，对学校体育角色的认知产生误差，但也正是这种误差的产生，才使学校体育政策理论研究者、学校体育政策制定者、学校体育政策实施者之间的信息相互交换、相互促进，从而尽早地纠正误差，使学校体育角色认知实现从无序到有序的转变。②

中国学校体育政策演进特征主要表现在，学校体育政策从单一类型向复合类型转变；制定主体由单一主体向多元主体转变；政策工具从单一工具向复合工具转变；政策数量与当时社会事件相关性强。③ 从我国学校体育政策演进历程来看，新中国成立以来，学校体育政策的演进与学校体育教学密不可分，政策的演进始终围绕学校体育教学展开。学校体育政策没有达到预期的效果，是和人们在文化认知和心理上对体育的不认同密切相关的，因此，张文鹏等从政策目标、政策工具以及政策类型三个维度对学校体育政策进行分析后认为：在政策目标维度上，相关部门为完善学校体育政策目标体系需

---

① 肖谋文：《21 世纪我国学校体育政策的情景、问题及优化——基于政策过程的视角》，《武汉体育学院学报》2018 年第 2 期，第 86 页。

② 许婕、赵均：《协同视角下中国学校体育角色认知误差原因分析》，《吉林体育学院学报》2017 年第 6 期，第 68 页。

③ 张文鹏：《中国学校体育政策的发展与改革研究》，博士学位论文，华中师范大学，2015，第 75 页。

要从各方面丰富学校体育的总目标，在制定目标时需要将目标细化让其具有可操作性，将实施目标计入相关部门的绩效考核体系；在政策工具维度上，应强化学校体育政策权威性工具的形成，加强学校体育立法，整合不同类型激励性政策工具，这是有效发挥学校体育在健康中国发展中促进作用的重要措施；在政策类型维度上，尽快促进具有层次性、整体性的学校体育政策类型的新体系形成①，不断加强政策制定主体部门之间的良性互动，动员相关利益者参与到政策制定过程中。同时，从张文鹏和王健对学校体育政策分析的研究中可以看出，实现学校体育政策目标的基本优化路径包括：加强学校体育政策制定的顶层设计，充分调动基层学校的参与积极性，制定出科学合理的学校体育政策内容体系，提高目标群体对学校体育的认同度，建立与完善学校体育政策的评估体系。②

从学校体育政策分类研究来看，国内学者对学校体育政策的分类研究主要按照学校体育的分类进行，分为体育课程政策、课外体育活动政策、课余体育训练和竞赛政策、体育教师政策等。

体育课是实现学校体育目标的主要途径，它涵盖了体育课程目标、内容、课时分配等主要内容。体育课程是学校课程体系的重要组成部分，是以身体练习为主要手段，以促进学生身心健康和全面发展为主要目的的课程体系。目前学者们对体育课程政策的研究主要围绕以下方面进行。第一，体育课程政策的演进分析。此类研究主要围绕中小学体育课程政策演进和大学体育课程政策演进展开。中小学体育课程政策演进研究主要围绕改革开放以来，我国中小学体育课程政策发展演进的过程，分析中小学体育课程发展现状，以此总结得出我国中小学体育课程在课程目标体系上层次不清、课程内容上可操作性缺乏、课程教材上内容更新滞后、课程评价上方法单一等问题③，因此，应积极完善体育课程管理体制，构建统一性和多样性相结合的体育课程体系。改革开放以来，我国颁布的大学体育课程政策有《高等学校普通体育课教学大纲》和《全国普通高等学校体育课程教学指导纲要》，实际上，这些政策

① 张文鹏、王志斌、吴本连：《健康中国视域下学校体育治理的政策表达》，《北京体育大学学报》2018 年第 2 期，第 98 页。

② 张文鹏、王健：《新中国成立以来学校体育政策的演进：基于政策文本的研究》，《体育科学》2015 年第 2 期，第 23 页。

③ 潘明：《改革开放以来我国中小学体育课程发展的研究》，硕士学位论文，华南师范大学，2003，第 31 页。

的颁布过程就是我国大学体育课程政策的演进过程，可分析得出我国大学体育课程政策的演进特点表现在以下几个方面：人本主义教育理念成为贯穿体育课程政策始终的价值取向；教育理念的转变，使大学体育课程政策目标不仅关注学生的生理健康，也开始关注学生的全面健康，课程政策实现单一健康观向全面健康观的转变；课程政策重心也由重视运动基础教育逐渐转向身体发展教育，重视学生终身体育素养的培养。[①] 清末学制的大胆探索，民国体育课程的改革完善，为我国体育课程政策体系奠定了基础，体育课程政策也实现了国家集权向地方分权模式的转变。[②] 我国体育课程政策以学生体质健康发展为主线，无论是课程性质、形式，还是课程内涵，都体现出与政治、经济、社会发展相适应的时代特征。[③] 第二，关于《体育与健康课程标准》的研究。季浏等围绕《体育与健康课程标准（2011 年版）》，从内部和外部两个层面分析了《体育与健康课程标准（2011 年版）》实施面临的主要问题和挑战，学校体育系统内部对体育课程标准精神实质的理解和体育课程标准内容体系的把握，学校体育系统外部地方政府对学校体育的重视程度、对新课程标准培训的力度等内外部因素，成为影响体育课程改革效果的制约因素。[④]《体育与健康课程标准》的改革理念与素质教育发展要求相吻合，顺应素质教育的发展需要，通过课程目标、课程评价理念等内容推动体育与健康课程的改革和发展。[⑤] 与此同时，《体育与健康课程标准》本身也存在四个值得思考的问题。一是体育与健康课程中健康的内涵的具体内容是什么？健康缺失究竟是哪些原因造成的，体育与健康课程扮演何种角色？二是《体育与健康课程标准》内容框架的合理性。三是《体育与健康课程标准》政策约束力如何保证。四是《体育与健康课程标准》对体育教师主导作用的忽视有失公允。[⑥]

---

① 尹小兰：《改革开放以来我国大学体育课程政策研究》，硕士学位论文，湖南师范大学，2012，第 54 页。

② 魏相博：《我国中小学体育课程政策变化轨迹的发展研究》，硕士学位论文，西北师范大学，2010，第 13 页。

③ 李翠琴：《学校体育课程教学的政策演变与制度创新》，《武汉体育学院学报》2012 年第 4 期，第 46 页。

④ 季浏、汪晓赞、汤利军：《我国新一轮基础教育体育课程改革 10 年回顾》，《上海体育学院学报》2011 年第 2 期，第 80 页。

⑤ 耿培新：《我国第八次基础教育课程改革体育与健康课程标准可行性实验研究与分析》，《中国学校体育》2009 年第 9 期，第 22 页。

⑥ 顾渊彦：《困惑与征途——从体育课程标准谈当前体育课程改革的发展动态》，《江苏教育》2002 年第 18 期，第 14 页。

课外体育活动作为体育课的延伸，在满足学生多元体育需求、丰富课余生活、培养体育参与意识、促进身心健康方面具有不可或缺的积极作用。《关于保证中、小学生每天有一小时体育活动的通知》、《关于开展全国亿万学生阳光体育运动的通知》、《中共中央 国务院关于加强青少年体育增强青少年体质的意见》（中发〔2007〕7号）分别将课外体育活动纳入学校教学计划，要求各级各类学校保证学生每周至少参加3次课外体育锻炼[①]，并将课外体育活动以制度形式纳入教育计划[②]。但是，通过查阅文献发现，到目前为止学界对课外体育活动的研究主要集中在对课外体育活动开展现状的调查与分析，而对课外体育活动政策的研究相对缺失。

课余体育训练和竞赛是学校教育的重要组成部分[③]，在学校体育中同样具有重要的地位和作用。从文献查阅情况来看，只有黎文普从高考加分政策的视角研究了我国政府主导型的学校体育竞赛，发现行政干预过多，在此基础上他指出，只有调整高考体育加分政策，改革竞赛模式，减少行政干预，实行协会化管理，才能使学校体育竞赛走向良性发展。[④] 此外，李园园对体育教师政策进行了专门的研究，指出改革开放以来，体育教师政策从注重体育教师培养转变为注重体育教师入职后培训；中小学体育教师政策虽在不断修订和完善，但不均衡的现象仍然存在；大部分学校在执行中小学体育教师政策时受各方面因素影响，执行力度不强；中小学体育教师政策开始逐步侧重于乡村体育教师的发展，所以在政策制定上向农村学校体育政策倾斜。因此，应继续提高对中小学农村体育教师政策的重视程度，不断完善中小学体育教师政策体系，提高体育教师政策的预判力并持续加强监督力度。[⑤]

针对不同学段学校体育政策的特点，学者们分别从幼儿体育政策、中小学生体质健康教育政策等进行研究。幼儿教育阶段是整个人生教育的基础，也是投资获益最多的阶段。与西方发达国家相比，我国幼儿教育一直处于较

① 《中共中央 国务院关于加强青少年体育增强青少年体质的意见（2007年5月7日）》，中国政府网，http://www.gov.cn/gongbao/content/2007/content_663655.htm。

② 教育部体育卫生与艺术教育司编《学校体育工作重要法规文件选编（2008年版）》，人民教育出版社，2008，第174页。

③ 李祥主编《学校体育学》，高等教育出版社，2001，第176页。

④ 黎文普：《高考新政策下我国学校体育竞赛管理改革研究》，《湖北体育科技》2014年第5期，第455页。

⑤ 李园园：《改革开放以来中小学体育教师政策的嬗变研究》，硕士学位论文，华中师范大学，2015，第32页。

低水平，幼儿体育则更加是短板。郝晓岑从体育权利的保障和救济出发，对我国幼儿体育发展存在的政策问题进行了全面分析，并对如何推进我国幼儿体育政策体系进行设计提出发展建议。研究指出，体育权利是公民应享有的基本权利，国家体育政策是公民体育权利的保障，当前，我国幼儿体育存在的政策问题有：我国政府在幼儿体育政策实施过程中没有发挥应有的职能，导致我国幼儿体育政策实施难度大；幼儿教育政策存在诸多问题，阻碍了我国幼儿体育政策的良好推进，影响了幼儿的体育权益；相关幼儿教育政策没有很好地关注我国城乡之间的显著差异，缺乏有效的指导和扶持。在分析问题的基础上，郝晓岑从体育权利救济的视角提出了保障我国幼儿体育权利的政策建议，全面落实“儿童优先原则”，从国家战略高度重视幼儿身体发展；推进《学前教育法》立法工作，从法律角度确保幼儿体育教育、幼儿体育经费、幼儿体育设施、幼儿体育师资得到有效保护，幼儿体育伤害事故得到有效减少；打破传统幼儿体育组织形式，以运动和游戏相结合的方法开发多样化的幼儿体育教育模式，整合幼儿园、社区、家庭体育资源，开展多样化的幼儿体育活动；制定科学合理的幼儿体育教学评价指标体系，加强幼儿教师的体育专业素养培养，为幼儿体育活动开展保驾护航。①

中小学生体质健康教育一直是学界关注的问题。为了解决中小学生体质健康教育政策执行不力的问题，冯发金从政策监控视角对我国中小学生体质健康教育政策进行了研究，从政策监控主体认识不足、定位不清，政策监控内容粗糙、不够全面，政策监控工具选择单一、不够恰当，政策监控机制运行不畅、影响因素多，政策监控质量保障不力五个方面，分析了我国中小学生体质健康教育政策存在的问题。在此基础上，他提出转变政策监控理念、强化监控主体职能、厘清监控主体层级关系、平衡主体之间的利益关系、完善政策监控内容体系和工具选择模型、加强政策监控质量保障等对策建议。②

从国内学者对学校体育政策的研究中可以看出，国内学者的研究主要集中在学校体育政策分析和学校体育政策相关研究两个方面。对学校体育政策分析的研究以描述性和解释性为主，学校体育政策分析的过程性研究缺乏。在学校体育政策相关研究方面，学者们主要关注对体育课程政策演进、《体

---

① 郝晓岑：《中国幼儿体育政策研究：权利保障与权利救济》，博士学位论文，北京体育大学，2013，第 43 页。

② 冯发金：《中小学生体质健康教育的政策监控研究》，博士学位论文，西南大学，2016，第 137 页。

育与健康课程标准》政策分析的研究，而对课外体育活动政策、课余体育训练和竞赛政策以及体育教师政策等的研究相对缺乏。总体来看，国内学者针对学校体育政策的研究比较零散，缺乏系统性研究成果，理论创新相对乏力。

1.3.6 国内关于学校体育政策执行的研究

1.3.6.1 学校体育政策执行的理论研究

国内学者借鉴企业和行政管理领域的成果，对学校体育政策执行的基本理论进行研究，主要对学校体育政策执行力的概念进行了界定，对学校体育政策执行的作用和构成要素进行了初步探讨[①]，分析指出学校体育政策执行力就是学校体育政策执行主体为了完成学校体育政策任务，达成学校体育政策目标而对学校体育政策资源进行合理分配的能力和效力[②]。学校体育政策执行力的基本内涵包括学校体育政策执行能力和效力。学校体育政策执行能力是指学校体育政策执行主体对学校体育政策的理解力、沟通力、计划力、协调力、行动力等，而学校体育政策执行效力则是指学校体育政策目标的实现程度和学校体育政策任务的完成程度。学校体育政策执行力的动力系统由人力、财力、信息、权威和制度等多个要素组成，同时，学校体育政策执行力的动力系统是非线性的、高度复杂的开放性系统。[③] 学校体育政策执行对保障学校体育政策目标的实现具有积极的作用。[④] 不同学者对学校体育政策执行概念、作用、构成要素的研究，为我们的研究提供了有益的借鉴。

1.3.6.2 学校体育政策执行的现状、问题研究

对学校体育政策执行现状的准确把握是研究学校体育政策执行的依据，已有的研究按照不同的分类标准，主要分为以下两种类型。一是按调查对象的地域来划分，有对全国性学校体育政策执行现状进行的调查研究，如《普通高中学校体育政策执行情况研究》（杜治华，《四川体育科学》2018 年第 5 期）、《我国学校体育政策执行存在的问题与应对策略》（潘凌云等，《体育学

---

① 陶克祥：《学校体育政策执行力及其影响因素》，《现代教育管理》2012 年第 6 期，第 68 页。

② 王书彦、吴畏、赵英军：《学校体育政策执行力初探》，《吉林体育学院学报》2010 年第 2 期，第 109 页。

③ 戴兴鸿、赵洪波、詹建国：《学校体育政策执行力协同动力机制模型构建及提升路径研究》，《天津体育学院学报》2018 年第 4 期，第 299 页。

④ 王书彦、周登嵩：《学校体育政策执行力的评价指标体系》，《体育学刊》2010 年第 6 期，第 46 页。

刊》2017 年第 2 期）；有对区域性学校体育政策执行现状进行的调查研究，如《河南省普通中学体育政策执行力现状分析与对策研究》[李严亮，《吉林省教育学院学报》（上旬）2013 年第 2 期]、《我国中小学学校体育政策执行的实证分析——以沈阳市城区学校为例》[宋学岷等，《东北理工大学学报》（社会科学版）2012 年第 3 期]、《中学学校体育政策执行现状实证研究——以上海市 20 所中学为例》（唐文玲、王娟，《上海体育学院学报》2014 年第 6 期）、《新乡市中小学体育工作十项规定执行力现状调查与对策研究》（山浩，硕士学位论文，河南师范大学，2015）等。二是按调查的内容来划分，有对校园足球政策执行现状进行的调查研究，如《法库县初级中学校园足球政策执行研究》（吕娜，硕士学位论文，沈阳师范大学，2018）；有对阳光体育运动政策执行现状进行的调查研究，如《西南地区中小学“阳光体育运动”开展现状与制约因素研究》（公立政，硕士学位论文，西南大学，2013）、《南京城区中学阳光体育政策执行情况的调查与分析》（曲至磊，硕士学位论文，南京师范大学，2014）；有对学校体育场地设施政策执行现状进行的调查研究，如《学校体育设施对外开放政策执行效果研究——以南京市鼓楼区为例》（汪伟，硕士学位论文，南京师范大学，2016）。从调查的内容来看，主要的研究成果有以下方面。

其一，学校体育政策执行主体。当前我国学校体育政策执行主体的基本情况是：在学校体育政策执行过程中，复杂繁多的学校体育政策使学校体育政策执行主体出现悲观消极、抱怨排斥、急于求成等不良心态，这些不良心态的出现，极易导致学校体育政策执行主体在政策执行的过程中，采取出工不出力、投机取巧、变相迎合，甚至弄虚作假等做法，并最终使学校体育政策执行出现偏差。学校体育政策执行主体出现的这种不良心态，其实质是缺乏学校体育改革的坚定信念，没能以渐进心态理解学校体育改革不是政绩工程或速成工程，忽视学校体育的基本规律和任务，以变相迎合、弄虚作假、盲目照搬、投机取巧等方式“选择性”执行、“象征性”执行、“策略性”执行学校体育政策。这些问题如果不能及时有效处理，学校体育政策执行只能是空中楼阁，学校体育政策目标的实现也将无从谈起。[①] 对黑龙江省中小学的校长、体育教师的调查结果显示，校长对学校体育政策的认知和理解程

① 何劲鹏、杨伟群：《我国学校体育政策执行“不良心态”本质透析与制度性化解》，《北京体育大学学报》2018 年第 2 期，第 90 页。

度不够，有60%多的被调查者认为校长认知程度是“一般”和“差”；而体育教师在执行学校体育政策过程中的一般执行能力和创新能力“一般”，55.3%和60.6%的体育教师对自己的一般执行能力和创新能力评价是“一般”。学校体育政策执行主体能力是执行学校体育政策的关键，学校体育政策执行主体能力的欠缺将导致在学校体育政策执行过程中，出现学校体育政策被敷衍、延迟甚至修改，执行不能与实际情况相适应，导致政策执行出现偏差，影响执行力。[①] 对我国新一轮中小学体育课程改革现状的调查结果显示，体育教师教学观念的转变激发了学生体育学习的积极性，80.5%的体育教师能够较好地理解《体育与健康课程标准》的精神，85.4%的体育教师通过体育课程改革提高了对体育课程“育人”功能的理解；83.5%的体育教师“重视”或“比较重视”运用多种教学方法提高学生的学习积极性。[②]

其二，学校体育政策执行目标群体行为。卞璐研究指出，作为学校体育政策执行目标群体的学生，在体育课堂、课余体育锻炼上发生抗拒行为的比例较低，但逃避行为较严重，体育课堂有逃避行为的学生比例达41.0%，课余体育锻炼有逃避行为的学生比例达36.3%，部分学生常常借故逃避体育课和课余体育锻炼。在体质健康监测方面，学生则采取敷衍的行为，体质监测有敷衍行为的学生比例达20.5%，他们往往随意对待体质监测，找人帮忙代替测试，请假见习不参加。卞璐给出引导学校体育政策执行目标群体行为改变的建议：积极鼓励目标群体参与到体育活动设计中，激发其积极性；调整目标群体的认知，形成积极的行为方式；发挥体育特长生的榜样作用，引导体育特长生深刻理解体育精神；加强对体育教师专业技能的提升，营造良好的学校体育环境；采用正面激励的引导方法，强化学生的积极体育行为，使学生树立体育自信。[③]

其三，学校体育政策执行过程。宋学岷等采用问卷调查的形式对沈阳市中小学学校体育政策执行情况进行调查分析，得出沈阳市中小学学校体育课开展基本正常，但学校对体育课质量监督的缺乏，使部分体育教师上课的自主性偏大，体育课教学质量难以得到保证。同时，课外体育活动的开展有近

---

① 王书彦、季景盛、吴巍、张萍、曲科宇：《学校体育政策执行力主体能力探析》，《高师理科学刊》2010年第6期，第701页。

② 汪晓赞、季浏、金燕：《我国新一轮中小学体育课程改革现状调查》，《上海体育学院学报》2007年第6期，第64页。

③ 卞璐：《学校体育政策执行中目标群体策略行为研究》，硕士学位论文，西华师范大学，2017，第43页。

50% 的学校没能达到规定的一小时要求，体质测试虽普遍开展，但重视不足，与政策要求差距较大。[①] 兰诚和梁风从政策学视角出发，对广西农村中小学体育的组织机构政策、活动开展政策、物质保障政策、师资政策等政策执行情况进行了调查分析，并在此基础上提出相应的解决思路，力求为广西农村中小学体育开展提供参考。[②] 李卫东等对湖北省执行中央系列青少年体质健康促进政策的具体情况进行实地调研，针对课余体育活动开展现状，实施《国家学生体质健康标准》现状，学校、家庭、社区构建青少年体育网络现状，政府购买青少年体育公共服务现状展开调研，发现存在缺乏系统的长效实施机制和组织形式、与之匹配的政策措施无法及时跟进、未能形成有效的督导机制和激励措施等问题，这些成为制约青少年体质健康政策执行的主要问题。[③] 王书彦采用理论和实证相结合的方式，对黑龙江省学校体育政策执行力存在的问题进行分析后指出，学校体育政策执行主体对学校体育政策重视程度不够，在学校体育政策执行时不能下定决心，当出现期末考、升学考、经费紧张等情况时，会毫不犹豫地牺牲学校体育为其他保驾护航；学校体育政策执行机制不完善和不健全，体现在学校制度建设不合理，对体育教师不公平，监督机制流于形式，降低了体育教师的积极性和主动性；执行资源方面除城市重点学校外，其他学校体育场地设施缺乏，体育经费不足问题突出，并且这种情况有时是学校校长人为造成的，学校体育政策执行文化几乎空白，学校课余体育竞赛训练也成了一种功利性的产物；学校体育政策执行效力差，体育教学不能按质按量完成，课余体育活动时间无法保证。[④] 从山西省临汾市普通高中的调查结果来看，只有 20% 的学校领导和体育教师认为学校能够严格落实学校体育政策，85% 的人认为高中体育教师配备达不到文件的要求，90% 以上的体育教师能够按照文件要求组织每天 1 小时体育活动和阳光体育活动，80% 以上的学生不能达到教育部规定的每周 3 节体育课的要求，尤其到高三年级，体育课被占用现象严重。[⑤] 湖北省青少年体质健康政策发展现

① 宋学岷、李风雷、冯欣欣：《我国中小学学校体育政策执行的实证分析——以沈阳市城区学校为例》，《东华理工大学学报》（社会科学版）2012 年第 3 期。

② 兰诚、梁风：《广西农村中小学体育政策研究》，《体育成人教育学刊》2010 年第 4 期，第 89 页。

③ 李卫东、王健、朱斌、闫彬、邹伟：《湖北省青少年体质健康促进政策研究》，《武汉体育学院学报》2016 年第 6 期。

④ 王书彦：《学校体育政策执行力及其评价指标体系实证研究——以黑龙江省普通中学为例》，博士学位论文，福建师范大学，2009，第 137 页。

⑤ 杜治华：《普通高中学校体育政策执行情况研究》，《四川体育科学》2018 年第 5 期，第 92 页。

状显示：湖北省中小学生课余落实每天锻炼1小时政策状况整体较好，有76%的体育教师认为此项政策落实较好，但是对湖北省中小学生课外体育兴趣小组的调查结果却不容乐观，学生参加课外体育兴趣小组的比例不到30%；对《国家学生体质健康标准》实施现状的调查结果显示，虽然各地市县都结合《国家学生体质健康标准》制定了相应的配套措施，并且各级主管部门加大了检查监督力度，不定时抽测并向社会公布结果，但是湖北省中小学生速度、力量、耐力、柔韧性、心肺机能等5个方面的指标都低于国家标准，现状不容乐观。[①] 唐山市普通中学的领导和体育教师对学校体育政策非常支持和比较支持的比例分别为9.2%和14.94%；体育教学计划制订较为清晰，基本能够按照教学计划进行授课，但经常参加体育锻炼的学生比例仅为14.51%，参与积极性不高，学生体育成绩是优秀和良好的比例为36.32%，考试成绩不是很理想，学生体质健康测评是非常健康和比较健康的比例之和为53.91%。[②] 铁岭市普通高中80%的学校领导对学校体育政策不是非常了解，30%的学校领导和55.4%的体育教师不能顺利执行《学校体育工作条例》，其原因主要是迫于升学压力，93.6%的学校出现过占用体育课的情况，只有26.7%的学生对体育教学态度非常满意，没有达到规定的课外体育活动时间1小时的比例为34.6%，对学校当前课间操不满意的学生比例为48.3%，课余体育训练与竞赛情况良好，80%的学校都能按照规定执行，体育专业教师比例为89.4%，只有50%的学校具有标准的运动场，体育器材能够基本满足学生日常需求的比例仅为63.8%。[③] 同时，苏可心对太原市普通高校学校体育政策执行情况进行了现状调查，每周上一节体育课的学生比例为60.84%，四个学期完成文件规定的144学时要求的学校只有两所，每学期每个班能安排36学时教学内容的教师仅有43%，体育理论教学按照规定上够4学时的教师比例为55.56%，每节体育课按照规定人数不超过30人的学校只占44.7%。[④] 河北省高校“阳光体育运动”政策实施效果

① 李卫东、王健、朱斌、闫彬、邹伟：《湖北省青少年体质健康促进政策研究》，《武汉体育学院学报》2016年第6期，第14页。

② 郑田：《唐山市普通中学学校体育政策执行力现状及提升策略研究》，硕士学位论文，福建师范大学，2015，第22页。

③ 徐硕：《铁岭市普通高中〈学校体育工作条例〉执行情况的研究》，硕士学位论文，吉林体育学院，2016，第34页。

④ 苏可心：《太原市普通高校学校体育政策执行力研究》，硕士学位论文，中北大学，2018，第15页。

整体较好，但仍有欠缺，公共体育课教师在责任感方面相对较低，学校在政策宣传方面不到位，在活动开展方面重视规模和人数、注重形式，学校体育设施资源紧缺，不能很好地满足“阳光体育运动”开展的需要。[①] 河南省高校学校体育政策执行情况中等偏上，超过50%的高校能够对“阳光体育运动”进行具体组织安排，但是有选择性执行学校体育政策的现象；体育教师缺编严重，61%的学校班额在36人以上；学校体育场馆、设施严重不足，能够满足规定的高校仅占10%；学校体育必修课开展情况良好，70%以上的学校能够保证一、二年级144学时，但三、四年级选修课情况不是很好，体育理论学时符合要求的学校为65%。[②]

其四，学校体育政策文本分析。唐文玲和王娟选取国家和上海市颁布的11份重要文件作为研究样本，对上海市20所中学学校体育政策执行情况进行了现状调查，结果得出：上海市中学“阳光体育运动”开展情况一般，虽然有90.4%的体育教师和95.0%的领导认为学校“基本达成”或“达成”了“阳光体育运动”目标，有90.5%的初中生和78.9%的高中生掌握了2项及以上运动技能，但是47.9%的初中生和36.8%的高中生反馈学校体育课“经常”或“有时”被其他学科占用，每天能够进行1小时及以上体育活动的初中生仅占10.7%、高中生仅占8.2%，初中生和高中生睡眠时间不足，30%的学校运动场地数量不达标，10%的学校体育教师和体育经费不能满足教学需求，没有执行学校体育场地设施对外开放政策的学校比例达10%，5.0%的学校没有建立校园体育伤害应急制度。[③] 朱富明等认为我国中学体育政策在体育政策体系中所占比重不足，难以凸显学校体育地位的重要性，在政策制定上缺乏对政策的系统化以及政策条款的具体化研究，政策文本本身的模糊性规定为学校体育政策执行带来了困难。[④]

其五，学校体育政策执行问题。我国学校体育政策执行效率低下是当前学校体育政策执行中需要解决的关键问题，而其效率低下问题具体体现在：各部

---

① 何晓美：《河北省部分高校学校体育政策实施情况的调查研究——以“阳光体育运动”实施为例》，硕士学位论文，河北师范大学，2014，第24页。

② 李佳坤：《河南省高校学校体育政策执行情况及提升策略研究》，硕士学位论文，河南师范大学，2018，第30页。

③ 唐文玲、王娟：《中学学校体育政策执行现状实证研究——以上海市20所中学为例》，《上海体育学院学报》2014年第6期，第91页。

④ 朱富明、冉强辉、张业安：《中学体育政策执行力的影响因素与提升策略——以上海市20所中学为例》，《西安体育学院学报》2015年第4期，第496页。

门之间封闭割据导致碎片化执行；对执行过程管理过死、过严导致规训式执行；不敢正视真实问题，避重就轻导致表浅化执行；重形式，执行过程疾风骤雨导致运动式执行。[①] 李佳坤利用评价指标体系分析指出学校体育政策执行存在的问题主要有三个方面，分别是执行效力、执行资源、组织管理。在执行效力方面，学校执行效力情况一般。在执行资源方面，学校的场地设施与体育教师在编人数严重缺乏；在组织管理方面，高校领导责任意识强，使阳光体育政策各方面指标完成过半。另外，执行客体认知态度情况较好，但参与度低；政策文本内容具体，目标合理，但依然存在多处政策重复与表述不具体的情况。[②] 学校体育政策执行是一项长期、综合性的系统工程，任何急功近利的心态都不能把学校体育政策执行好。“阳光体育运动”中校园集体舞的昙花一现以及冬季长跑的“搁浅”，无疑是轰轰烈烈的改革阵式取代了良好的改革环境。[③]

在对学校体育政策执行问题的研究中，邱林等以《关于开展全国青少年校园足球活动的通知》为政策案例，分别对校园足球政策执行的组织体系、竞赛体系、教学训练体系、培训体系、保障体系以及普及程度等问题进行了分析，为了完成政策规定的要求和任务，各级部门潜心专研“数字”，统计汇报时弄虚作假，形式足球、仪式足球和节日足球等不正之风盛行。[④] 冯欣欣等分析指出，“阳光体育运动”政策系统中存在政策环境问题、政策主体问题、政策客体问题等，经费投入不足，制约“阳光体育运动”开展；应试教育体制阻碍“阳光体育运动”开展；学校、学生、家长等政策制定主体缺位，致使“阳光体育运动”政策的出台更多代表官方的意图，呈现形式主义和“一刀切”现象；作为政策执行客体的青少年体育价值观缺失，致使被动接受“阳光体育运动”，其效果必然受影响。[⑤]

---

① 潘凌云、王健、樊莲香：《我国学校体育政策执行存在的问题与应对策略》，《体育学刊》2017 年第 2 期，第 81 页。

② 李佳坤：《河南省高校学校体育政策执行情况及提升策略研究》，硕士学位论文，河南师范大学，2018，第 45 页。

③ 何劲鹏、杨伟群、韩文娜：《顶层设计主导下我国学校体育“微改革”力量的培育》，《北京体育大学学报》2014 年第 12 期，第 83 页。

④ 邱林、戴福祥、张廷安、曾丹：《我国校园足球政策执行效果及主要影响因素分析》，《体育学刊》2016 年第 6 期，第 100 页。

⑤ 冯欣欣、王晓春、荆俊昌、邹英：《论“阳光体育运动”政策系统存在的问题及其完善》，《沈阳教育学院学报》2010 年第 2 期，第 54 页。

1.3.6.3 学校体育政策执行的影响因素研究

政策执行难已经成为阻碍我国学校体育改革发展的沉疴顽疾，作为一项系统、复杂的综合性工程，学校体育政策的执行必然受多方面因素的影响。政策本身存在的限制性因素、政策运行过程中治理结构的孱弱与目标群体利益选择的“短视性”与“自利性”倾向以及浮躁、急功近利的教育诉求对体育的倾轧等都是影响我国学校体育政策执行的重要掣肘因素。[①] 基于史密斯模型的分析，唐大鹏指出影响学校体育政策执行的重要因素包括：学校体育政策文本缺乏科学性且不成体系；政策机构运行机制的缺失与执行过程中的行为偏差；目标群体的认知偏差与利益冲突；执行环境有待进一步优化和完善。[②] 由于政策体系自身的匹配度不高、政策执行组织体系不明确、政策执行资源匮乏、目标群体利益表达意识缺乏和政策执行制度不完善等，学校体育设施服务社会政策执行陷入困境。[③] 由政策资源调控分配带来的利益冲突成为影响学校体育政策执行力的显著因素，其中对学校体育政策执行力影响最大的因素是执行过程的监督管理，然后是政策资源分配中利益群体之间的冲突，政策资源对学校体育政策执行力的影响最小。[④] 鲁志民认为影响我国学校体育政策执行的重要因素是当前我国制定的学校体育政策宏观表述太多，因过度注重顶层设计而缺乏具体的指导措施和配套政策，教育主管部门制定的“条例”“法规”虽然相对具体，但法律效力弱，限制了学校体育政策的有效执行。[⑤] 同时，我国学校体育政策执行主体滋生的不良心态[⑥]，使学校体育政策执行的直接责任人——学校校长，在对学生成才与成长之间的利益权衡选择中，为了升学率的提高，将学校体育工作永远放在

---

① 潘凌云、王健、樊莲香：《我国学校体育政策执行的制约因素与路径选择——基于史密斯政策执行过程模型的分析》，《体育科学》2015 年第 7 期，第 29 页。

② 唐大鹏：《我国学校体育政策执行过程审视——以史密斯模型为理论框架》，《广州体育学院学报》2019 年第 1 期，第 115 页。

③ 杨成伟、唐炎：《学校体育设施服务社会政策的执行困境与路径优化》，《体育学刊》2013 年第 6 期，第 56 页。

④ 陈福亮、杨剑、季浏：《学校体育政策执行力影响因素模型的构建》，《沈阳体育学院学报》2015 年第 5 期，第 127 页。

⑤ 鲁志民：《依法治校理念背景下北京义务教育学校体育法规执行情况的研究》，硕士学位论文，北京体育大学，2017，第 30 页。

⑥ 何劲鹏、杨伟群：《我国学校体育政策执行“不良心态”本质透析与制度性化解》，《北京体育大学学报》2018 年第 2 期，第 89 页。

边缘位置[①]。张锡娟分析指出影响学校体育政策执行的主要因素包括以下几个方面。其一，执行主体在政策执行过程中出于利益考虑，对相关政策的认知出现偏差，导致监管不力。其二，受应试教育的影响，学校层面对青少年体育政策领会不深、认同感不强，致使执行学校体育政策的积极性不高。其三，政府资源投入不足，对学校体育的双重管理存在严重弊端，重文轻体，没有对政策执行“偏离”制定有效的干预措施，导致政策执行效果不能得到及时反馈。[②]为了更深入直接地探析学校体育政策执行的影响因素，学者们以具体某一项学校体育政策执行情况为研究对象，对其影响因素进行具体分析。罗敦雄以“阳光体育运动”政策为分析样本，通过对我国高校“阳光体育运动”政策执行情况进行分析得出：影响高校“阳光体育运动”开展的因素可以分为政策执行主体因素、政策执行目标群体因素、政策执行资源和保障因素。同时他指出政策执行资源和保障因素是“阳光体育运动”开展的重要因素，它的缺失将导致体育管理制度不完善、政策执行主体监督检查不力、法律法规保障失去效力。[③]吕娜运用史密斯政策执行过程模型分析了校园足球政策执行的影响因素，分别包括：首先，政策本身的正确性是影响政策有效执行的首要因素；其次，校领导对校园足球政策的认同感是推动校园足球政策执行的关键因素；最后，体育教师足球专业化水平低是制约校园足球发展的主要因素。[④] 邱林从利益博弈视域分析了校园足球政策执行情况，认为影响校园足球政策执行的主要因素为执行主体、目标群体、执行方式、政策制定、政策资源和政策环境，并通过利益相关者理论确定了14个利益相关者，根据相关者利益诉求，分析了各群体的核心利益。[⑤] 学校体育政策执行是既环环相扣、相辅相成，又相对独立的过程，在这个过程中任何一个环节出现纰漏都会阻滞学校体育政策执行。[⑥] 学校体

---

① 杨定玉、杨万文、黄道主、廖萍：《学校体育政策执行偏差的表现、原因与对策——以“阳光体育运动”的政策分析为例》，《武汉体育学院学报》2014年第1期，第79页。

② 张锡娟：《青少年学生体育政策执行过程研究》，硕士学位论文，天津体育学院，2014，第29页。

③ 罗敦雄：《学校体育政策执行阻滞问题研究——以高校实施“阳光体育运动”为例》，硕士学位论文，福建师范大学，2012，第21页。

④ 吕娜：《法库县初级中学校园足球政策执行研究》，硕士学位论文，沈阳师范大学，2018，第46页。

⑤ 邱林：《利益博弈视域下我国校园足球政策执行研究》，博士学位论文，北京体育大学，2015，第75页。

⑥ 罗建河、谭新斌：《我国〈学校体育工作条例〉执行过程的阻滞现象分析》，《天津体育学院学报》2008年第6期，第496页。

育政策本身、学校体育政策执行环境、学校体育政策执行主体、学校体育政策执行机制等是影响中学体育政策执行力的四大因素。政策制定中出现的体系性和可操作性预期不足为政策执行带来困难；在执行制度设计上不能凸显学校体育的重要性；在执行方式上“口号式”执行偏差难解；在执行机制上流于形式，缺乏监督的“科学性”评判。[①]

1.3.6.4 学校体育政策执行效果提升的对策研究

提升学校体育政策执行效果主要以现状调查为基础，根据学校体育政策执行过程中出现的实际情况，构建具有针对性和实际指导意义的对策。李卫东等提出湖北省青少年体质健康促进政策的发展策略主要有：建立健全学生体质健康达标奖惩制度，对完成好的学校领导和体育教师进行奖励，对达标情况差的进行问责；建立“学校－家庭－社区”三位一体的联动机制，确保三者都积极参与到改善青少年体质健康上来；完善协同配合发展机制，确保“教育部门＋体育部门”深度融合；积极引入市场购买服务，为青少年提供更多体育机会。[②] 对于学校体育政策的研究应用更多元的方法、更广阔的视角，对于学校体育政策执行的研究应更趋于具体化[③]，提高政策质量，避免出现重复、不具体的现象；统筹各方面有利资源，加大政策资源的投入；改善政策执行环境，保证政策执行有力；优化各方面利益分配，实现利益均衡[④]。完善学生综合考评体系，使体育成绩真正占有一席之地，以中高考为突破口，以具体可量化指标为主，提升学校体育政策的科学性和可行性，强化学校体育政策执行过程监督与管理，切实提高中学体育政策执行者的执行水平。[⑤] 抓紧配套完善规划方案和实施办法，促进政策法律化；提高学校体育政策执行主体对政策的认同，整合良好的政策执行组织体系，制定切实可行的执行方案；在政府主导下拓宽政策执行资源渠道；加强学校体育政策执

---

① 朱富明、冉强辉、张业安：《中学体育政策执行力的影响因素与提升策略——以上海市 20 所中学为例》，《西安体育学院学报》2015 年第 4 期，第 498 页。

② 李卫东、王健、朱斌、闫彬、邹伟：《湖北省青少年体质健康促进政策研究》，《武汉体育学院学报》2016 年第 6 期，第 16 页。

③ 潘凌云、樊莲香、张文鹏：《国际上学校体育政策执行研究述论：缘起、论域及启示》，《首都体育学院学报》2018 年第 4 期，第 341 页。

④ 康冰心：《学校体育政策执行效力研究——以〈国家学生体质健康标准〉为例》，硕士学位论文，华中科技大学，2016，第 47 页。

⑤ 朱富明、冉强辉、张业安：《中学体育政策执行力的影响因素与提升策略——以上海市 20 所中学为例》，《西安体育学院学报》2015 年第 4 期，第 501 页。

行过程监控，确保政策有效落实。[①] 建立和完善多部门协同执行机制，实现学校体育的综合性治理；改变学校体育政策执行风格，广泛倾听各种声音，实现决策民主化；实现政策实施表浅化向深层次的转变；建立和完善学校体育政策执行的常态化治理模式。[②]

综观前人对学校体育政策执行研究的成果，或在理论上，或在研究价值上为我们提供了有益的借鉴。学者们对学校体育政策执行的研究主要围绕三个方面进行。一是学校体育政策执行的理论研究，主要借鉴企业和行政管理领域的成果，对学校体育政策执行力的概念、作用、构成要素进行了初步探讨。二是学校体育政策执行的现状、问题研究，主要以具体地区学校为政策执行研究对象，对该地区学校体育政策执行的现状和问题进行实证调研。三是学校体育政策执行的影响因素研究，学者们主要围绕影响学校体育政策执行效果的因素进行分析，分别从政策执行过程视角、利益相关者视角、利益博弈视角等进行影响因素分析。由于研究目的不同，前述成果也存在一些不足：一是现有的学校体育政策执行理论多是直接借鉴企业或公共行政领域的观点，还未形成系统化的理论成果；二是对我国学校体育政策执行的解释性和描述性研究较多，而对学校体育政策执行和开展过程研究较少，对学校体育政策实施效果的评价研究更鲜有涉及；三是缺乏以基层学校为研究对象的学校体育政策执行的专门性研究，对西部地区学校体育政策执行的研究尤为缺乏。在我国东西部发展差异显著、城乡教育失衡的背景下，发达地区尚且有22%的学校执行不了体育教学大纲或体育课程相关政策，更何况在经济不发达的西部农村中小学校。由于受地理位置、经济发展、资源环境等因素的影响，西部农村中小学校体育的发展与东部地区相比，存在比较大的发展差距，影响着我国体育教育的改革和体育事业的全面发展。因此，对西部农村中小学校体育政策执行进行专门性、系统性研究非常必要。

---

① 杨成伟、唐炎：《学校体育设施服务社会政策的执行困境与路径优化》，《体育学刊》2013 年第 6 期，第 58 页。

② 潘凌云、王健、樊莲香：《我国学校体育政策执行存在的问题与应对策略》，《体育学刊》2017 年第 2 期，第 84 页。

1.4 研究对象与方法

1.4.1 研究对象与范围界定

根据研究的需要，本书以西部农村中小学校体育政策执行情况为研究对象，具体涉及3类研究对象：第一，西部农村中小学主管学校体育工作的校长或副校长；第二，西部农村中小学体育教师；第三，西部农村中小学生。具体抽样方法如下：首先根据本书对“农村”概念的界定，采用系统抽样法抽取四川省、重庆市、贵州省、广西壮族自治区四地的部分市辖区；然后在上述抽取的市辖区内，采用随机抽样法抽取具体的农村地区作为地域样本；最后利用随机抽样法抽取具体的调查学校，以此组成调查的学校样本。具体操作步骤如下。①参照《中华人民共和国行政区划简册2012》，将四川省、贵州省、广西壮族自治区所管辖的市按一定顺序编号，采用系统抽样法抽取出四川省成都市、泸州市、广元市，贵州省贵阳市，广西壮族自治区钦州市作为调查地区所辖市。再按照同样的方法将四川省成都市、泸州市、广元市，贵州省贵阳市，广西壮族自治区钦州市，重庆市所管辖的市辖区按照一定顺序编号，根据调查研究的一般规律，确定采用系统抽样法抽取每市的20%作为调查样本。由此抽取的样本依次为：四川省成都市郫都区、泸州市江阳区、广元市利州区，贵州省贵阳市花溪区，重庆市万州区、大渡口区、九龙坡区、綦江区，广西壮族自治区钦州市钦北区。在此需要特别说明的是，由于重庆市渝中区，成都市锦江区、青羊区、武侯区、金牛区、成华区下无本书中界定的农村地区，因此，重庆市和成都市以抽样间隔为2进行抽取。②在统计了系统抽取的市辖区下镇一级学校后，考虑到样本的总体异质性不大且为了调查的方便，本书采用随机抽样法抽取镇一级学校中的小学和中学各一所组成本书的调查样本。③问卷调查对象包括主管学校体育工作的校长或副校长、体育教师、学生。实际调查总人数为1206人，其中包括校长36人，体育教师90人，学生1080人。

新中国成立以来，党和政府始终高度重视学校体育工作。为了保证学校体育工作的顺利开展，从党中央的战略部署到相关政策文件的具体落实，颁布的政策文件类型从法律法规到部门规章、规范性文件，都表明党和政府始终把学校体育工作放在重要的位置。其实，新中国成立以来，中央和有关部委就已经结合“全国各级学校学生健康的不良状况”和“扭转学生体质健康欠佳的局面”，先后颁布了30多个学校体育政策文件，[①] 目前学校体育政策的制定也迎来了第一个高峰期。因此，本书对学校体育政策演变研究部分限定为新中国成立以来学校体育政策的研究。

学校体育改革的推进离不开学校体育政策的支持和保障，与此同时，学校体育改革的不断深化和发展，也使学校体育政策的内容体系和法制建设取得了长足的进步与完善。为解决学校体育发展中的种种问题，政府和相关部门出台了不少学校体育政策文件，用以指导和规范学校体育工作。学校体育是通过对在校学生进行系统的体育基本知识、基本技术、基本技能的传授，培养学生的体育兴趣和习惯，进而促进学生身心健康发展的教育过程。因此，学校体育工作离不开以体育课为主要形式的体育教学和以组织学生锻炼为主的课外体育活动的顺利开展，同时，作为反映学生体质健康水平的学生体质健康监测和评价制度，是学校体育是否达到促进学生身心健康发展目的的重要评价依据。因此，本书选择《体育与健康课程标准》、“阳光体育运动”文件、《国家学生体质健康标准》作为代表性政策文件，对西部农村中小学校体育政策执行情况进行研究和探讨。因为，这三项政策在学校体育发展中起着主导性作用，决定着学校体育发展的大方向，体现学校体育工作的根本指导原则。

任何政策的执行最终都要通过政策执行组织和政策执行人员来进行，政策执行组织通过调配政策资源、技术和方法成为联系政策与政策执行目标群体的桥梁。根据我国的实际情况，学校体育政策执行组织包括各级教育行政部门以及体育管理部门。具体政策执行人员包括各级教育行政管理机构负责人、各级体育管理机构负责人、学校校长、体育教师等。学校是学校体育政策的最终和直接执行组织，对学校体育政策执行起着关键性的作用，在学校体育政策执行过程中是最为重要的一个环节，因此，本书将研究范围界定为学校层面的中小学校体育政策执行研究，学校体育政策执行主体范围限定为西部地区市辖区下镇一级农村中小学校长、体育教师。

---

① 张文鹏、王健：《新中国成立以来学校体育政策的演进：基于政策文本的研究》，《体育科学》2015年第2期，第14页。

1.4.2 研究方法

1.4.2.1 文献资料法

通过查阅国内学术文献数据库（中国知网 CNKI、维普、万方）及外文文献数据库（EBSCO 数据库、ProQuest 数据库、ScienceDirect 数据库、Google 学术等）检索有关公共政策执行、学校体育政策、学校体育政策执行等方面的文献资料，对相关文献资料进行整理、分类、加工和提炼，为本书研究奠定理论基础和依据。根据研究目的和需要，对文献资料的收集和整理从以下几个方面展开。一是收集整理政策执行理论、公共政策执行理论、学校体育政策执行等相关方面的文献资料；二是与学校体育改革发展相关的政策文件以及有关学校体育政策制定和执行的文件条文；三是学校体育开展现状，尤其是关于体育课教学现状、课外体育活动开展现状、“阳光体育运动”开展现状、体质健康监测开展现状等方面的研究文献；四是查阅所调查样本的学校体育发展规划、学校体育工作方案、学校体育年度教学计划、学校体育教学文件、学生体质健康测试结果上报资料等。本书通过采用文献资料法，为制定访谈提纲、选取走访地点及对象等奠定了良好的基础。

1.4.2.2 问卷调查法

1.4.2.2.1 问卷的设计

根据本书研究内容的需要，通过查阅专业书籍和文献资料，在参考王书彦博士学位论文中问卷设计的基础上①，征求专家学者的意见进行调整和修改，设计出“西部农村中小学校体育政策执行研究（校长问卷）”“西部农村中小学校体育政策执行研究（体育教师问卷）”“西部农村中小学校体育政策执行研究（学生问卷）”三类问卷。

1.4.2.2.2 效度和信度分析

效度分析：采用匿名形式请管理学、体育学领域的 8 位专家对设计的问卷内容进行全面审核，在专家都认为该问卷的内容能够较好地获取调查信息后进行问卷定稿，如表 1－1 所示。

---

① 王书彦：《学校体育政策执行力及其评价指标体系实证研究——以黑龙江省普通中学为例》，博士学位论文，福建师范大学，2009，第 183 页。

表 1-1 问卷效度检验统计（$N=8$）

问卷类型	合理	比较合理	一般合理	不太合理	不合理	合计
校长问卷	6	2	0	0	0	8
体育教师问卷	7	1	0	0	0	8
学生问卷	7	1	0	0	0	8

信度分析：利用重测法对问卷的信度进行检验，分别于 2016 年国庆节前夕、2017 年元旦前夕两次对成都市郫都区第三中学、泸州市江阳区黄舣乡中学、万州区郭村学校、钦州市钦北区大寺镇那造小学 4 所学校随机选取学生 30 人、体育教师 5 人、校长 4 人进行问卷测试，两次问卷调查测得学生问卷的肯德尔系数 r 为 0.869（$p<0.05$），教师问卷的 r 为 0.891（$p<0.05$），校长问卷的 r 为 0.875（$p<0.05$），表明三类问卷都具有较强的相关性，符合研究条件。

1.4.2.2.3 问卷的发放与回收

本书调查问卷的主要对象涵盖西部典型农村，包括四川省成都市郫都区、泸州市江阳区、广元市利州区，重庆市万州区、大渡口区、九龙坡区、綦江区，贵州省贵阳市花溪区，广西壮族自治区钦州市钦北区，每个区抽取 2 所市辖区下镇一级的学校，小学和中学各 1 所，每所学校随机抽取 60 名学生、5 名体育教师和 2 名校长，一共抽取 1080 名学生、90 名体育教师、36 名校长进行问卷的发放与回收。问卷发放的形式通过 1 名课题组教师带领 2 名硕士研究生的方式分组，采用现场发放、邮寄、问卷星等形式，积极与当地体育教研员、体育教师联系，向学生、体育教师、校长发放问卷。问卷发放后第一时间进行回收，确保研究所需要的各项资料的严谨性和准确性。

最终，“西部农村中小学校体育政策执行研究（学生问卷）”发放 1080 份，回收有效问卷 1031 份，有效回收率为 95.46%；“西部农村中小学校体育政策执行研究（体育教师问卷）”发放 90 份，回收有效问卷 84 份，有效回收率为 93.33%；“西部农村中小学校体育政策执行研究（校长问卷）”发放 36 份，回收有效问卷 33 份，有效回收率为 91.67%。

1.4.2.3 访谈法

本书在做问卷调查的同时，通过面对面访谈结合电话访谈的方法，分别对体育学方面的专家、西部农村中小学校长及体育教师进行了深度访谈，一方面了解西部农村中小学校体育政策执行的真实现状，征求相关意见；另一方面了解一线体育教师和校长对学校体育政策执行存在问题的真实看法，弥补问卷调查存在的不足。

1.4.2.4 层次分析法

层次分析法是通过对不同层次相邻指标重要程度的两两比较，为分析和决策问题提供定量的依据，有效处理难以用定量方法分析的复杂问题。采用层次分析法对西部农村中小学校体育政策执行评价指标进行权重分配，通过几何平均数的方法，得出西部农村中小学校体育政策执行效果评价指标体系中各指标的相对权重。

1.4.2.5 数理统计法

本书采用 SPSS 19.0 统计软件和 Excel 统计软件分析数据，其中利用 SPSS 19.0 统计软件对西部农村中小学校体育政策执行现状的调查数据进行描述性统计分析，运用 Excel 统计软件对西部农村中小学校体育政策执行指标体系进行矩阵分析。

1.5 研究思路

本书遵循由理论到实证再到对策的研究范式，理论框架和实证分析强调典型化和本土化，并力图使后续开展的对策研究切合西部农村中小学校体育的发展实际，所提出的思路和对策具有针对性和可操作性，具体的研究思路如图 1－1 所示。

研究主要分两部分展开。第一部分为理论研究，通过运用制度变迁理论、政策执行理论分析学校体育政策执行的概念、功能等，对不同时期我国学校体育政策法规的数量变化、内容变迁、特征等进行系统分析，探讨学校体育政策执行的特点和影响因素，构建学校体育政策执行效果评价的理论框架。第二部分为实证研究，采用已建立的西部农村中小学校体育政策执行指标体系作为研究工具，以四川省、重庆市、贵州省、广西壮族自治区市辖区下镇一级中小学为调查对象，对西部农村中小学校体育政策执行现状进行调查研究，以此作为西部农村中小学校体育政策执行的主要评价依据。在理论和实证研究的基础上，找出西部农村中小学校体育政策执行存在的主要问题，从政策网络理论的视角探析西部农村中小学校体育政策执行问题产生的根源，综合考虑城乡之间、东西部之间学校体育的实际情况，提出消除西部农村中小学校体育政策执行阻滞的若干对策建议。

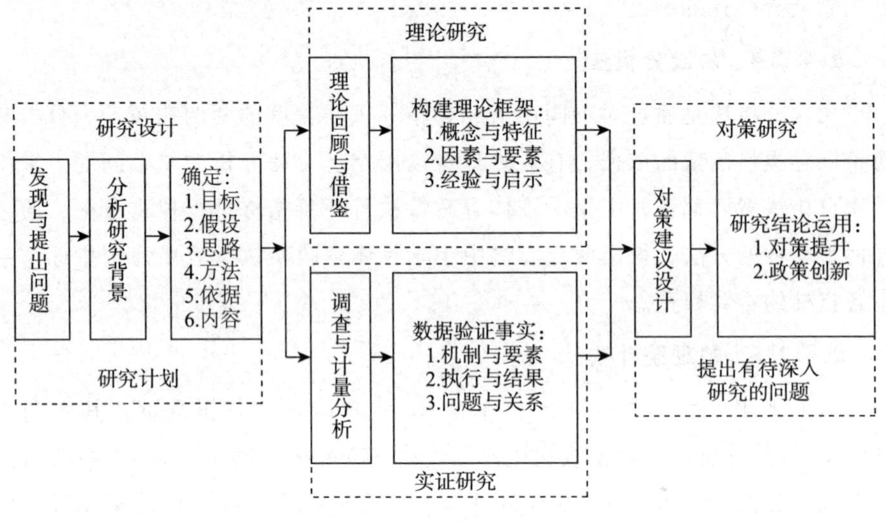

图 1-1　研究思路

2. 学校体育政策执行的理论阐释

2.1 理论基础

2.1.1 制度变迁理论

诺贝尔经济学奖获得者道格拉斯·C. 诺斯指出，制度是一种行为规范，是人为设计的规范人们之间相互关系的规则、服从程序和道德伦理，这些行为规范分为正式约束和非正式约束。正式约束是准则、合同、政策、法律等成文性规范，非正式约束则是一些非成文性规范的习俗、惯例等。[①] 从历史发展的维度来看，人类进化过程中，在交往过程中产生的由习俗、惯例等形成的规则形塑了人类文明，使人类在交往过程中有规则可循，也推动着人类从野蛮向文明的进步，因此，无论是封建社会等级制度的确立还是资本主义、社会主义制度的演进，都是在制度的推动下得以完成的。与此同时，从人类发展的维度来看，不管是奴隶社会森严的等级世袭制度的确立，还是封建社会专制制度的变迁，甚或是资本主义、社会主义制度的不断演进，这些都和制度的安排和完善密不可分。由此可见，制度的变迁推动着社会的进步与变迁，同时制度本身也在这种变迁中不断完善。因此，对新中国成立以来学校体育政策变迁的演进研究，离不开制度变迁理论的指导，需要从制度变迁的视角对学校体育政策变迁的过程、问题及特征进行分析，这样的分析，既是对学校体育发展的历史印证与反思，也是用制度变迁理论对学校体育政策研

① 张国庆主编《公共政策分析》，复旦大学出版社，2004，第 208 页。

究的指导。基于此，以制度变迁理论为指导，通过对新中国成立以来学校体育政策变迁的历史回顾与审视，试图发现学校体育政策演进的脉络特征及问题，找出学校体育政策演进的规律，为后续研究奠定基础。

2.1.2 政策执行理论

政策执行是实现政策目标的中心环节和最重要的活动，其原因表现在：一方面，政策执行效果的好坏直接决定政策目标和价值能否实现；另一方面，通过政策执行过程的检验可以反过来验证政策的制定是否符合实际发展的需要，可以根据实际情况进行完善，以提高政策的可行性和有效性。

政策执行是将政策付诸实施的一种活动。最早将政策执行引入学术研究领域的是美国政策学家普雷斯曼和韦尔达夫斯基，他们将政策执行定义为“为了实现目标而与获得目标的行动之间的作用过程”[①]。关于政策执行理论，不同的政策学家从不同的角度进行了研究，其中比较有代表性的理论有7种，分别是：①行动理论——将政策执行看作一种行动或活动的过程；②组织理论——强调任何政策的执行都是在组织的依托下运行的，因此，只有弄清楚组织的运作方式，才能知道被执行的政策将会如何运行和调整；③因果理论——关注政策执行中人们为实现政策目标而采取的途径之间的因果关系；④管理理论——将政策执行看作一种为实现政策目标而采取的管理过程；⑤交易理论——将政策执行看作一种政治上讨价还价的交易过程；⑥系统理论——将政策执行看作一个大的政策系统，将政策执行看作政策系统与环境之间进行物质、能量、信息交换的过程；⑦博弈理论——在竞争环境下，政策执行者都力求将利益最大化并将损失降到最低限度。[②]

以上7种代表性的理论是目前政策执行理论中比较成熟的几种，但是，由于政策执行过程复杂多变，涉及的因素多而繁杂，因此，到目前为止，还没有形成得到公认的政策执行理论及范式。[③] 同时，本书认为，对不同政策执行问题的研究或同一政策执行问题不同侧重点的研究，其所采用的政策执行理论支撑应有所不同。如前所述，本书将学校体育政策执行看作一种活动

---

① Pressman, J. L., and Wildavsky, A., *Implementation* (3rd Edition), Berkeley: University of California Press, 1984, pp. xx - xxi.

② 张国庆主编《公共政策分析》，复旦大学出版社，2004，第208页。

③ 陈振明：《西方政策执行研究运动的兴起》，《江苏社会科学》2001年第6期，第61页。

的过程，这个过程是为了实现学校体育政策目标，围绕目标的实现必然要采取相应的措施贯彻落实学校体育政策。因此，本书以行动理论、组织理论和博弈理论为基础，通过对西部农村中小学校体育政策执行效果的调查，发现学校体育政策执行过程的特征及存在的问题，以期为今后学校体育的改革提供理论上的参照。

行动理论将政策执行看作一种对某一公共政策采取的广泛行动。史密斯提出的政策执行的“四因素论”是最早的政策执行过程模型，四因素分别是指影响政策执行过程的四个要素：第一，理想化的政策（ideal policy）；第二，执行机构（implementation agency）；第三，目标群体（target group）；第四，环境因素（environmental factors）。理想化的政策是指政策的形式、类型、和范围是可行合理的；执行机构包括政策执行的组织机构以及执行人员的素质、执行方式、执行技巧等；目标群体即政策接受对象，是接受政策并受政策影响的人群；环境因素包括影响政策执行的社会、政治、经济、文化、历史等各种因素。史密斯指出，影响政策执行的四个要素之间，并不是随时都能形成合力促进政策执行，有时候也会形成一种张力，使政策执行不能按照决策者所预想的结果进行，这种反向信息的反馈也会引起政策制定者和执行者的注意，使政策执行者能够对下一步政策执行做出支持或反对的具体判断。

组织理论强调政策执行与执行组织之间存在密切的关联，且执行组织是否合理直接关系着政策目标能否实现。组织理论的代表人物弗瑞斯特认为，政策执行的成功与否，一方面取决于政策执行组织的成员对政策的接受程度，另一方面则取决于政策执行组织是否合理。因此，他认为组织是政策执行成功与否的关键，为此，他提出几个基本观点：第一，任何政策的执行都需要通过组织得以推行；第二，政策目标能否得以实现，关键在于政策执行组织是否合理；第三，执行组织的运行正是执行过程本质的反映，组织可以通过控制政策执行过程来反映政策执行特征，从而实现政策执行目标。因此，执行过程的本质实际上就是政策执行组织之间机制运行是否合理。[①] 学校体育政策执行组织机制运行是否合理，直接影响学校体育政策执行目标能否实现。

利益相关者理论源于亚当·斯密，在其著作《国富论》中有一些关于利益相关者理论的暗含信息。直到 1963 年，斯坦福研究院的学者们才提出“利

① 宁骚主编《公共政策学》（第二版），高等教育出版社，2011，第 85 页。

益相关者”这一概念。《战略管理：利益相关者方法》被认为是利益相关者理论的先锋之作，这是由学者弗里曼（Freeman）在1984年创作的。该书对利益相关者理论中的一些基本问题进行了界定，如利益相关者的概念、利益相关者理论的基本特征、利益相关者理论的作用等，但由于是起步阶段的研究，其没有形成系统的理论体系，经过瑞安曼、布莱尔、米切尔等学者的不断努力和完善，利益相关者理论才逐渐形成了独立完善的理论体系。

利益相关者理论研究的价值在于通过利益相关者分析，很好地协调利益相关者之间的利益冲突和诉求，以达到满足各个不同利益群体利益诉求的目的。由于不同研究者对利益相关者理论的理解各不相同，不同研究主题也会有不同的需求，因此，在分析的过程中会出现不同的观点或看法。但是，总体来看，多数学者在运用利益相关者理论分析问题时分为以下四个步骤。[①] 第一，界定利益概念。不管是何种研究主题的需要，对利益概念的界定必须符合利益相关者理论。第二，明确利益诉求。不同的利益相关者群体，其利益诉求各不相同，因此，他们之间才会存在利益冲突与利益诉求，既有一定的共同利益，也有一定的利益冲突。第三，厘清利益关系。不同利益群体之间利益关系错综复杂，要想更好地协调利益相关者之间的利益，就必须充分厘清利益相关者之间的相互关系，只有这样，才能更好地满足不同利益群体的利益需求，实现利益协调。第四，满足利益需求。利益相关者理论研究的最终目的就是要通过对利益概念、利益诉求、利益关系的分析满足不同利益群体的需求，特别是相关利益群体的核心需求，如此，才能最终实现研究的价值。

利益相关者博弈论是分析博弈状态下行为选择的理论，是指利益主体在一定规则约束下，实现利益最大化和风险成本最小化的过程。在学校体育政策执行过程中，校长是学校体育政策执行的第一责任人，校长正确的价值取向是学校体育政策有效执行的关键，校长的行为决定着学校体育政策执行的成败。但是，在“分数第一”的教育评价体制下，学校校长自然不会因为体育锻炼而影响升学率。同时，由于受传统应试教育思想的影响，许多家长并未真正认识到青少年健康成长的长远意义，更多的则是希望孩子能够考上好大学，找一份好工作，在孩子成才和健康成长之间发生冲突时，部分父母会选择前者。

---

① 朱源：《公益旅游利益相关者的博弈研究》，硕士学位论文，上海师范大学，2013，第18页。

2.1.3 政策网络理论

政策网络理论来源于研究者们的发现，在政策执行过程中，政策执行主体之间、执行主客体之间、客体与客体之间形成了一个因利益竞争与合作等复杂关系而产生的关系网络，这些利益主体之间形成的关系网络共同作用于政策，推动政策的实施。1997 年，Kickert、Klijn 和 Koppen 指出，政策网络是指相互依赖的行动者之间所形成的或多或少的社会关系形态，并由此在这些社会关系形态中形成政策问题或政策计划。[①] 随后，政策网络理论也随之成为公共政策领域分析政策的新工具。政策网络的主要特征包括如下三个方面。第一，政策执行主体之间相互依赖。第二，政策网络是一种动态过程。第三，政策网络主体之间的活动相互影响和制约。也就是说，政策网络是由具有不同资源、不同利益、不同目标的主体为实现自己的利益目标，而与其他主体相互依赖、相互作用形成各种不同类型关系的动态过程。

具有代表性的政策网络理论有两种。第一种是以美国传统为主的政策网络理论，包括政策次级体系理论、亚政府理论、铁三角理论、议题网络理论、三位一体理论。以美国传统为主的政策网络理论的主要表现为，利益团体、政府机关、官僚机构之间是保持互动的，由此形成了比较规则化的接触关系，政府机关主要扮演配置国家资源和维持规则的角色，利益团体不是唯一的政治机器。1955 年，美国学者弗里曼第一次提出公共政策执行必须处理协调利益团体、国会议员、政府官员之间的互动关系，由此，政策次级体系理论产生。随后，1980 年，瑞普莱（Ripley）和富兰克林（Franklin）在政策次级体系理论基础上，提出“亚政府”概念，指出不管在何种政策领域中，只要是拥有共同利益的团体成员，都会为了取得有利于自己的政策地位而有效利用多数例行性决策机会，影响公共政策。[②] 这些行动者之间基于相互依赖形成政策网络，彼此提供援助与支持，形成了较强的网络关系，并且极具排他性，政府机关已经被控制成为反映利益团体意见的“俘虏机关”，妥协于亚政府网络关系，因此称之为亚政府理论。受亚政府理论的影响，学者洛维（Lowi）于 1969 年提出铁三角理论，认为政府机关、国会议员、利益团体构成了紧密的铁三角关系。铁三角理论的特点体现在：第一，由经济特权组成

① 李允杰、邱昌泰：《政策执行与评估》，北京大学出版社，2008，第 85 页。

② 李允杰、邱昌泰：《政策执行与评估》，北京大学出版社，2008，第 85 页。

的特权团体势力相当庞大，在公共政策执行过程中，它们的地位已经足以串联国会议员，实现对政府机关的掌控；第二，铁三角之间形成了相互勾结的封闭体系，具有较强的排他性；第三，政府机关由于受制于利益团体和国会议员的双重压力，不可能保持中立，地位式微。封闭性铁三角理论在公共政策执行过程中表现出的弊端引起了一些学者的不满，因此，1978 年，学者赫克洛（Heclo）提出，大多数公共议题是开放性的议题网络，极少出现封闭性的控制圈。1987 年，麦克法兰（McFarland）在赫克洛观点的基础上，提出“议题网络”概念，指出议题网络是一个包括政府机关、国会议员、新闻记者、游说者、学者专家等在内的对某项议题有兴趣的沟通网络。① 麦克法兰的议题网络的主要观点包括：第一，政府机关是独立于任何利益团体而存在的，不受制于任何团体或个人；第二，潜在性或实际性反对团体的存在是为了防止经济性团体的职权滥用。麦克法兰在继承部分多元主义观点的基础上，形成了以政府机关、专业性利益团体、反对性利益团体在内的三位一体权力网络，开放性的特点使这些权力团体不具排他性，政府机关也不再受制于经济性团体。综上分析可以看出，以美国传统为主的政策网络理论的特点是一种微观分析，重点关注政策行动者之间的人际关系互动，而对政策执行机构之间的结构性关系探究较少。

第二种是以英国传统为主的政策网络理论，主要有两种模式，一种是罗迪斯模式（Rhodes Mode），另一种是韦克斯与莱特模式（Wilks & Wright Mode）。罗迪斯模式也称为府际关系理论，其主要关注在政策执行过程中，中央政府与地方政府之间的互动关系。该理论的主要观点包括：第一，组织与组织之间必须依赖组织资源而发展；第二，要想达到组织目标，必须进行资源交换；第三，支配性派系在组织内部的决策制定中拥有某些自主权，因此，可以决定哪些资源是值得追求的，辨别哪些关系是有问题的；第四，支配性派系因拥有某些自主权而应用各种策略管制资源交换过程；第五，组织资源、游戏规则与组织之间交换的过程就是相对权力确立的过程。由此可以看出，罗迪斯模式强调，地方政府和中央政府之间是一种谈判和互动的关系，并且这种互动是以地方政府机关被整合成相关的重要机关代言人为目标的，中央政府与地方政府之间的互动不存在多元竞争性，不同政府层级之间的相

① 李允杰、邱昌泰：《政策执行与评估》，北京大学出版社，2008，第 85 页。

互依赖从多元主义转向统合主义。针对不同层次行动者之间的互动关系，罗迪斯在融合社会学、心理学、社会心理学、社会人类学的基础上，基于宏观、中观、微观不同层次之间的互动将政策网络划分为五种类型：政策社群、专业网络、府际网络、生产者网络、议题网络。

韦克斯与莱特模式的政策网络主要特征包括：第一，政府部门与工业部门之间不是完全统一的，政府部门本身是分立和分化的，工业也并非完全同质；第二，专业化组织与政策制定机构对政策执行产生影响；第三，专业化组织与政策制定机构之间彼此互动、相互影响。韦克斯与莱特将政策网络划分为四种类型：第一种类型是政策领域（policy areas），它是基于某一项公共政策而形成的政策网络，其政策网络具有领域专业性，例如教育政策、健康政策、工业政策等；第二种类型是政策部门（policy department），围绕该项政策领域的所有相关部门形成的网络，如围绕教育政策领域可以划分为小学、中学、大学等政策部门；第三种类型是政策次级部门（policy sub-sector），由政策部门分化而来的次级部门形成的网络，如在大学教育政策部门中可以分化出来的大学德育次级部门、智育次级部门、美育次级部门等；第四种类型政策议题（policy issues），由政策次级部门中产生的具有一定争议性的议题。

2.2 特点

和其他公共政策执行过程一样，学校体育政策执行是实施学校体育政策的一系列过程，因此，既有与公共政策执行的共性特征，也有其特殊性。学校体育政策执行是一个复杂的过程，分析我国学校体育政策执行的特点，能够帮助我们更全面地认识学校体育政策，同时有助于我们探讨和剖析学校体育政策执行阻滞现象及其产生的原因。

2.2.1 学校体育政策执行内容和手段的规定性

规定性是指事物本身具有的特定组成要素，以及特定组成要素之间特殊的关系。[①] 作为实现学校教育目的的重要形式，学校体育政策目标的实现需要按照既定的学校体育要求和标准，选择对学生身心发展有益，符合学校教

① 李德顺主编《哲学概论》，中国人民大学出版社，2011，第206页。

育目的的内容组织开展学校体育活动，所以，在学校体育政策执行内容的选择上和手段的安排上具有特殊的规定性。首先，学校体育政策执行内容的规定性，主要是指对学校体育政策执行内容的数量和时间上的规定性，按照“中央7号文件”的规定，学生在校期间，小学1～2年级要求每周4学时体育课，小学3～6年级和初中7～9年级要求每周3学时体育课，高中要求每周2学时体育课。同时，《学校体育工作条例》将“每天有一小时体育活动的时间”纳入条例，要求全国各地学校明确和执行，并且《关于落实保证中小学生每天体育活动时间的意见》对每天锻炼1小时的具体时间和内容进行了规定，其具体规定是：每天1小时体育活动时间包括体育课、大课间体育活动和课外体育活动时间。这些政策执行数量和时间上的规定性，要求在学校体育政策执行过程中不能随意缩减。其次，学校体育政策执行手段的规定性，主要是指在学校体育特定的时空范围内，规定的体育课程方案、规定的授课地点、规定的授课时间、规定的场地器材、规定的服装要求都必须严格执行，不能因为天气原因而随意停课，文化课也不能随意挤占体育课。

2.2.2 学校体育政策执行过程的动态性

学校体育具有的主体交互的文化生成特性[①]，决定了学校体育政策执行过程不是一成不变的，而是一个动态的、连续发展的活动过程。一方面，任何政策方案的设计都不可能完全预设实际情况的纷繁变化。作为学校体育政策的《体育与健康课程标准》和《国家学生体质健康标准》，在实施过程中，受政策执行资源、政策执行环境等的影响，先后对课程标准进行了修订完善，于是，《体育与健康课程标准（实验稿）》、《学生体质健康标准（试行方案）》（2002年）、《国家学生体质健康标准》（2007年）、《体育与健康课程标准（2011年版）》、《国家学生体质健康标准（2014年修订）》相继颁布。因此，学校体育政策执行不是一成不变的，需要政策执行者根据相关政策的变化及时做出调整，如此，才能使学校体育政策执行适应学校体育政策变化的需要，达到政策预期的目标。另一方面，学校体育政策执行过程不是一蹴而就的，而是在不断调适中达成政策目标的。政治、经济、社会的发展变化，必然会使学校体育政策执行资源、环境等也发生相应的变化，由

① 赵富学、程传银：《学校体育中强制与自由关系之研究》，《体育科学》2016年第3期，第89页。

此，学校体育政策执行过程中难免会出现新情况和新问题，这就要求学校体育政策执行者根据这些新情况和新问题及时做出回应和调整，这样才能确保学校体育政策顺利实施，实现学校体育政策目标任务。因此，学校体育政策执行过程的动态性，贯穿于学校体育政策执行的始终，根据实际情况和变化条件，对政策计划和方案进行及时修正和调整，这是学校体育政策执行不可避免的动态性调整，也是学校体育政策执行顺利进行的必不可少的改变。

2.2.3 学校体育政策执行对象的可塑性

学校体育政策执行的对象是儿童青少年，而儿童青少年时期是人的一生中发展最快的时期，其可塑性也最强。一方面，科学研究表明，大脑的结构和功能可以随早期经历的变化而发生变化，大脑的发展受环境的刺激影响较大，这些刺激会改变大脑的结构和功能，进而改变个体与环境的关系，并使个体尽力维持这种关系。儿童青少年时期是成长的敏感期，其中枢神经系统的可塑性也最强。[①] 大脑皮质是调节人体机能的最高中枢，也是人类思维活动的物质基础。有研究发现，儿童青少年的大脑发育呈现大脑皮层灰质体积随年龄增长呈倒“U”形，也就是在青春前期，其大脑皮层灰质的发育随年龄增长而加快，但到青春后期则随年龄增长而减慢。因此，对处于成长敏感期的儿童青少年来讲，其学校体育的环境刺激将影响大脑结构和功能的变化，进而影响个体的发展。另一方面，儿童青少年时期是身体生长发育的敏感期，其可塑性最强。一般情况下，把 7 ~ 17 岁称为儿童青少年时期，这是人体成长过程中一个重要的时期。在这个时期内，身体各部分变化很大，如各项形态、机能指标随年龄增长而变化，生殖器官和性特征的发育对儿童青少年心理、情绪、行为等方面将产生重要影响。因此，这一时期，对儿童青少年而言，不管是身体形态、身体机能还是身体素质的发展都具有很强的可塑性。

2.2.4 学校体育政策执行影响的深远性

学校体育政策执行涉及面广，涉及因素众多。学校贯彻落实学校体育政策的过程，就是对儿童青少年进行体育行为、体育习惯、体育价值观的培养

---

① 董进霞、钟秉枢、布鲁斯·维科斯乐：《大脑可塑性和儿童认知能力研究进展对我国学校体育改革的启示》，《体育与科学》2014 年第 6 期，第 101 页。

过程。处于生长发育敏感期的儿童青少年，不管是人生观还是价值观的形成都容易受到外界环境的影响而不断发生变化，尤其是他们所接受的价值判断、价值取向将对其人生观、价值观的形成产生重要影响。因此，学校体育政策执行的影响具有深远性。

首先，学校体育政策执行的目标群体是广大儿童青少年，这一时期的儿童青少年，不管是身体形态、身体机能还是身体素质，都处于生长发育的关键期，学校体育所传递的健康观、价值观将对儿童青少年产生深远的影响。同时，儿童青少年是祖国的未来，他们的体质健康水平直接影响社会的健康可持续发展。儿童青少年是实现健康中国的主力军，学校体育政策的有效执行，不仅关系着国民体质健康水平的提高，而且关系着健康中国的实现。由此可以看出，学校体育政策执行的影响具有深远性。其次，学校体育政策执行系统是包括教育部门、体育部门、财政部门、学校等在内的复杂的政策网络体系，因此，需要各部门协调配合，合理分配政策执行所需要的资源。但是，受政治、经济、管理体制的影响，学校体育管理机制的不完善制约着学校体育政策执行。因此，随着学校体育政策执行的不断深入，学校体育管理体制的改革进程必然受到影响。最后，学校体育是竞技体育和群众体育的基础，学校体育开展的好坏对竞技体育和群众体育有着重要的影响。因此，学校体育政策的有效执行会给其他正在执行的竞技体育政策和群众体育政策带来积极影响，将促进学校体育、竞技体育和群众体育协调发展。

2.3 作用

2.3.1 实现学校体育政策落地生根的保证

毋庸置疑，学校体育政策是为解决学校体育问题、实现学校体育目标而制定的行动方案。因此，学校体育政策的产生不是对问题本身的阐释和研究，而是着眼于如何更好地解决学校体育问题。如《体育与健康课程标准》、“中央7号文件”的颁布就是为了更好地适应体育与健康课程改革、确保在校学生保质保量完成体育课而生成的。学校体育政策制定的过程是政策制定者认识学校体育问题、研究学校体育问题的过程，而要实现由认识问题到解决问题的目标，只有通过学校体育政策的执行，因此，学校体育政策执行才是学校体育政策落地生根的保证。如果没有学校体育政策的有效执行，或者政策执行过程流于形式、浮于表面，预期的学校体育政策目标不能如期实现，学校体育问题不能得到有效解决，那么学校体育政策的权威性也将受到质疑。所以，没有学校体育政策的执行，学校体育政策只能是纸上谈兵，不能落地生根。

2.3.2 检验学校体育政策质量的基本途径

学校体育政策质量的高低要通过学校体育政策执行来检验。由于政策方案的规划是政策制定者主观上的认识范畴，因此，无法预知规划政策的确切结果。所以，只有被实践检验切实可行的学校体育政策，才是具有现实指导价值的学校体育政策。也就是说，不管自认为制定的政策多么完美，只有通过政策执行实践的检验，并被检验是切实可行的，这样的政策才被认为是具有实际价值的。正如刘少奇同志指出，政策在于执行，在于实践，执行政策就是实践。[①] 在执行学校体育政策的过程中，学校体育政策执行主体可以通过具体的组织实施，发现学校体育政策问题的界定是否和实际相符、学校体育政策目标的确定是否正确合理、学校体育政策措施的设计是否切实可行，只有经过不断地发现问题、修正和完善，提高学校体育政策的质量，才能达到学校体育政策预期的目标。反之，如果学校体育政策执行主体缺乏足够的执行能力，则不能及时发现学校体育政策存在的问题，最终阻碍学校体育政策执行水平的提高。如前所述，学校体育政策的制定，就是特定时期解决特定问题的行动方案，而这些方案同时也是政策制定主体主观意识的呈现，要实现将主观意识转化为客观行动，必须经过理论走向实践的过程，只有这样，才能确定学校体育政策是否对解决现实问题可行和有效，因而也只有实践才是检验学校体育政策质量的基本途径。

2.3.3 为后续学校体育政策的制定提供借鉴依据

学校体育政策执行是一个连续发展的动态过程，因此，政策制定主体会根据不同时期学校体育发展出现的不同问题制定相应的学校体育政策。一般情况下，后续政策的制定会出现两种方案：一是在原有政策基础上进行修改

---

① 王国红：《政策执行中的政策规避研究》，博士学位论文，中共中央党校，2004，第10页。

或补充，进一步提升原有政策的质量；二是在原有政策基础上推出新的政策方案。一方面，对于第一种方案来说，就不同时期制定的学校体育政策本身而言，不可能一次性做到没有任何缺点与不足，因此，需要通过政策执行来检验学校体育政策问题界定是否正确、政策措施设计是否可行，从而使制定者根据反馈的问题与不足，及时进行修正和完善，提高学校体育政策质量，实现学校体育政策目标。另一方面，对制定新的学校体育政策而言，学校体育政策具有的时代特性，决定了不同时期的学校体育政策具有不同的目标和使命，因此，政策制定者会随着时代的发展需要制定新的政策来代替原有的政策，在制定新的政策前，他们通常会以一项政策执行效果的数据和信息为依据。《国家学生体质健康标准（2014 年修订）》的制定就是在《学生体质健康标准（试行方案）》（2002 年）和《国家学生体质健康标准》（2007 年）实施的基础上形成的，如果没有前期《学生体质健康标准（试行方案）》的实施作为参照，后续的《国家学生体质健康标准》就没有制定的依据，也就很难真正把握学生体质测试中的相关真实信息，无法制定出符合学生发展实际的国家体质健康标准。

3. 新中国成立以来我国学校体育政策演变

3.1 中央层次颁布的学校体育政策演变分析

学校体育政策是保证学校体育工作顺利开展的重要依据，新中国成立以来，党和政府通过学校体育政策的颁布实施推动学校体育工作的顺利开展，颁布的政策类型从法律法规到部门规章、规范性文件，无不体现党和政府对学校体育工作的高度重视。新中国的成立揭开了历史崭新的一页，学校体育也由此进入了全新的发展阶段。因此，根据学校体育发展的阶段性特征，本书将我国学校体育政策的演变分为奠定发展时期（1949～1978 年）、调整发展时期（1979～1992 年）、平稳发展时期（1993～2000 年）、蓬勃发展时期（2001 年以来）四个时期，选择代表不同立法主体的法律法规、规章、规范性文件等，对不同时期我国学校体育政策法规的数量变化、内容变迁、特征等进行系统分析，总结历史经验。在研究过程中，为便于对学校体育政策的梳理和分析，结合学校体育自身特点，主要从体育教学政策、课外体育活动政策、学校体育场地设施政策与学生体质健康政策几个方面进行综述。

3.1.1 学校体育奠定发展时期的政策（1949～1978 年）

新中国的成立，使得被奴役、被压迫近百年的中国以崭新面貌屹立在世界的东方。但新中国成立之初，百废待兴，各项事业的发展都急需党和政府在摸索中制定各项政策给予保驾护航。即使是在如此环境下，党和政府仍没有忽视学校体育的发展，而是根据当时我国社会和经济文化发展水平，制定了增进学生健康的学校体育政策，为新中国学校体育的发展提供了坚实基础。

3.1.1.1 学校体育政策制定的背景

新中国成立之初，不管是国际环境还是国内环境都十分复杂。中国在国际上处于被排挤、被孤立的位置；在国内处于新民主主义向社会主义过渡的特殊时期。因此，这一时期，人民医疗卫生得不到保障，国民体质普遍较差。然而，即便是这样，党和国家领导人仍然对文化教育事业和广大人民群众的健康问题高度重视。1949 年，中国人民政治协商会议第一届全体会议通过的《中国人民政治协商会议共同纲领》明确指出："提倡国民体育。推广卫生医药事业，并注意保护母亲、婴儿和儿童的健康。"[①] 随后，毛泽东同志也曾多次提到人民健康问题以及发展体育事业的重要意义，并先后多次向时任教育部部长马叙伦表达了自己对当时学校教育存在问题的要求，认为各校应注意"健康第一，学习第二"[②]。1951 年，由周恩来总理主持并制定的《关于改善各级学校学生健康状况的决定》中指出：增进学生健康是一切任务的根本，并提出了精简学校课程、增加学生参与体育活动时间和丰富体育运动项目内容等一系列改善学生健康的具体操作细则。在多方关注和共同努力下，1951 年，《关于改善各级学校学生健康状况的决定》颁布实施，该决定指出：各级人民政府教育行政部门及各级学校教职员必须严肃注意对增进学生健康的思想有所松懈的问题，立即纠正忽视学生健康的思想和对学生健康不负责任的态度，切实改善各级学校的学生健康状况，培养有强健体魄的现代青年。[③] 该文件是新中国成立以来，首次颁布的关于促进学校体育发展和提高学生健康水平的重要性文件。它的颁布，确定了学校体育在学校教育体系中的位置和作用。在党和国家以及各界人士的共同关注下，为保障体育教育的落实，1954 年颁布的《宪法》明确提出了"关怀青年的体力和智力的发展"要求。与此同时，教育部、卫生部以及文化部等国家机构先后制定了一系列保障和促进学校体育发展的政策文件，我国学校体育发展基本走上了正轨，也取得了一定成效。

"文化大革命"时期，学校体育课程受到极大影响。直到 1978 年党的十

---

① 何东昌主编《中华人民共和国重要教育文献（1949～1975）》，海南出版社，1998，第 1 页。

② 王华倬：《中国近现代体育课程史论》，高等教育出版社，2004，第 134 页。

③ 国家教育委员会体育卫生司主编《学校体育卫生工作文件选编》，辽宁大学出版社，1988，第 1 页。

一届三中全会召开后一系列相关政策的出台，我国学校体育才得以重生。

3.1.1.2 学校体育政策内容分析

这一时期学校体育政策的制定和颁布分别涉及政务院（国务院）、教育部、国家体育委员会、文化部、中华全国体育总会以及其他组织机构，政策形式分别以通知、意见、标准和指示等形式出现，内容涉及大纲、指导思想、教师培训、教材内容、教学目标、教学评价以及场地器材等。这一时期所颁布的相关学校体育政策为推动我国学校体育发展提供了保障。

3.1.1.2.1 体育教学政策内容分析

体育教学是学校体育的重要组成部分，为保障学校体育教学工作的正常开展，国家颁发了一系列政策文件，分别对各级政府教育行政部门和对应的管理机构针对学校体育工作的开展情况做出了相应指示与要求。

1950 年，《小学体育课程暂行标准（草案）》的颁布是我国学校体育课程建设开始的标志，并明确了小学体育教学目标：打好为国家建设的体能基础，培养儿童健美体格；愉悦身心，提高儿童活力、敏捷等身体素质，养成体育运动兴趣和习惯；加强爱国主义教育，培养儿童遵守纪律，团结友好的品质。[①]《小学体育课程暂行标准（草案）》对小学体育教学目标的确定，以爱国、卫国和做合格的国家公民为基调，以增强体质、培养运动兴趣与运动技能为内容，为当时学校体育教育的发展指明了方向。随后，1952 年，《学校体育工作暂行规定》再次明确了学校体育的要求，即增强学生体质，促进学生身心健康发展，打好建设和保卫社会主义国家的基础。为保障学校体育能够正常开展，教育部在制定的《各级各类学校教育计划》中明确了学校体育的性质和地位。

1953 年 4 月，教育部发布的《关于设立体育行政机构的通知》明确指出，为确保学校体育工作顺利开展，各级教育行政部门应设立专门的体育科，由专职指导人员指导学校体育工作的开展。[②] 随后，1956 年 6 月，教育部发布的《关于改进小学体育工作的指示》指出，要加强对学校体育工作的领导，学校应配备专职主管干部负责学校体育工作，通过各种途径提高体育教

---

① 课程教材研究所编《20 世纪中国中小学课程标准 · 教学大纲汇编：体育卷》，人民教育出版社，2001，第 32 页。

② 国家教育委员会体育卫生司主编《学校体育卫生工作文件选编》，辽宁大学出版社，1988，第 4 页。

师水平，改进课内外体育活动。[①] 上述不同时期对学校体育组织机构与领导设置以及监督所提出的规定与要求，为学校体育工作开展提供了组织保障，促进了学校体育工作的有序开展。自此，学校体育工作开始步入正轨，体育课程建设的相关性政策文件也相继出台。

1956 年，我国第一套《小学体育教学大纲（草案）》和《中学体育教学大纲（草案）》颁布，这一套大纲是在借鉴苏联学校体育发展模式基础上，根据我国学校体育发展的实际需要而制定的，对促进我国学校体育发展具有标志性的指导意义。其中，《小学体育教学大纲（草案）》中规定小学体育教学的基本任务是：促进儿童身体正常发育，强健儿童体格，增进儿童健康；教会儿童体操和游戏基本技能并应用到日常生活中去，发展儿童身体素质；培养儿童勇敢、活泼的品质和互助友爱的集体主义精神；培养儿童良好的卫生习惯；让儿童养成自觉的组织性和纪律性，培养儿童自觉地参加体操和游戏的习惯。[②]《中学体育教学大纲（草案）》中提出体育教学的基本任务包括四个方面：一是加强身体锻炼、增进健康，确保学生身体正常生长发育；二是加强体操、游戏以及主要竞技运动的技术、技能学习，发展学生灵敏、力量和速度等身体素质；三是加强爱国主义和集体主义教育，让学生养成爱国、爱劳动、健康、积极、乐观和团结互助的优良品质；四是让学生形成良好的学习习惯、卫生习惯和参与体育运动的习惯。[③] 两部大纲的出台对我国学校体育发展过程产生了深远影响。

1963 年 3 月，教育部颁发《全日制小学暂行工作条例（草案）》和《全日制中学暂行工作条例（草案）》。受到当时政治和社会大环境的影响，两部文件对中小学体育课程的目标进行了相应调整。小学体育课程的培养目标在原有基础上增加了良好生活习惯和劳动习惯养成；中学体育课程目标也提出了加强对体育卫生的教育，促使学生养成良好的卫生习惯，加强劳动教育，促使学生形成劳动习惯等要求。

上述有关学校体育政策中涉及教材方面的内容，反映了在这一时期我国

---

① 国家教育委员会体育卫生司主编《学校体育卫生工作文件选编》，辽宁大学出版社，1988，第 25 页。

② 课程教材研究所编《20 世纪中国中小学课程标准·教学大纲汇编：体育卷》，人民教育出版社，2001，第 37 页。

③ 课程教材研究所编《20 世纪中国中小学课程标准·教学大纲汇编：体育卷》，人民教育出版社，2001，第 459 页。

学校体育大纲的发展改革取得了一定成效，形成了符合时代要求的学校体育教育体系。但由于后来受教育“大跃进”浪潮的影响，初步建立起来的学校体育大纲体系几乎被完全破坏掉了。

1978 年，解放思想、实事求是思想路线的确立，为学校体育改革带来了活力。《全日制十年制中小学教学计划试行草案》颁布实施，要求加强对体育的重视，加强卫生教育，组织在校学生进行军事训练，学校要认真组织上好体育课，积极开展课外体育活动和文娱活动，切实增强学生体质。① 与此同时，该计划中还明确了“体育课。要加强体育基础知识的教育……要参考《国家体育锻炼标准》安排教育内容”②。《全日制十年制中小学教学计划试行草案》对小学体育教学和课程内容做出了大致要求，为后来中学体育教学大纲内容的制定奠定了基础。

1978 年颁布的《全日制十年制学校小学体育教学大纲试行草案》和《全日制十年制学校中学体育教学大纲（试行草案）》，分别就中小学校体育的基本任务和体育课开展等问题提出了具体要求，两本大纲立足于对学生体育“三基”的培养，以传授学生体育基本知识、基本技术和基本技能为根本，使学生获得参与体育锻炼的科学知识，达到增强体质、增进健康的目的，进而达到爱党、爱国、爱集体以及养成锻炼习惯和良好心理能力的目的。其基本教学任务以及对课程的要求，还带有一定的政治色彩和《准备劳动与卫国体育制度》的痕迹。

这一时期的学校体育教学计划或大纲的制定与颁布，从实事求是出发，纠正错误思想，重新确立学校体育的地位和作用，为学校体育各项工作的恢复与开展奠定了良好的基础。

3.1.1.2.2 课外体育活动政策内容分析

课外体育活动作为体育课的延伸，在满足学生多元体育需求、丰富课余生活、培养体育参与意识、促进身心健康方面具有不可或缺的积极作用。1950 年 11 月，为促进学生积极参与体育运动，增强体质，中华全国体育总会颁布了《关于开展冬季体育运动的指示》。1951 年，教育部等 9 个部委联

---

① 课程教材研究所编《20 世纪中国中小学课程标准·教学大纲汇编：课程（教学）计划卷》，人民教育出版社，2001，第 326 页。

② 课程教材研究所编《20 世纪中国中小学课程标准·教学大纲汇编：课程（教学）计划卷》，人民教育出版社，2001，第 329 页。

合发文关于推广第一套广播体操的通知和要求。在得到各级单位和学校良好反应的情况下，根据儿童青少年身体成长规律，又创编并推广了少年广播体操。随后，在各部委联合作用下，分别于 1957 年、1963 年先后公布和推出了第三套广播体操和第四套广播体操。1951 年颁布的《关于改善各级学校学生健康状况的决定》对学生体育活动的时间提出了具体要求，除体育课及晨操或课间活动外，学生每日进行体育、娱乐活动以及生产劳动的时间应以 1 ~ 1.5 个小时为原则。[①] 随后，1954 年，教育部等 6 个部委联合颁布《关于在中等以上学校中开展群众性体育运动的联合指示》，要求各级各类学校要将普及与提高工作紧密结合，根据学校实际情况开展学生喜爱的体育活动，积极开展运动竞赛，积极组建各种运动队，进行科学训练。[②] 为了促进爱国卫生运动和体育运动相结合，更加广泛地调动各级学校开展体育活动的积极性，1960 年 4 月，《关于在各级学校中大搞爱国卫生运动和加强体育运动的通知》和《关于在青少年中广泛开展田径运动竞赛和大力开展游泳活动的联合通知》两个文件颁布，进一步推动了学校课外体育活动的开展。为倡导和鼓励青少年积极参与足球活动，丰富学生课外体育活动，1963 年国家体委、教育部、共青团中央联合颁布《关于在男少年中开展小足球活动的联合通知》，要求鼓励城市中小学适当开展小足球活动，积极组织学生参与，提高学生对小足球的兴趣，努力将基础条件好的学校建设为基地，组织开展中小学足球竞赛，足球竞赛经费由各级体委从预算中拨付。[③] 1964 年，《关于中小学学生的健康状况和改进学校体育、卫生工作的报告》提出，各级中小学必须落实每周 2 次课外体育活动的要求。1973 年《第五套儿童广播体操》和 1975 年《国家体育锻炼标准》的推广，进一步推动了学校课外体育活动的有序开展。

从国务院到教育部以及原国家体育运动委员会等机构通过多种方式推动和促进课外体育活动有序开展的举措，为全面促进学校体育的发展提供了强劲动力。课外体育活动是促进学校体育发展的重要内容，也是保障学校体育发展的重要途径。国家通过多种文件形式，确立了学校课外体育活动在学校

---

① 李秀梅：《新中国初期学校体育改革回顾》，《体育文化导刊》2002 年第 1 期，第 13 页。

② 国家教育委员会体育卫生司主编《学校体育卫生工作文件选编》，辽宁大学出版社，1988，第 14 页。

③ 国家教育委员会体育卫生司主编《学校体育卫生工作文件选编》，辽宁大学出版社，1988，第 62 页。

体育发展中担任的重要角色，并针对体育课、课外体育活动、运动竞赛等之间的相互关系、要求系统地将其有机统一起来。在这样的环境下，学校课外体育活动开展的氛围和发展体系得以逐渐形成。

3.1.1.2.3　学校体育场地设施政策内容分析

学校体育场地设施不但是开展学校体育活动的重要物质保障，同时也是传递体育文化的物质载体。这一时期国家层面出台的一系列相关政策中，都对学校体育场地设施情况有所涉及，由此可见学校体育场地设施的重要性。1951 年，中央人民政府政务院颁布的《关于改善各级学校学生健康状况的决定》要求：学校经费的支配应切实用于补充学校体育，改进体育教学，尽可能地充实体育娱乐的设备。[①] 1953 年 10 月，教育部、高教部发布的《关于正确发展学校体育运动、防止伤害事故的联合指示》指出：行政领导必须严格检查设施情况，并将检查、监督情况逐级上报。[②] 此外，要求场地管理人员加强对场地设施的经常检查和及时修理，必须按照项目要求合理划分运动场地，各场地之间设置警戒标志，及时对现有场地设施进行适当改善。[③] 重视学校体育设施建设，加大体育场地设施投入力度，各级财政努力提供学校体育必要的物质条件。[④] 1956 年，教育部发布的《关于改进小学体育工作的指示》对小学体育场地设施现状进行了说明，并提出要充分利用校外体育场地设施资源补充小学体育场地设施不足问题的指示。受“文化大革命”的影响，学校体育场地设施遭到了极大破坏，直到 20 世纪 70 年代后期，学校体育场地设施建设才开始逐渐恢复。在党和国家对学校体育的高度重视下，1975 年，《国家体育锻炼标准手册》出版，要求本着自力更生、勤俭办事的精神，依靠群众解决实行《国家体育锻炼标准》需要的运动场地、器材、技术指导，也可根据实际需要增添必要的场地设备。学校体育场地设施政策文件的颁布实施，为奠定发展时期推动学校体育的发展提供了物质保障，也体现了党和国家对学校体育的重视。

---

① 李秀梅：《新中国初期学校体育改革回顾》，《体育文化导刊》2002 年第 1 期，第 13 页。

② 国家教育委员会体育卫生司主编《学校体育卫生工作文件选编》，辽宁大学出版社，1988，第 25 页。

③ 孙成林、王健、高嵩：《新中国学校体育设施政策发展研究》，《北京体育大学学报》2014 年第 5 期，第 43 页。

④ 国家教育委员会体育卫生司主编《学校体育卫生工作文件选编》，辽宁大学出版社，1988，第16 页。

3.1.1.2.4　学生体质健康政策内容分析

1953 年，教育部针对中学体育成绩考核问题，出台了《关于中学体育成绩暂时考查办法的通知》，提出了体育教师对学生进行考核的基本职责，考试内容与要求依据《国家体育锻炼标准》为指导。1954 年 5 月，国家体委发布了两份有关学生体质健康标准的文件，一是关于《准备劳动与卫国体育制度》（简称《劳卫制》）的通知，二是关于体育制度等级证章、证书的通知。这两份文件分别就运动项目达标标准、预备级暂行条例以及体育达级等相关问题做出了说明。1956 年 2 月，针对当时学校体育发展和中小学生体质的具体实际，颁发了《劳动卫国体育制度条例和项目标准修改草案》，其中内容有增有减，增加了少年达标内容，取消了预备级有关达标内容和要求。《劳卫制》的颁布和执行，极大地促进了我国体育事业的发展，但在三年困难时期被迫中断。1964 年，在《劳卫制》的基础上，国家体委经中央批准，颁发了面向全国的《青少年体育锻炼标准》。此标准的颁布，极大地提高了青少年学生参与体育锻炼的兴趣，促进了学生体质健康水平的提高。截至 1965 年，全国达到《青少年体育锻炼标准》规定的各级标准的学生人数就有 4280 万人。随后，国务院在国家体委试行《国家体育锻炼标准》的基础上，于 1975 年批准并下发了《国家体育锻炼标准手册》，其中对儿童测试的内容方面以体操及基本动作为主，如其中对于男生的测试内容为“前滚翻两腿交叉转体 180 度——后滚翻”。[①] 这一时期，学生体质健康和监测相关政策的出台，促进了学校体育发展，对促进学生体质健康水平提高具有重要意义。

3.1.1.3　学校体育奠定发展时期的政策特点

新中国成立伊始，我国学校体育就得到党和国家的高度重视，因此，围绕学校体育的建设和发展，党和国家制定了相应的学校体育政策，形成了良好的学校体育发展基础，为我国学校体育的发展创造了良好条件。具体而言，这一时期的学校体育政策呈现以下特点。

其一，学校体育政策围绕增强学生体质展开，其制定主体呈现多元化特征。从毛泽东主席到周恩来总理在多个重要会议上的讲话到将青少年健康问题写入《宪法》，都把增强学生体质健康问题放在了首位。因此，在这一阶段，增强学生体质健康成为学校体育发展的指导方针。同时，苏联教育思想

① 国家体育锻炼标准手册编写组编《国家体育锻炼标准手册》，人民体育出版社，1975，第 7 页。

指导下的学校体育发展模式成为我国学校体育发展的基础方针，从指导思想到大纲制定与教材编制，再到教学组织、教学方法以及师资培养和学生体质测试等，完全按照苏联的学校体育发展模式进行。因此，围绕增强学生体质健康这一主题，全套的苏联中小学体育体系在我国生根发芽，制定中小学体育教学大纲和教师用参考书，并将“发展体育运动，增强人民体质”和“健康第一”作为指导方针指导教材编写。[①] 这对于当时我国社会发展来说，是符合我国国情需要的。一是国民体质需要尽快提升起来，二是我国当时还没有形成自身独立的学校体育发展体系。而苏联学校体育发展呈现较好效果，且其发展体系较为完善。可以看出，在当时特定的国际国内环境下，全面学习和照搬苏联学校体育政策体系，在促进我国学校体育在短时期走向正轨、促进我国中小学校体育发展、增强我国中小学生体质健康方面发挥了重要作用。

为落实学校体育工作，促进学校体育的快速发展，增强青少年学生体质，这一时期的学校体育政策形式多以指示、意见、通知和大纲等方式出现，表现出多样化和数量多等特征，1949 ~ 1956 年，出台了近 30 种学校体育政策文件。同时，学校体育政策文件的制定主体也呈现多部门状态，其中涉及的部门有国务院、教育部、国家体委、共青团中央以及全国妇联、全国总工会等十几个，且一项政策文件的出台，几乎都是两个以上部门共同作用的结果。如 1951 年推广的第一套广播体操，就是由教育部、卫生部、文化部以及国家体委等 9 个部委共同发文的结果。政策文件主体的多元化，从形式上看传递了某项政策文件被重视的程度，但同时也从执行层面上带来了相互牵扯的麻烦，进而导致政策精神难以体现和执行条款的力度难以调控。

其二，学校体育政策与政治和社会发展紧密关联，其政策体系基本形成。我国社会主义的性质决定了一切社会主义的发展都是为了人民，学校体育自然也不例外。我国的体育事业，一定要以为人民服务为宗旨，为国防建设和国民健康服务。[②] 因此，要培养儿童体能，打好体力基础，[③] 促进学生身心发

---

① 课程教材研究所编著《新中国中小学教材建设史 1949—2000 研究丛书：体育卷》，人民教育出版社，2010，第 48 页。

② 《朱德副主席在中华全国体育总会筹备会议的讲话》，《新体育》1950 年第 1 期，第 7 页。

③ 课程教材研究所编《20 世纪中国中小学课程标准 · 教学大纲汇编：体育卷》，人民教育出版社，2001，第 32 页。

展，增强体质，为建设和保卫社会主义国家打好基础。在党和国家的高度重视下，我国以为人民服务为宗旨的学校体育政策体系逐步形成。但是，“大跃进”时期，“政治挂帅”与“发动群众”的策略，使我国学校体育在教学改革、课外体育活动以及组织领导方面也实施了“大跃进”，出现了劳动代替体育、体育课军事化和体育场地设施被侵占或挪作他用等诸多严重影响学校体育开展的问题。对当时的学校体育而言，其体育课的内容被要求与军事训练和劳动锻炼结合起来。为此，教育部和国家体委在1958年全国中小学体育工作经验交流会上提出：学校体育要达到“四红”和“双红”的标准要求。“四红”和“双红”标准，不但完全忽视了学生之间的个体差异性和地域的不平衡性，而且忽视了学生身心发展规律和体育学科自身的特色。受“文化大革命”和“左”倾路线的影响，学校体育工作也相应处于停滞阶段。直到1977年，邓小平在主持召开的科学和教育工作座谈会上，对教育界的冤假错案问题做出了重要批示，并强调了教育教师和教育的重要意义。此次讲话，为我国教育事业的发展奠定了基调，指明了方向。1978年全国教育工作会议上，邓小平再次就我国教育问题做出了重要指示：学校作为培养社会主义建设人才的地方，应对培养人才标准有足够清醒的认识，应该坚持毛泽东同志提出的，我国学校培养的社会主义建设人才，应该是以德育、智育、体育全面发展为标准，使培养的人才成为有社会主义觉悟的有文化的劳动者。[①]从邓小平同志的讲话中可以看出，受教育者的全面发展，是包括德、智、体在内的全面发展，学校体育是学校教育的重要组成部分，具有不可或缺的重要作用和地位。1978年，党的十一届三中全会召开，成为各项工作走出困境、走向新未来的一次伟大的历史转折点。在“调整、改革、整顿、提高”的方针政策指引下，各项教育工作逐步开始恢复和发展。学校体育工作也得到恢复、调整和不断发展，结合邓小平等领导同志的指示和相关部委制定政策的要求，学校体育政策的制定主要围绕“增强学生体质，培养社会主义建设者和接班人”。综合来看，由于当时我国面临国际国内复杂的社会环境和经济条件，我国学校体育政策的制定（包括中小学校体育方面）大多采取“自上而下”的国家政策制定和执行方式，更多地体现了国家意志的表达，缺少对学校体育自身发展规律和特点的思考，因此，这一时期我国学校体育

① 《邓小平文选（一九七五——一九八二年）》，人民出版社，1983，第100页。

发展过程表现出一定非持续性特征。

学校体育奠定发展时期，学校体育政策的指向对象包括体育教学、课外体育活动、体育场地设施和体质健康，初步形成了促进学校体育发展的政策体系。虽然，这一时期我国面临复杂的国际国内环境，各项事业均需要从零开始，但党和国家仍把学校体育建设提上了议程，并通过制定多种学校体育政策文件的形式，构建了学校体育政策体系，规范和推动了学校体育发展，且为学校体育在较短时间内走入正轨发挥了巨大作用。

3.1.2 学校体育调整发展时期的政策（1979～1992年）

1978年，党的十一届三中全会成为我国各项工作走向新未来的伟大历史转折，一系列政策的出台以及我国对以往教育事业发展的反思、总结和纠错与新的发展战略的形成与提出使学校体育迎来了新的发展。1979年，“扬州会议”的召开，标志着我国学校体育进入新的调整发展时期。学校体育在调整发展时期起起伏伏，各项工作在发展过程中也存在不少问题，但稳定发展的政治环境和社会环境成为解决学校体育问题的保障。

3.1.2.1 学校体育政策制定的背景

虽然，自1978年开始，全国学校体育工作有了很大的恢复与发展，但是，学校体育在教育和体育中应有的地位仍没有确立，体育教学质量不高、体育师资缺乏、学校体育场地设备普遍不足、体育经费没有保障、学生体质严重下降①等问题制约着学校体育的发展，学校体育迫切需要打开新的发展局面。于是，1979年5月，“全国学校体育、卫生工作经验交流会”在江苏省扬州市召开（简称“扬州会议”），此次会议由教育部、国家体委、卫生部和共青团中央联合发起，在我国学校体育发展史上具有里程碑意义。该会议通过对学校体育地位、学校体育任务、学校体育法制化建设以及学校体育卫生决策科学化②等问题的探讨，澄清了学校体育发展的重大问题，结束了学校体育无章可循、无人主管的混乱局面，为学校体育发展指明了方向。“扬州会议”的召开，使人们转变了对学校体育的观念、提高了认识，会议上讨

① 熊斗寅：《温故知新 继往开来——纪念扬州会议三十周年》，《中国学校体育》2009年第5期，第10页。

② 梁立启、邓星华：《“扬州会议”的回顾和对当前学校体育发展的启示》，《体育学刊》2014年第5期，第1页。

论的《中小学体育工作暂行办法》、《中小学卫生保健工作暂行办法》以及《高等学校体育工作暂行办法》为学校体育法制建设奠定了基础。1979 年 10 月，《中、小学体育工作暂行规定（试行草案）》和《高等学校体育工作暂行规定（试行草案）》成为继“扬州会议”后颁布的政策文件，规定中确立了学校体育的指导思想始终要面向全体学生，明确了学校体育的基本任务始终是要增强学生体质、促进学生身心健康，规定了必须确保在校学生每天锻炼 1 小时，同时对学校体育的组织领导机构、体育教学、体育科研、课外体育活动、体育教师、体育场地设施等也做了明确的要求和规定。[①] “扬州会议”使学校体育从无序回归到有序的正常轨道，极大地促进了学校体育的恢复重建工作，为学校体育法制化建设拉开了序幕，也为学校体育调整发展奠定了基础。

在“扬州会议”精神指引下，学校体育提出了以增强体质为主、以普及提高为主、以经常锻炼为主“三个为主”的学校体育指导方针，为学校体育发展指明了方向。随后，时任国家教委副主任的何东昌，在中华人民共和国第三届中学生运动会开幕式上做出《加强中小学的体育教育　为提高全民族的健康水平打好基础》的讲话，讲话对中小学校体育和其他教育的关系进行了定位，对中小学校体育重要性做出了更高要求。[②] 随着我国对多种大型国际赛事的成功举办和参与，各类体育管理人员、运动员以及学校体育相关参与人员不断通过多种途径获得与各国相关体育事业参与人员进行交流与学习的机会，先进的体育思想和体育教学理论也逐渐被引入，“快乐体育思想”、“体质论思想”、“技能教育思想”以及“终身体育思想”等百花齐放，形成了具有中国特色的学校体育发展模式，由此，学校体育进入了调整发展时期。

3.1.2.2　学校体育政策内容分析

3.1.2.2.1　体育教学政策内容分析

1979 年 10 月，《中、小学体育工作暂行规定（试行草案）》颁布，规定中明确了中小学体育的工作性质，指出中小学体育“以增强学生体质为核心”的基本任务。[③] 1981 年 3 月，《全日制五年制小学教学计划（修订草案）》

---

① 李小伟、宋尽贤：《中国学校体育 30 年所经历的那些事儿历史法规篇——不断完善学校体育卫生法制政策为青少年学生健康成长打牢基础》，《中国学校体育》2011 年第 4 期，第 8 页。

② 何东昌：《加强中小学的体育教育　为提高全民族的健康水平打好基础——在中华人民共和国第三届中学生运动会开幕式上的讲话》，《学校体育》1986 年第 5 期，第 6 页。

③ 彭雪涵：《改革开放时期学校体育政策法规的文本解读》，《北京体育大学学报》2009 年第 5 期，第 76 页。

对体育教学提出明确规定：必须保证各年级每周2课时不变，上好体育课；在体育课教学中，遵循循序渐进的原则，逐步进行体育知识和体育技能的教学，教会学生积极、正确锻炼身体的方法，养成自觉锻炼身体的习惯；坚持开展课外体育活动，确保每天课间操和眼保健操按质按量进行，加强对学生的卫生教育，促进学生身体的正常发育和健康成长。[①] 同时，在草案中，首次提出学生锻炼积极性和锻炼习惯的养成问题。同年4月，《全日制六年制重点中学教学计划（试行草案）》颁布，对中学体育教学也进行了明确规定：体育课教学就是要对学生进行体育基础知识和基本技能的教学和训练；增强学生体质，促进学生身体正常生长发育；培养学生自觉锻炼身体的习惯，积极参加体育锻炼，培养学生坚强的意志和良好的道德品质。[②] 为了保障我国中小学各项教育工作进一步完善和稳步推进，1984年8月，教育部结合中小学学制变化情况，印发了《关于全日制六年制小学教学计划的安排意见》。1987年，在教育全面贯彻“三个面向”指导思想的要求下，《全日制小学体育教学大纲》和《全日制中学体育教学大纲》颁布，其中分别对中小学体育教学的目的和任务做出了相关说明。通过比较可以看出，小学体育教学大纲更加注重学生的全面发展和身体的正常生长发育，而中学体育教学大纲则在进行体育基础知识和技能教学的同时，表现出一定的娱乐性倾向；在体育技术技能学习方面，小学阶段要求初步掌握基础知识、技术和技能，中学阶段则要求掌握体育基础知识、技术和技能；在教育的最终目的方面，小学阶段倾向于集中性、任务的间接性，中学阶段则倾向于全面性、基础性，任务的直接性。1987年颁布的中小学体育教学大纲，为后续义务教育体育教学系列政策的出台提供了参考。

为进一步确立中小学校体育地位，明确学校体育教学目的任务，指导中小学校体育工作的开展与落实，1988年教育部先后颁布《九年制义务教育全日制小学体育教学大纲（初审稿）》和《义务教育全日制小学、初级中学教学计划（试行草案）》，与1987年的教学大纲相比，明确提出了体育教学目的达成的基本途径，增加了卫生保健教育内容，并提出了如何正确认识体育

① 课程教材研究所编《20世纪中国中小学课程标准·教学大纲汇编：课程（教学）计划卷》，人民教育出版社，2001，第329页。

② 课程教材研究所编《20世纪中国中小学课程标准·教学大纲汇编：课程（教学）计划卷》，人民教育出版社，2001，第329页。

教学几大要素（学生、教师、教材和教学手段等）之间关系的要求。

针对我国高中学科课程结构和学生面临高考学习压力大等具体实际，1990 年 3 月，国家教委颁布《现行普通高中教学计划的调整意见》，对高中学校体育进行了较大改革，课程结构也随之进行了相应调整。首先在原有基础上，增加了活动类课程，而在课程的性质上，则在必修课程上增加了选修课程。这些变化，从一定程度上增加了高中体育课程的丰富性和灵活性，拓展了高中学校开设体育课程内容的广度和深度，凸显了学生的自主性和主体地位。

1990 年 3 月，《学校体育工作条例》成为首次以法规形式出台的学校体育工作条例，条例指出学校体育工作的基本任务是：增进学生身心健康、增强学生体质；使学生掌握体育基本知识，培养学生体育运动能力和习惯；提高学生运动技术水平，为国家培养体育后备人才；对学生进行品德教育，增强组织纪律性，培养学生的勇敢、顽强、进取精神。《学校体育工作条例》的颁布，是我国学校体育工作走向规范化、法制化道路上的一个里程碑，也是学校体育工作开展的最高行政法规。

3.1.2.2.2　课外体育活动政策内容分析

学校体育调整发展时期，各级部门加大对课外体育活动的重视，加大落实课外体育活动的力度。1982 年，教育部颁布的《关于保证中、小学生每天有一小时体育活动的通知》明确了中小学生参与体育活动的时间，并对中小学课外体育活动形式等提出了具体要求，这从政策层面保证了中小学生参与体育活动的权利。1990 年，面对部分学校课外体育活动的开展没有得到落实或不见成效等问题，国家教委和国家体委颁发的《学校体育工作条例》进一步明确要求中小学每周必须安排三次以上的课外体育活动，并提出违反相关规定而要受到行政处分的处罚要求。这是我国首部把学校课外体育活动开展的落实情况与行政处罚相挂钩的政策文件，充分反映了课外体育活动的重要意义和国家对学生参与课外体育活动的重视程度，加大了各学校开展与落实课外体育活动的力度。

3.1.2.2.3　学校体育场地设施政策内容分析

学校体育调整发展时期，面对学校体育场地设施所存在的问题，在党和国家的支持下，相关部门先后颁布了一系列有关学校体育场地设施建设和完善的政策，确保中小学校体育正常开展。1979 年，《关于在学校中进一步施行国家体育锻炼标准的意见》由国家体委和教育部联合颁布，提出提高场地使用率以及通过多部门合作加快公共体育场地设施建设以弥补学校体育场地设施不足等措施。同年，《全国学校体育、卫生工作经验交流会议纪要》由教育部、国家体委和卫生部三部委联合下发，针对学校体育场地设施经费奇缺、被占用，建设场地设施等问题进行了讨论，提出具体要求。1979 年颁布的《中、小学体育工作暂行规定（试行草案）》对保障中小学体育场地设施建设和完善提出了两个措施，一是对经费来源进行明确说明，要求教育部门每年都要提供；二是要求中小学校自身要加强体育场地设施的制造和维护。1986 年，国家计划委员会制定了《中小学校建筑设计规范》，对中小学体育场地设施的标准进行了具体规定，规范了我国中小学校体育场地设施建设问题，这是我国针对中小学体育场地设施建设出台的第一部相关政策文件。为确保中小学校体育能够得到基本开展，1989 年国家教委颁布了《中学体育器材设施配备目录》和《小学体育器材设施配备目录》，针对中小学体育和体育课程的开设特点，在体育场地设施配备上提出了不同标准，从而进一步细化了学校体育场地设施要求，为各地和各学校体育场地设施的配置提供了参考标准。1990 年，《学校体育工作条例》提出按照已出台的学校体育场地设施标准，逐步配齐体育场地设施的要求；同时，提出各级各类新建或改建学校必须按照相关规定进行场地规划建设；要求各级各类学校要制定体育场地设施的相关管理和维护制度，进而把对学校体育场地设施的管理落实到具体的制度层面，做到有章可循。《学校体育工作条例》的颁布，让学校体育场地设施的有效利用和维护有了制度保障。调整发展时期颁布的一系列学校体育场地设施政策，推进了我国学校体育场地设施的建设和完善，为保障学校体育的有效开展发挥了重要作用。

3.1.2.2.4　学生体质健康政策内容分析

学校体育调整发展时期，围绕学生体质健康监测工作的开展，党和政府根据形势发展制定了相应政策，确保学生体质健康监测有据可依。1982 年，国家体委和教育部等部委联合颁布《国家体育锻炼标准》，针对 1975 年颁布的《国家体育锻炼标准》中所存在的不足，对测试内容进行了相应删除和补充，如部分体操中的技巧项目被取消，而将引体向上与仰卧起坐等相对能体现身体素质的测试项目加入其中。1985 年，国家体委、财政部、卫生部以及国家民委等部委在国家教委的统一协调下，对我国学生体质健康状况进行了一次摸底调查，针对此次调查结果，1987 年国家教委会同卫生部等 6 个部委共同下发了《关于中国学生体质、健康状况调查研究结果和加强学校体育卫生工作的意见》，提出建立定期获得学生体质健康数据而进行调研（或监测）制度的意见。在此背景下，1990 年，在国家相关部委主持下颁布了《国家体育锻炼标准施行办法》，其测试内容相对增加，在一定程度上丰富了学生测试内容，为提高学生身体素质起到了积极作用。

3.1.2.3 学校体育调整发展时期的政策特点

其一，学校政策制定主体由多元化趋于集中，管理执行力增强，学校体育政策体系进一步完善。在经过国家对以往教育发展中存在的问题纠正、改进与完善后，其职能部门也相应发生变化。从学校体育政策制定主体来看，以往由最多十几个部委联合颁布中小学校体育政策的情况已经得到改变，其制定主体主要体现在教育部、原国家体委和共青团中央几个部门。学校体育政策制定主体由多元化趋于集中的现象，对以往牵涉部门过多，而形成的只是管颁发文件不管执行，或各部门职责重叠以至政策执行力度弱、执行难和落实不到位等问题有了一定改变。因此，相对而言学校体育政策的执行力得以增强。

在学校体育不断发展的过程中，所面临的新情况、新问题也不断出现，针对这些现象，学校体育政策也在不断进行完善。从数量上来看，1979～1982 年和 1984～1988 年这两个阶段是学校体育政策出台的高峰期。1979～1982 年是国家经过较大动荡后，在党和国家的正确领导下，重新审视以往学校教育存在的问题，建设和完善学校教育，使其在较短时间内步入正轨的关键时期。1984～1988 年则是在基础教育改革大环境下，中小学校体育开始进行全面改革。因此，在这两个特殊时期，学校体育政策相继频繁出台。从政策指向方面来看，一是规范和建设学校体育工作的相关文件，如《学校体育工作暂行规定》等政策文件；二是建设和完善学校体育教学的相关文件，如《全日制中学体育教学大纲》《全日制小学体育教学大纲》，以及 1987 年、1988 年对《全日制中学体育教学大纲》与《全日制小学体育教学大纲》的细微修订。从组织管理方面来看，这方面的政策文件涉及的对象大体包括学生参与课外体育活动的管理、师资队伍建设管理、场地设施管理和学生体质健康管理等方面。如 1979 年，由教育部牵头的六部委颁布了《关于体育教师粮食定量和教学工作（运动）服装供应问题的补充通知》，对体育教师相关待遇进行了规定；1982 年，由教育部颁发的《关于保证中、小学生每天有一小时体育活动的通知》对如何保障落实学生每天参与体育活动 1 小时问题给予了明确要求；为规范体育师资队伍的长远发展，1986 年，由国家教委颁发的《关于加强中小学体育师资队伍建设的意见》对各级政府与教育部门对师资队伍的建设和管理提出了要求。从政策权威性方面来看，在以往的学校体育文本政策中，因只有指导性和规范性等特征，对政策执行的结果没有反馈或对各级单位执行情况没有衡量标准和相应的奖惩措施，而 1990 年颁布的《学校体育工作条例》和 1991 年颁布的《未成年人保护法》这两部法规文件的出台，使得学校体育工作和未成年人参与体育活动权利问题首次以法律形式出现，毋庸置疑增强了学校体育政策的权威性。

其二，学校体育政策使学校体育学科特性不断增强。学校体育调整发展时期，我国政治经济稳定发展，教育事业的建设和发展也开始寻求自身发展规律，用于指导学校教育工作科学发展。学校体育在这一时期也分享了政策调整发展时期所带来的红利，国家制定的学校体育政策也开始由国家需要转向受教育者需要，其指向性由外逐步向内不断转化，这在学校体育教学政策方面体现得尤为突出，1987 年和 1988 年制定的中小学体育教学大纲中，对体育教学的目的与以往相比增加了智育和美育内容，小学阶段删除了“生产劳动”等字眼，而中学阶段仍保留着“建设者和保卫者”等词句。此外，1988 年，《九年制义务教育全日制小学体育教学大纲（初审稿）》对教材编写原则提出了具体要求，要求教学内容要符合学生生理和心理的发展特征。因此，这一时期，学校体育政策在国家调整发展方向和对学校体育加强重视的情况下，学校体育政策使学校体育的学科性特征逐步增强。

3.1.3 学校体育平稳发展时期的政策（1993～2000 年）

党的第十四次全国代表大会明确了教育是实现我国现代化的根本大计，要把教育摆在优先发展的战略地位。《中国教育改革和发展纲要》的制定成为指导我国教育改革的纲领性文件，教育更好地为社会主义现代化建设服务，学校体育由此进入平稳发展时期。经过对以往学校体育发展过程中存在问题的总结与反思，对今后发展总体规划的不断调整，以及一系列促进学校体育发展的政策出台，学校体育政策进入新的发展时期，为新一轮学校体育课程改革创造了良好环境。

3.1.3.1 学校体育政策制定的背景

随着我国改革开放的进一步深入，教育改革也开展得如火如荼，为我国学校体育改革的推进营造了良好的环境。1993年，《中国教育改革和发展纲要》由中共中央和国务院联合颁布，提出各级政府要重视学校体育卫生工作，鼓励全社会行动起来，关心学生的体质和健康，各级政府要切实解决体育师资和体育经费问题，进一步完善体育场地设施建设，让各级各类学校按教学计划上好体育与健康教育课。[①] 随后，1995年，《体育法》专章对我国学校体育课程设置和场地设施管理等相关问题进行了说明。《中国教育改革和发展纲要》和《体育法》的出台，为学校体育改革奠定了基础。党的十五大提出的科教兴国战略和《面向21世纪教育振兴行动计划》，掀起了实施跨世纪素质教育工程的改革热潮。在这样的背景下，1999年6月，中共中央、国务院做出了《关于深化教育改革全面推进素质教育的决定》，指出素质教育是德育、智育、体育、美育、劳动技术教育、社会实践相互渗透、协调发展的有机统一。学校教育要始终树立“健康第一”的指导思想，把加强体育工作放在学校工作的重要位置上，为开展学校体育活动创造条件。[②] 全面推进素质教育是党中央站在科教兴国战略的高度做出的又一重大决策，也为我国学校体育进入新一轮课程改革奠定了坚实的基础，学校体育由此进入平稳发展时期。

3.1.3.2 学校体育政策内容分析

3.1.3.2.1 体育教学政策内容分析

1995年6月，国务院颁布《全民健身计划纲要》，要求：儿童和青少年是全民健身计划的主要群体，各级各类学校要努力做好学校体育工作，全面贯彻党的教育方针，加强对学生体育锻炼意识、技能和习惯的培养，对学生进行终身体育教育。该纲要明确了发展儿童青少年体育的重要作用，提出了学校体育发展的目的和方向。1999年6月，中共中央、国务院做出的《关于深化教育改革全面推进素质教育的决定》提出，学校教育要以“健康第一”为指导思想，切实加强体育工作。[③] 由此，“健康第一”成为我国学校体育指

① 李晋裕、滕子敬、李永亮主编《学校体育史》，海南出版社，2000，第215页。

② 李晋裕、滕子敬、李永亮主编《学校体育史》，海南出版社，2000，第218页。

③ 《中共中央　国务院关于深化教育改革全面推进素质教育的决定》，《人民教育》1999年第7期，第4页。

导思想，使我国中小学校体育目标以及体育教学、课外体育活动与课余体育锻炼等观念发生了较大变化，增强了学校体育的科学性和文化性。

1994 年，国务院通过的每周 40 小时工作制的《国务院关于职工工作时间的规定》，使人们自由安排的时间增多，学生的课余时间也得到增加。因此，为顺应社会发展需要，做好学科课程调整，《实行新工时制对全日制小学、初级中学课程（教学）计划进行调整的意见》和《实行新工时制对高中教学计划进行调整的意见》应时而生，分别对各个学段体育课的总学时和周学时进行了相应说明，整体上来看，中小学校体育课程地位与以往政策的规定大致一样。素质教育改革浪潮的掀起，《九年义务教育全日制小学、初级中学体育与健康教学大纲（试用修订版）》由教育部颁布，小学和初级中学体育课改为体育与健康课，并对体育与健康教材和教学内容的选用做出了明确要求。在教学内容的选择上以增强体质、增进健康为教学目标，注重思想性和教育性的结合，注重科学性和发展性的结合，注重健身性和文化性的结合，注重统一性和灵活性的结合。① 同时，在课程性质上相应做出了调整，各个学段都采取了必修和选修（其中又分必选和自选两大类）两种课程模式，极大地增加了内容的丰富性和灵活性，体现了学习者的主体性，发挥了学校自身的主动性。这一时期对高中阶段的课程改革以及体育课程方面的政策相应增多。1996 年，国家教委基础教育司印发《全日制普通高级中学课程计划（试验）》和《全日制普通高级中学体育教学大纲（供试验用）》，前者对高中体育课程性质做出了规定，将体育课作为必修课，后者对体育教学内容的基本原则进行了明确说明。在试验稿的基础上，2000 年，《全日制普通高级中学课程计划（试验修订稿）》和《全日制普通高级中学体育与健康教学大纲（试验修订版）》由教育部印发，前者将体育课的性质作为必修课程，确定了高中体育课程的地位，在课程结构上由国家课程、地方课程和学校课程三级课程构成，在一定程度上增加了课程选择的多样性和灵活性，符合我国区域发展不平衡的特征，也为此后新一轮的基础教育课程改革打下了铺垫，后者对教学内容的基本原则进行了相关规定。从 1996 年和 2000 年颁发的两份关于高中体育教学大纲对教学内容编写和选用上的规定可以看出，后者更加具有时代性和发展性特征，凸显了体育教育目的的发展性、学校体育的文

① 马贝贝：《新中国中小学体育课程改革的历史研究》，硕士学位论文，西南大学，2015，第 81 页。

化性要求。2000年高中阶段学校体育课程目标与1996年的相比，前者所涉及的范围更为广泛，其除身心健康外，在总目标中强调了“以人为本”的基本原则和“体育价值观”的培养，通过体育文化潜移默化地给学生体育意识和习惯以影响，为终身体育的实现提供了动力和发展平台，体现了人文性、教育性、实效性和生活化与具体化的特征。

3.1.3.2.2 课外体育活动政策内容分析

针对学校课外体育活动问题，1995年颁布的《体育法》明确提出：学校应当组织开展形式多样的课外体育活动，组织开展课外体育训练和体育竞赛，每学年举行1次全校性的体育运动会。我国把课外体育活动通过法律要求的形式提出来，突出了开展课外体育活动的重要意义。同年7月，《贯彻〈全民健身计划纲要〉的意见》要求抓好学校体育工作的各个环节，确保体育课、早操、课间操、课外体育活动顺利开展，保证学生每天1小时的体育活动时间。素质教育改革的推进，推动学校体育课程进入新一轮改革。1999年，《关于深化教育改革全面推进素质教育的决定》颁布，中共中央、国务院明确提出确保学生体育课和课外体育活动时间，保证体育活动时间和场所不被挤占。学校体育平稳发展时期，没有专门针对课外体育活动的政策颁布，但在上述各项学校体育政策中都分别就课外体育活动提出了要求，反映了课外体育活动在提高学生健康水平，培养学生参与体育活动的兴趣、意识与能力中的重要意义，为学校体育开展课外体育活动提供了政策依据和政策保障。

3.1.3.2.3 学校体育场地设施政策内容分析

我国中小学校体育场地设施的具体问题，与学校体育调整发展时期相比，学校体育平稳发展时期，国家层面出台的学校体育政策文件中，涉及中小学校体育场地设施建设和管理的主要分为以下方面。一是学校体育场地设施建设和完善的责任主体的变化，由原来的教育主管部门转变为地方行政部门。如1993年颁布的《中国教育改革和发展纲要》要求：为切实解决体育师资、体育经费和体育场地设施问题，各级政府要积极创造条件，逐步加大对学校体育的投入。随后，1999年颁布的《关于深化教育改革全面推进素质教育的决定》也提出：地方各级人民政府要积极进行统筹规划，为学校开展体育活动创造必要的条件，确保学生体育课和课外体育活动时间不被挤占。由此可见，由原来各级教育部门在学校体育场地设施建设和完善中担任的角色开始由各级政府承接，其资源的可获得性增加，保障性得以增强。二是通过立法确保学校体育场地设施的建设和完善。1995 年颁布的《体育法》第 32 条规定：学校体育场地、设施和器材应当按照国家有关标准配置，学校体育场地必须用于体育活动，不得挪作他用。国家政策对学校体育场地设施的规定和要求，为学校体育工作的开展和学生参与体育活动提供了良好的物质保障。

3.1.3.2.4　学生体质健康政策内容分析

1995 年和 2000 年分别进行了两次全国学生体质健康调研，两次调研结果显示：1995 年中小学生耐力素质、柔韧性素质趋于停滞或呈现下降趋势①，2000 年学生的身体素质全面下降，在 1995 年下降的基础上又有所下降②。面对学生体质健康下降的问题，相关部门、学术团体和学者开始反思、总结以往学校体育发展中存在的问题与不足，认识到基础教育急需改革，要从多方面提高学生综合素质和身心健康水平。1999 年，中共中央、国务院颁布《关于深化教育改革全面推进素质教育的决定》，要求切实加强体育工作，促进学生全面发展和健康成长。同时，在改进、补充和完善《国家体育锻炼标准》，以促进和指导学生体质健康发展政策的基础上，政府开始认识到让学生主动和坚持参与体育锻炼，养成良好的体育习惯在促进学生体质健康中的重要作用。这一时期，涉及学生体质健康方面的政策文件还包括《教育法》《全民健身计划纲要》《中国教育改革和发展纲要》《“体育两类课程整体改革”的方案》《2001—2010 年体育改革与发展纲要》等，进一步促进了学生体质健康政策的改革和升华，为青少年体质健康工作有效、快速发展提供了法律保障。

3.1.3.3　学校体育平稳发展时期的政策特点

其一，“健康第一”指导思想的确立，使学校体育的学科特性逐步由浅层次向深层次发展，回归了学科的科学性和人文性。学校体育指导思想问题，长期以来，各方争论不休，也没有一个多方认同与接受的指导思想，无论是官方或民间都没有给学校体育的发展确定出一个新的战略高度，这自然会给学校体育的长远发展带来较大影响。此外，从以往学校体育教学中有关教学目的、目标或任务等方面的政策来看，相关的学校体育政策中对学校体育的

① 陈智寿：《学生体质健康状态与体育课程改革成果的反差》，《体育学刊》2002 年第 4 期，第 8 页。

② 赵建英：《2000 年全国学生体质健康调研结果公布》，《中国学校体育》2001 年第 6 期，第 4 页。

学科认识并没有上升到一门课程应有的高度，表现为：学校体育中的体育课程是一门技艺，而非课程；教育者是技艺传授，而非教育本身；学校体育是当前的需要而非观念的改变与正确习惯的培养与形成，只有现实性、实用性，而缺乏长远性与发展性等特征。而1995年《全民健身计划纲要》对学生进行终身体育教育的提出①，体现了国家发展学校体育的战略高度的重新定位，进一步确定了学校体育工作的重要性。随后，中共中央、国务院颁布的《关于深化教育改革全面推进素质教育的决定》提出了“学校教育要树立健康第一的指导思想，切实加强体育工作”的学校教育工作方针，使“健康第一”开始作为学校体育工作的指导思想。自此，在“健康第一”学校体育指导思想的指引下，我国学校体育课程无论是在内容上还是在形式上都发生了相应变革，使学校体育的内涵得以延伸和拓展，充分回归了体育学科特征，主要表现在以下方面。一是课程名称的变化。学校体育课程名称从以往的体育课改为体育与健康课，从形式上看，主要增加了“健康”两个字，但其体现的“健康第一”的指导思想和重新对体育课程的定义却发生了巨大变化，使体育课程的着眼点不仅仅是落在体质健康这一层面上，还增加了除体质健康外的心理健康、社会适应等健康内容，因而拓展了体育课程的内涵。二是体育教材以及体育教学内容的选取上。2000年颁发的《九年义务教育全日制小学、初级中学体育与健康教学大纲（试用修订版）》对体育与健康教材及教学内容的选取做出了要求，提出应体现思想性、教育性、科学性、发展性、健身性、文化性、统一性、灵活性的内容要求，学校体育改革工作的不断延伸，使新时期的教育改革精神和学校体育自身学科特征通过多种方式加以体现。2000年印发的《全日制普通高级中学课程计划（试验修订稿）》提出体育课程的教学目标是通过提高学生的体育与健康意识和能力，培养学生进行体育锻炼的自觉习惯，为终身体育奠定基础。课程计划不仅是对《全民健身计划纲要》政策文本内容的回应，而且明确了“以人为本”的教育发展理念，体现了发展性和科学性相结合的体育教育原则。

其二，落实学校体育地位和性质的相关法律政策出台，使学校体育有法可依。长期以来，我国学校体育政策在制定主体和执行力度方面还存在“责任不清、边界模糊以及指导有余而刚性不足”等实际问题，进而使“利益相

---

① 《中共中央　国务院关于深化教育改革全面推进素质教育的决定》，《人民教育》1999年第7期，第4页。

关者对相关政策可以肆意妄为，以至于其政策既难以落实，也难以从保障层面实现政策的溢出效应”①。这种结果是多方面导致的，如政策制定主体的多元化、学校体育管理主体的多面性、相关法律保障政策的出台与执行、参与学校体育的责权主体自我权利的维护以及政策执行过程与结果的监督和惩罚措施的完善情况等。在上述诸多原因中，就现实环境而言，学校体育政策的执行与落实还需要法律保障，进而解决指导性政策过多而刚性政策不足的问题，从而做到有法可依、有法必依、违法必究，由此也可进一步完善学校体育政策。而在学校体育调整发展时期颁布的《学校体育工作条例》和《未成年人保护法》，开始涉及相关主体应有的基本内容和权利，并从法律层面给予学校体育政策补充，说明学校体育政策制定主体方面已经认识到学校体育政策类型的单一性以及所面临的基本问题。鉴于此，1995 年先后通过了《教育法》和《体育法》两部法律形式的文件。前者明确规定了学校应该贯彻国家的教育方针，在完善体育和卫生设施以及保护学生身心健康方面，教育、卫生、体育部门应当予以积极配合。另外，《教育法》确立了学校体育工作的性质与地位，规定了学校在开展教育的过程中应该承担的责任。而后者明确规定了体育是学校教育的组成部分，教育行政部门和学校应当为学校体育配备合格的体育教师以及配置体育场地、设施与器材。两部法律文件的颁布，进一步补充和完善了学校体育政策的类型，为促进学校体育工作的开展提供了法律依据。

3.1.4 学校体育蓬勃发展时期的政策（2001 年以来）

随着我国改革开放的不断深入和社会主义现代化建设的不断推进，党和国家提出了科教兴国战略，把教育的重要性推向了最前沿。在此背景下，基础教育面对新时期的要求，顺应时代发展的需要，进行了新一轮基础教育课程的改革，并经过理论层面进入局部实践，最终到全国范围铺开的过程。在基础课程改革的过程中，学校体育也进行了深入改革，各项学校体育政策相继出台，为学校体育的改革和发展保驾护航。

3.1.4.1 学校体育政策制定的背景

科技的迅猛发展和人类物质文化生活水平的整体提高，使人类的健康状

---

① 张文鹏：《中国学校体育政策的发展与改革研究》，博士学位论文，华中师范大学，2015，第 99 页。

况得到极大改善。但是，现代生产和生活方式的改变给人类带来便捷生活的同时，高血脂、高血压、心脏病等“现代文明病”也对人类健康造成了严重的威胁。人们逐渐认识到，健康不仅仅是身体健康的单一维度，还包括心理健康、社会适应和道德健康的完美状态。这一时期，人类比以往任何时候都更加关注自己的健康，只有健康的体魄，才能为祖国建设和人民服务。因此，在中共中央、国务院发布的《关于深化教育改革全面推进素质教育的决定》精神指引下，2001 年 5 月，国务院颁布《关于基础教育改革与发展的决定》，以“健康第一”为指导思想，全面推进素质教育，标志着我国新一轮基础教育课程改革拉开序幕，也拉开了学校体育蓬勃发展的序幕。

2006 年 12 月，为全面推进素质教育，促进青少年学生全面发展，《教育部　国家体育总局关于进一步加强学校体育工作，切实提高学生健康素质的意见》（教体艺〔2006〕5 号）颁布，教育部、国家体育总局向全社会发出了全面加强学校体育工作的动员令。[①] 2007 年 4 月，中共中央政治局会议专题研究了加强青少年健康发展和民族兴旺、社会文化进步三者之间的关系，对增强青少年学生体质做出了战略部署，这次会议是新中国成立以来第一次党中央核心会议专题讨论青少年体育工作问题[②]，由此可见，青少年健康发展问题已经关系到民族复兴和国家强盛，已经上升为国家层面重点关注的问题。因此，在这样的时代背景下，根据中共中央政治局会议精神，下发了《中共中央　国务院关于加强青少年体育增强青少年体质的意见》，文件明确指出增强青少年体质健康是关系国家和民族未来的大事，当前和今后一个时期，要把增强青少年体质、促进青少年全面发展作为学校教育的基本目标予以重视；要认真落实《国家学生体质健康标准》（2007 年），确保学生每天锻炼 1 小时，举办多层次、形式多样的运动会，加强学校体育设施建设等[③]诸多措施，为进一步认识我国学校体育发展，深化学校体育改革具有划时代的意义。为全面贯彻党的教育方针，切实提高学生体质健康水平，《关于开展全国亿万学生阳光体育运动的通知》由教育部、国家体育总局、共青团中央联合发起，号召广大青少年走向操场，走进大自然，走到阳光下。

---

① 《体育教学》记者：《贯彻全面发展的素质教育　促进青少年健康素质提高——全国学校体育工作会议在京召开》，《体育教学》2007 年第 1 期，第 4 页。

② 季强：《增强青少年体质的战略部署——中共中央政治局召开会议研究加强青少年体育工作》，《下一代》2007 年第 6 期，第 4 页。

③ 刘鹏：《落实全民健身国家战略　努力推进健康中国建设》，《人民日报》2016 年 10 月 10 日。

为进一步落实“健康第一”的学校教育理念，《关于进一步加强和改进新时期体育工作的意见》明确了青少年体育和群众体育服务体系的具体要求。针对我国青少年身体素质不容乐观的现状，2013 年 11 月，《中共中央关于全面深化改革若干重大问题的决定》将促进青少年身心健康、体魄强健纳入深化教育领域综合改革目标。[①] 将我国学校体育和青少年身心健康问题纳入国家重大决策中，充分反映了党和国家已经认识到青少年身心健康、体魄强健关系到国家的前途和命运，也说明了在当前我国包括中小学在内的学校体育还存在较多问题，需要进一步深化改革，为国家的长久发展提供坚实基础。

从 2014 年国务院颁布的《关于深化考试招生制度改革的实施意见》到 2016 年教育部颁布的《关于进一步推进高中阶段学校考试招生制度改革的指导意见》，改变了唯分数论、一考定终身影响学生全面发展，使学生学习负担过重的现状，对深化学校教育改革具有极强的现实意义。2016 年，《国务院办公厅关于强化学校体育促进学生身心健康全面发展的意见》（国办发〔2016〕27 号）针对学校体育认识不足、社会力量支持学校体育不够等问题，提出将学校体育工作纳入政府政绩考核的指标，把教育行政部门与学校负责人的学校体育工作业绩纳入考核评价指标，对持续三年学生体质健康水平下降的地区和学校实行教育评估一票否决。[②] 把执行部门和相关管理部门的绩效考核与学校体育卫生工作开展情况相结合，督促学校体育卫生工作得到各级部门重视的同时，也进一步为学校体育工作的落实与正常开展提供了行政保障。2016 年，中共中央、国务院印发《“健康中国 2030”规划纲要》，将健康教育纳入国民教育体系和体育教师职前教育、职后培训内容，并实施青少年体育活动促进计划。[③] 在这样的时代背景下，学校体育站在健康中国建设的新高度，在其中担任着重要角色，由此学校体育进入蓬勃发展时期。

3.1.4.2 学校体育政策内容分析

3.1.4.2.1 体育教学政策内容分析

2001 年，《全日制义务教育普通高级中学体育（1－6 年级）和体育与健

---

① 习近平：《关于〈中共中央关于全面深化改革若干重大问题的决定〉的说明》，《求是》2013 年第 22 期，第 3 页。

② 《国务院办公厅关于强化学校体育促进学生身心健康全面发展的意见》，《中华人民共和国国务院公报》2016 年第 14 期，第 37 页。

③ 《中共中央　国务院印发〈“健康中国 2030”规划纲要〉》，中国政府网，http://www.gov.cn/zhengce/2016－10/25/content_5124174.htm。

康（7－12年级）课程标准（实验稿）》（简称《课程标准》）由教育部颁布。《课程标准》在原有体育教学大纲基础上，结合国际国内具体情况，对我国学校体育进行了较大改革，主要体现在以下几个方面：第一，在学校体育课程的性质和地位上，《课程标准》明确了体育与健康课程是一门突出健康目标的必修课程，是通过身体练习增进学生健康为主要目的的学校课程体系的重要组成部分；第二，坚持“健康第一”的指导思想，以学生发展为中心；第三，在课程目标上，把中小学校体育课程目标体系分为三个层次，依次是课程目标、学习领域目标和水平目标；第四，在学习领域目标上，将学习领域目标分为运动参与目标、运动技能目标、身体健康目标、心理健康目标和社会适应目标五个方面；第五，在课程教材内容的选取上，增强教学内容选择的灵活性和多样性，采用国家课程、地方课程和校本课程相结合的三级课程管理结构；第六，在课程评价体系上，把学习者的情感表现、意志品质以及合作、互助等内容纳入了评价范畴。此外，《课程标准》对小学、初中和高中分别进行了不同阶段的划分：小学分为三个阶段，分别是水平一（1～2年级）、水平二（3～4年级）、水平三（5～6年级），初中为水平四，高中则分为水平五和水平六两个阶段。《课程标准》制定的改革举措，顺应了国家全面推进素质教育的基本要求，表现出社会发展的时代特征。学校体育课程改革的不断推进，为学校体育的发展创造了强劲动力。但各地各校开始在具体落实和操作过程中发现课程改革存在一些具体问题，如评价内容和评价方法的操作难度大，难以落实，以致与以往相比换汤不换药或者流于形式；三级体育课程管理的一标多本模式，对于一些体育资源缺乏的地区和学校来说，仍只是空中楼阁；等等。鉴于此，2011年，在2001年《课程标准》的基础上，颁布《体育与健康课程标准（2011年版）》（简称《课程标准（2011年版）》）。《课程标准（2011年版）》共有4个部分，分别对体育课程的性质、基本理念和设计思路，体育课程目标，体育课程内容，对教学、评价、教材编写和课程资源开发与利用建议四个方面的内容进行了详细阐述。为进一步发挥学校体育在促进学生身心健康全面发展中的重要作用，2016年颁布的《国务院办公厅关于强化学校体育促进学生身心健康全面发展的意见》（国办发〔2016〕27号）对学校体育工作基本原则、深化教学改革、注重教体结合、提升学校体育保障水平等内容提出了具体要求，这对于学校体育工作的改革和发展具有重要的现实意义。对普通高中来说，其采用的课程标准是2003年的《普通高中体育与健康课程标准（实验）》，一直延续到2017年，教育部颁布了《普通高中体育与健康课程标准（2017年版）》，相比较而言，《普通高中体育与健康课程标准（2017年版）》对课程目标、内容标准、实施建议等内容定位更为深远，操作更为具体，文化性更为突出，学生认同度更高。

3.1.4.2.2　课外体育活动政策内容分析

2005年，教育部下发了《关于落实保证中小学生每天体育活动时间的意见》，为推动各级学校积极开展课外体育活动，要求“阳光体育运动”的开展要与课外体育活动相结合，并要求各级学校把课外体育活动纳入教育计划之中并形成制度。[①] 该意见的出台，对充分发挥课外体育活动的作用具有重要的指导意义。2007年颁布的《中共中央　国务院关于加强青少年体育增强青少年体质的意见》除在课外体育活动方面与以往文件的内容有相似之处外，还增加了在课外体育活动中师资队伍的配备要求。2009年发布的《全国青少年校园足球活动实施方案》拉开了中国青少年校园足球发展的序幕，校园足球的推广丰富了学校课外体育活动的内容。此后，为进一步加强学校课外体育活动的开展落实，丰富体育活动内容，2011年，《教育部办公厅关于在义务教育阶段中小学实施“体育、艺术2+1项目”的通知》（教体艺〔2011〕4号）和《切实保证中小学生每天一小时校园体育活动的规定》（教体艺〔2011〕2号）先后颁布，为开展课外体育活动提供了具体可操作性的政策举措。随着全面实施素质教育的推进，学生参与课外体育活动在实现学校体育目标中的积极作用得到广泛认同。2013年11月，党的十八届三中全会将“强化体育课和课外锻炼”[②] 写入报告，促进青少年身心健康、体魄强健是国家对学校教育的基本要求，也是党中央对学校体育工作的又一重大决策。上述各项政策文件中，对课外体育活动的规定与要求从不同方面提出了建设性意见和保障措施，为课外体育活动的开展提供了政策保障。

3.1.4.2.3　学校体育场地设施政策内容分析

学校体育蓬勃发展时期，学校体育场地设施问题也不断通过多种政策文

---

① 教育部体育卫生与艺术教育司编《学校体育工作重要法规文件选编（2008年版）》，人民教育出版社，2008，第174页。

② 黄衍存、彭雪涵：《改革开放以来我国学校体育政策法规的演进与思考》，《福州大学学报》（哲学社会科学版）2015年第4期，第92页。

件得以推进解决，为我国学校体育的发展提供了有力保障。2001 年，《国务院关于基础教育改革与发展的决定》（国发〔2001〕21 号）要求：各地要拓宽资金筹集渠道，积极筹集资金建设一批青少年活动场所，同时要延伸青少年活动场所，将活动场所建设纳入社区建设规划。该文件把青少年活动所需场所建设的资金来源多元化以及供青少年活动场所范围从校内拓展到校外，极大地丰富了青少年体育活动场所的多样性。此后，2002～2005 年，教育部先后颁布《中小学体育器材设施配备目录》、《中小学体育器材和场地》国家标准、《关于落实保证中小学生每天体育活动时间的意见》三份文件，这是这一时期专门针对中小学校体育场地设施的专门性文件。《中小学体育器材设施配备目录》要求：将学校体育场地器材设施和配备情况作为评估学校教育工作的重要内容，各级教育行政部门要定期开展检查。[①] 此项规定，将中小学校体育场地设施建设与配备情况和整个学校工作结合起来，从行政上保障了中小学校体育场地设施配备要求得以执行的可能。后两份文件也就中小学校体育器材、场地的配备标准与要求，体育器材场地建设与完善的经费来源保障等问题进行了详尽说明。[②] 2006 年，针对当时部分地区和中小学校在体育场地设施建设方面存在的不足，教育部、国家体育总局提出了“十一五”期间中小学校体育场地设施配备目标，并在《教育部　国家体育总局关于进一步加强学校体育工作切实提高学生健康素质的意见》（教体艺〔2006〕5 号）中要求：认真执行《普通高等学校体育场馆设施、器材配备目录》《中小学校体育场馆设施配备目录》，力争达到在“十一五”期间配齐体育设施与器材的目标。2007 年颁布的《中共中央　国务院关于加强青少年体育增强青少年体质的意见》针对农村中小学校体育场地设施缺乏等问题提出：为改善农村学校体育场地设施条件，实行把农民体育健身工程与农村中小学体育设施建设相结合的举措。上述针对中小学校体育场地设施所出台的各项政策，充分说明了学校体育蓬勃发展时期，国家对我国学校体育场地设施存在的一些问题有了更加清晰的认识，也更加重视建设和完善，所以在政策层面上给予了极大的支持。

---

① 孙成林、王健、高嵩：《新中国学校体育设施政策发展研究》，《北京体育大学学报》2014 年第 5 期，第36 页。

② 孙成林、王健、高嵩：《新中国学校体育设施政策发展研究》，《北京体育大学学报》2014 年第 5 期，第38 页。

3.1.4.2.4 学生体质健康政策内容分析

2002 年 7 月，为确保《国家体育锻炼标准》在学校中得以具体实施，教育部和国家体育总局联合下发《学生体质健康标准（试行方案）》和《学生体质健康标准（试行方案）实施办法》。《学生体质健康标准（试行方案）》的内容充分考虑了学生身体发育规律、性别差异和身体素质表现特征，将测试对象分为五个组，每个组别根据生理特点测试项目不同，同时考虑城乡差别，对台阶试验农村学校可以选测相应项目。2007 年 5 月颁布的《中共中央　国务院关于加强青少年体育增强青少年体质的意见》，要求全面实施《国家学生体质健康标准》，并把青少年参与体育活动、增强体质作为实施素质教育的重要组成部分纳入文件，体现国家对学生体质的重视。2011 年颁布了《全民健身计划（2011—2015 年）》，2014 年颁布了《学生体质健康评价办法》《中小学校体育工作评估办法》，这三个文件都相继提出了学校体育工作在促进中小学生身心健康发展过程中的重要作用和具体开展工作的相关要求。而《"健康中国 2030"规划纲要》的出台，则为我国学生体质健康的改革与发展提供了新的法制保障。新时期一系列学生体质健康政策的相继出台，反映了党和国家对儿童青少年体质健康在一定时期有所下降问题的高度重视，并针对所存在的问题出台了相关政策文件，为促进学校体育发展，提升儿童青少年体质健康水平发挥了重要作用。

3.1.4.3 学校体育蓬勃发展时期的政策特点

其一，这一时期的学校体育政策体现出全局性和全面性的特征，把学校体育建设纳入国家发展战略，把学校体育推向了新的高度。自改革开放以来，党和国家高度重视学校体育工作，出台了各项政策，在此过程中，学校体育工作进行不断调整与改革，得到了稳步、有效的发展。但综合来看，由于社会与学校所形成的重文化、轻体育的意识存在，部分学校的各项体育工作在开展过程中还存在不少问题。如缺体育教师、缺场地和器材、无端停课和被占课等现象时有发生，如此环境导致的直接结果是学生的体质健康不升反降。正如 2013 年的学生体质健康监测结果显示：我国青少年体质连续 25 年下滑，与 1985 年相比，7～18 岁学生身高、体重显著增长，肥胖率也不断提高。[①]

① 《体育：教育之殇——青少年体质连续 25 年下滑引发的思考》，《陕西教育（行政）》2013 年第 4 期，第 30 页。

鉴于此，国家通过多种方式和途径强化学校体育工作。首先，2007 年，中共中央政治局召开了专题研讨会讨论加强青少年体育工作。此次会议是新中国成立以来第一次中共中央政治局讨论的核心会议专题，并根据此次会议精神，出台了《中共中央　国务院关于加强青少年体育增强青少年体质的意见》，将青少年健康成长上升为关系国家和民族未来的大事。[①] 其次，《国家中长期教育改革和发展规划纲要（2010—2020 年）》提出牢固树立“健康第一”的思想，提高体育教学质量，确保学生体育课和课余体育活动时间。[②] 2011 年，《国务院关于印发全民健身计划（2011—2015 年）的通知》延伸了学校体育工作的范围，缓解了学校体育工作资源利用等问题。最后，《国务院办公厅转发教育部等部门关于进一步加强学校体育工作若干意见的通知》中提出加强学校体育，增强学生体质，对于提高学生综合素质、实现教育现代化、建设人力资源强国等具有重要战略意义，[③] 进一步彰显了学校体育的重要地位。2013 年，《中共中央关于全面深化改革若干重大问题的决定》把促进青少年身心健康、体魄强健纳入国家发展战略的重大问题，由此，我国学校体育被正式列入了国家发展战略，也迎来了深化改革的重大历史机遇。2016 年颁布的《国务院办公厅关于强化学校体育促进学生身心健康全面发展的意见》把强化学校体育作为实施素质教育、促进学生全面发展的重要途径予以重视，把强化学校体育对促进教育现代化、建设健康中国和人力资源强国联系起来，把强化学校体育对实现中华民族伟大复兴的中国梦具有的重要意义给予肯定。[④] 由此，学校体育在党和国家的高度重视下不断发展，党和国家不仅对学校体育工作的诸多方面提出了要求和发展规划，而且将学校体育上升为党和国家工作的重要战略目标，学校体育进入蓬勃发展时期。

其二，学校体育政策从宏观上指导并规范了学校体育全面改革和深入发展，从微观上促使学校体育课程建设循序渐进式调整。这一时期，在有关学校体育的政策文件中，首次将学校体育发展与健康中国和中国梦紧密联系起

① 《中共中央　国务院关于加强青少年体育增强青少年体质的意见》，《中国学校卫生》2007 年第 6 期，第 481 页。

② 《国家中长期教育改革和发展规划纲要（2010—2020 年）》，中国政府网，http://www.gov.cn/jrzg/2010-07/29/content_1667143.htm。

③ 《国务院办公厅转发教育部等部门关于进一步加强学校体育工作若干意见的通知》，《中国学校体育》2012 年第 11 期，第 6 页。

④ 《国务院办公厅关于强化学校体育促进学生身心健康全面发展的意见》，《中华人民共和国国务院公报》2016 年第 14 期，第 37 页。

来，与国家发展战略紧密结合，因此，如何指导、规范、促进与保障学校体育课程改革不断深入发展，最终取得成功也就有了重要的历史意义。以《关于深化教育改革全面推进素质教育的决定》、《关于基础教育改革与发展的决定》、《中小学健康教育指导纲要》、《国务院关于基础教育改革与发展的决定》文件和“中央 7 号文件”为主的一系列配套文件，为我国学校体育蓬勃发展指明了方向、路线，而且提出了具体的方法和举措。从微观上看，学校体育蓬勃发展时期，结合国外发达国家学校体育改革经验，学校体育政策促使学校体育课程建设进行了渐进式的调整。2001 年出台的《课程标准》坚持“健康第一”的指导思想，在课程管理形式上形成了国家、地方、学校三级管理结构模式，改变了以往统一集中管理的模式，使课程管理结构符合地域和经济状况差异所带来的不同需求，增加了灵活性与有效性；在课程内容框架与结构上不但课时有了较大变化，而且课程内容在横向和纵向上都进行了拓展和延伸，大大增加了学校体育课程内容的丰富性、多样性、文化性与综合性；在课程评价体系上也发生了较大变化。经过近 10 年的推广和实践，相关机构对课程实施效果进行了调查研究，并就其中存在的问题进行了调整与改进，于 2011 年颁布《体育与健康课程标准（2011 年版）》，以顺应新时代学校体育课程改革的需要。此外，高中阶段体育与健康课程标准相对滞后，其在 2017 年以前执行的是 2003 年的《普通高中体育与健康课程标准（实验）》，直到 2017 年，教育部根据当时社会发展和国家需要，颁布了《普通高中体育与健康课程标准（2017 年版）》。新的课程标准在原有标准基础上进行了相应调整，提出学科素养培养理念，贯彻“健康第一”的指导思想和体育意识与能力培养的学校体育观。新时期我国学校体育在原有体育教学大纲（计划）向课程标准进行转变的课程改革中，在实施过程层面取得了较好效果，但在实践与理论层面还存在不少问题，然而其改革出发点、改革目标、改革内容和整个课程框架结构与以往政策相比较而言，无疑又具有一定的超越与创新。

3.2　我国学校体育政策演变的总体脉络分析

通过对新中国成立以来，我国不同时期学校体育政策内容及特点的分析可以看出，我国学校体育政策演变的总体脉络始终围绕增强学生体质、增进学生健康展开，因此，学校体育政策的颁布始终以“健康第一”为指导思想，以培养全面发展的社会主义建设者和接班人为宗旨。体育教学通过向学生传递体育与健康知识、技能和方法，成为提高学生体质健康水平的基本形式。课外体育活动是体育课的延伸，对帮助学生养成良好体育习惯、提高体育运动兴趣、提高健康水平和体育能力具有不可或缺的重要作用。因此，《体育与健康课程标准》、“阳光体育运动”文件和《国家学生体质健康标准》成为推动我国学校体育政策演变的主要文件，反映出我国学校体育政策演变的总体脉络。

3.2.1 《体育与健康课程标准》是提高学生体质健康水平的基本途径

学校是贯彻和落实学校体育政策的主要场所，其对学校体育政策的开展和落实情况直接影响学校体育工作开展的效果，最终从学生的体质健康和体育价值观以及参与体育活动的意识与能力情况等方面体现出来。体育与健康课程是一门以增进中小学生健康、培养社会主义建设者和接班人为主要目的的必修课程，对提高学生体质健康水平，促进学生全面发展具有极为重要的作用。《体育与健康课程标准》是指导学校开展体育与健康课程的指导性文件，是促进学生体质健康发展的基本途径。我国自新中国成立以来学校体育课程改革与建设的成果，总体上从课程性质、课程内容、课程目标和课程评价体系四个方面反映出来，也反映出我国学校体育课程的发展变迁。《体育与健康课程标准》的基本理念主要体现在以下四个方面：一是以“健康第一”为指导思想，通过对学生健康意识的培养，健全学生体魄，增强学生体质，促进学生健康成长；二是顺应时代发展需求，改革课程内容和教学方式，培养学生终身体育意识；三是重视学生的主体地位，以学生发展为主导，帮助学生学会学习、学会成长；四是注重学生运动兴趣的激发，帮助学生形成积极的运动爱好和运动专长，奠定学生终身体育的基础。[①] 从以上关于《体育与健康课程标准》的基本理念中可以看出，其融合了基础教育课程改革和国家层面促进学生体质健康发展、正确体育价值观与终身体育意识的培养等多项政策的需要，同时，也体现了学校体育学科课程的教育性与人文性。体育与健康课程是以增进学生健康、培养学生终身体育意识、健全学生完整人

---

① 潘绍伟、于可红主编《学校体育学》，高等教育出版社，2015，第95页。

格为主要目标的课程、在课程内容上，初步构建了从水平一到水平四的内容框架体系，具体到教学实践上体现了根据学习目标选择教学内容的思路。课程内容增强了具体实践者的主体性，同时，这种相对灵活选择教学内容的课程管理模式符合我国地大人多、区域差异大的实际需要。在课程目标上，分为运动参与目标、运动技能目标、身体健康目标、心理健康与社会适应目标四个方面，从教会学生运动技能，教给学生体育健康知识，培养学生体育锻炼意识，培养五育并举的社会主义建设者和接班人，充分体现了体育课程的教育功能。在课程评价体系上，改变了以往单一的评价模式，形成了在内容上以体能、知识与技能、情意表现与合作精神的综合性评价，在评价手段上采用终结性评价与过程性评价相结合、绝对性评价与相对性评价相结合、定性评价和定量评价相结合等多种方式综合运用的方法。综合性评价内容和多样化评价手段在体育与健康课程中的运用，体现了以人为本的基本原则，在对学生学习成绩的评定标准上，不仅关注学生对体育与健康知识的掌握，也关注学生对运动技能的掌握；不仅关注学生运动兴趣的激发，也关注学生体育习惯的培养。总体来看，《体育与健康课程标准》是学校体育工作的重心，是提高学生体质健康水平的基本途径和基础，在培养学生形成正确的体育价值观、养成终身体育意识方面发挥着重要的教育作用，最终达到提高学生体质健康水平和提高生活质量的目的。

3.2.2 “阳光体育运动”是提高学生体质健康水平的重要举措

为全面推进素质教育，让广大青少年学生走出教室、走到阳光下、走向操场、走向大自然，2007 年 4 月，“全国亿万学生阳光体育运动”在全国范围内全面启动。“阳光体育运动”的初衷是掀起全国性群众体育锻炼热潮，切实提高学生体质健康水平。力争用 3 年时间，使 85% 以上的学校能全面实施《国家学生体质健康标准》，85% 以上的学生每天锻炼 1 小时，达到《国家学生体质健康标准》及格等级以上，掌握至少 2 项日常锻炼的体育技能。从“阳光体育运动”文件中可以发现，该文件不仅规定了具体的实施标准，而且落实了具体的实施要求，对参与运动的时间和需要实现的目标都给予了明确规定，从而使政策文件具有实际性和可操作性。“阳光体育运动”内容丰富，其以《国家学生体质健康标准》为基础和主线，与学校体育课教学、课外体育活动相结合或互为补充，贯彻和落实了“健康第一”的指导思想和素质教育要求。因此，“阳光体育运动”是以提高学生体质健康水平为目标的一项重要举措，对学生体质健康水平的提高和学校体育目的的达成具有重要意义。

3.2.3 《国家学生体质健康标准》是指导和衡量学校体育工作开展情况的纲领性文件，是促进和保障学生体质健康的基础

从新中国成立之初，毛泽东同志就针对当时青少年体质弱的问题发出了“健康第一，学习第二”的指示。根据当时青少年体质健康问题和部分领导人的指示，仅仅在1950～1957年的8年时间里，中共中央和相关部委就先后颁布了《关于改善各级学校学生健康状况的决定》等30多个学校体育政策文件[①]，反映出当时党和国家对青少年体质健康问题的重视程度。在这个过程中，结合苏联颁布的《准备劳动与卫国体育制度》和国内学校学生体质发展现状的基础上，1954年经国务院会议批准，由国家体委发布《准备劳动与卫国体育制度》，其中对项目考核标准和达级标准进行了详细说明。在后来的《劳动卫国体育制度条例和项目标准修改草案》中提高了测试标准，测试内容以田径项目为主，径赛项目有60米、100米、400米、800米、1500米、3000米；田赛项目为跳高或跳远，其中还有游泳、体操以及射击或投手榴弹等内容。这一时期的体育锻炼标准综合考虑到区域性差异和男女性别差异，在达标项目上都做出了灵活处理。为此，总体来看，这一时期的测试标准相对灵活、可操作性强，对当时学校体育工作开展的指导和学生体质健康的促进发挥了积极作用，但也表现出一定的时代特征，尤其是发展到后来，一味追求学生达标，而忽视了学生自身发展规律，导致伤害事故的出现。

1964年国家体委根据周恩来总理的建议将《劳卫制》改名为《青少年体育锻炼标准》，其内容上没有较大变化，只是对年龄组别进行了细微调整，使其更加符合我国具体实际。经中央批准后颁发了《青少年体育锻炼标准》，该标准的执行更加丰富了学校体育活动的内容，促进了学生运动成绩的提高，也有力地增强了学生的体质。[②] 随后，由于受政治和社会等因素的影响，《青

① 张文鹏、王健：《新中国成立以来学校体育政策的演进：基于政策文本的研究》，《体育科学》2015年第2期，第14页。

② 曾吉、蔡仲林、黄勇前：《新中国成立以来我国学生体质健康标准的演变与发展》，《沈阳体育学院学报》2007年第4期，第17页。

少年体育锻炼标准》被迫中止，直到社会稳定，各项工作开始步入正轨，教育事业工作也稳步推进。在这样的社会背景下，学生体质健康问题再次引起重视。1975 年，国务院批准颁发《国家体育锻炼标准》，《国家体育锻炼标准》由此正式替代《青少年体育锻炼标准》，成为指导与规范学校体育发展和促进青少年体质健康发展的重要文件。其在今后的发展过程中，分别经过了 1982 年、1990 年、2003 年和 2013 年的几次修订，在内容上和形式上都进行了调整。内容上减少了测验项目，以国家实行统一化项目和标准的要求执行，以学生运动能力为手段，建立了多目标、多方位的评价体系；形式上改变了以往“达标”的方式，以“评分”方式出现。随着我国经济水平的提高，人民的物质生活水平大大提高，生活方式也随科学技术的发展而发生了巨大变化，与之相应地，也带来了较多负面问题，青少年体质健康水平不升反降，引起了党中央、国务院和教育部等职能部门的高度关注，并由此开始对以往《国家体育锻炼标准》进行反思与总结，以期制定一套符合当前时期需要的学生体质健康评价标准。为此，在多方共同努力下，根据基础教育改革和素质教育推进的要求，于 2002 年颁布《学生体质健康标准（试行方案）》；2007 年，《国家学生体质健康标准》正式颁布实施；2014 年，根据我国具体情况再次经过修订并出台了《国家学生体质健康标准（2014 年修订）》。《国家学生体质健康标准》的不断修订、发展和完善，不仅是对“健康第一”指导思想的贯彻与落实，也是在国家不断提高对学生体质健康认识高度的基础上，实现和促进其他相关政策文件修改完善的目的和手段，而且对促进学生积极参加体育锻炼，提升学生体质健康水平，养成终身参与体育锻炼的意识和能力具有积极的作用。因此，考虑到《体育与健康课程标准》、“阳光体育运动”文件和《国家学生体质健康标准》在学校体育政策中的重要位置和作用，本书将这三个政策文件作为研究的主要方向，以对所研究对象执行政策的情况进行分析。

4. 学校体育政策执行评价指标体系构建

在对学校体育政策执行的总体评价中，学校体育政策执行评价指标体系中各个要素权重的确定将直接影响对西部农村中小学校体育政策执行评价的客观性和真实性，也将对判定西部农村中小学校体育政策执行存在的问题以及制定提升策略产生重要影响。因此，本书采用层次分析法（AHP），在王书彦博士学位论文中构建的学校体育政策执行力评价指标体系的基础上，对学校体育政策执行评价指标按照层次进行两两比较，按照重要程度排列出各指标的先后顺序，计算判断矩阵的最大特征值及其对应的特征向量，由此确定学校体育政策执行指标的权重，最终建立学校体育政策执行评价指标体系。其基本步骤包括：第一，建立评价指标体系层次结构；第二，在专家对各层次指标重要程度进行两两比较的基础上构造判断矩阵；第三，计算每一层次各指标的权重，进行层次排序并对其进行一致性检验（在调研过程中做了详细的一致性检验，在此略）。

4.1 建立学校体育政策执行评价指标体系层次结构

基于评价指标体系的关系构建递阶层次，能将复杂化的问题划分为多个子元素，并利用元素间的相互影响关系划分多个层次，各层指标不同元素都会支配对应下级元素，进而形成由“总目标层+若干个子准则层”组成的层次结构。因此，在借鉴王书彦博士学位论文中构建的学校体育政策执行力评价指标体系的基础上，本书建立学校体育政策执行评价指标体系层次结构（见图4-1）。

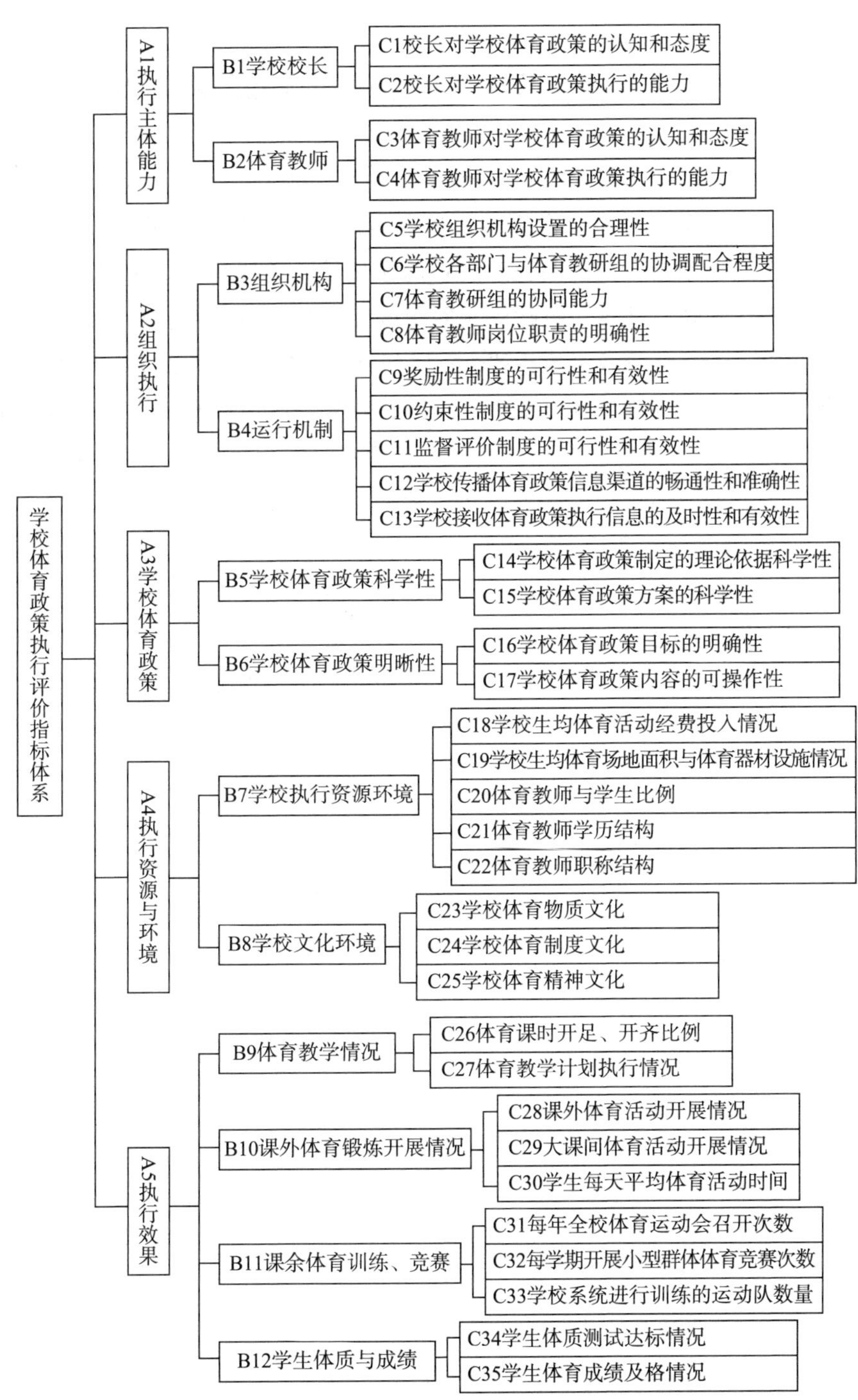

图 4－1　学校体育政策执行评价指标体系层次结构

4.2 构造学校体育政策执行评价指标的两两判断矩阵

在建立学校体育政策执行评价指标层次结构的基础上，请体育领域的专家对学校体育政策执行评价指标体系从最高层次的指标到最低层次的指标，分别就每个层次中指标的重要程度进行两两比较，逐级建立判断矩阵，分别是学校体育政策执行评价一级指标判断矩阵、学校体育政策执行评价二级指标判断矩阵、学校体育政策执行评价三级指标判断矩阵。本书邀请12位体育领域的正高级、副高级专家（见表4－1），首先，在对填写要求进行说明的基础上，共发放12份专家问卷；其次，邀请专家进行学校体育政策执行评价指标重要程度的两两比较，并填写相应的分值。问卷全部回收，即回收率为100%，在统计分析过程中，有9份问卷填写数据合理，并通过一致性检验。因此，本书将这9份有效问卷进行统计处理，下面以一位专家的调查问卷为例，分析数据处理过程，其他专家调查问卷的数据处理方法相同。这一位专家对5个一级指标给出的判断矩阵如表4－2～表4－19所示。

表4－1 12位体育领域专家的基本情况

专家编号	学校	职称
X	西南大学	教授
G	西南大学	教授
H	江苏师范大学	副教授
H	上饶师范学院	副教授
S	广东海洋大学	副教授
S	西华师范大学	教授
Z	西华师范大学	教授
Z	丽水学院	教授
W	湖南工业大学	副教授
W	西华师范大学	副教授
T	西华师范大学	教授
Y	西华师范大学	副教授

表 4－2　学校体育政策执行评价一级指标判断矩阵

指标	A1	A2	A3	A4	A5
A1	1	1/2	2	2	1
A2		1	1	1/2	1/3
A3			1	2	1
A4				1	1
A5					1

表 4－3　执行主体能力二级指标判断矩阵

指标	B1	B2
B1	1	1/7
B2	7	1

表 4－4　组织执行二级指标判断矩阵

指标	B3	B4
B3	1	1/5
B4	5	1

表 4－5　学校体育政策二级指标判断矩阵

指标	B5	B6
B5	1	1
B6	1	1

表 4－6　执行资源与环境二级指标判断矩阵

指标	B7	B8
B7	1	1/5
B8	5	1

表 4－7　执行效果二级指标判断矩阵

指标	B9	B10	B11	B12
B9	1	1/3	1/4	1/2
B10		1	1/2	1/2
B11			1	1/2
B12				1

表 4－8　执行主体能力三级指标判断矩阵（学校校长）

指标	C1	C2
C1	1	1
C2	1	1

表 4－9　执行主体能力三级指标判断矩阵（体育教师）

指标	C3	C4
C3	1	1
C4	1	1

表 4－10　组织执行三级指标判断矩阵（组织机构）

指标	C5	C6	C7	C8
C5	1	4	2	3
C6		1	2	1
C7			1	1
C8				1

表 4－11　组织执行三级指标判断矩阵（运行机制）

指标	C9	C10	C11	C12	C13
C9	1	1	1	1	1
C10		1	1	1	1
C11			1	1	1
C12				1	1
C13					1

表 4－12　学校体育政策三级指标判断矩阵（学校体育政策科学性）

指标	C14	C15
C14	1	1/4
C15	4	1

表 4－13　学校体育政策三级指标判断矩阵（学校体育政策明晰性）

指标	C16	C17
C16	1	4
C17	1/4	1

表 4－14　执行资源与环境三级指标判断矩阵（学校执行资源环境）

指标	C18	C19	C20	C21	C22
C18	1	1/2	1/2	1/6	1/9
C19		1	1	1/4	1/7
C20			1	1/3	1/4
C21				1	1/3
C22					1

表 4－15　执行资源与环境三级指标判断矩阵（学校文化环境）

指标	C23	C24	C25
C23	1	1/3	1/3
C24		1	1
C25			1

表 4－16　执行效果三级指标判断矩阵（体育教学情况）

指标	C26	C27
C26	1	1/4
C27		1

表 4－17　执行效果三级指标判断矩阵（课外体育锻炼开展情况）

指标	C28	C29	C30
C28	1	1	1
C29		1	1
C30			1

表 4－18　执行效果三级指标判断矩阵（课余体育训练、竞赛）

指标	C31	C32	C33
C31	1	1	1
C32		1	1
C33			1

表 4－19　执行效果三级指标判断矩阵（学生体质与成绩）

指标	C34	C35
C34	1	1/5
C35		1

4.3 学校体育政策执行评价指标层次排序及一致性检验

在构造判断矩阵的基础上，通过层次排序计算判断矩阵的最大特征值及其对应的特征向量 W。以下是对 9 份有效专家问卷数据采用 Excel 处理的结果汇总（见表 4 - 20 ~ 表 4 - 30）。

表 4 - 20 学校体育政策执行评价一级指标权重

指标	专家									W
	1	2	3	4	5	6	7	8	9	
A1	0.366	0.061	0.200	0.152	0.378	0.280	0.317	0.215	0.168	0.237
A2	0.075	0.196	0.200	0.160	0.249	0.171	0.168	0.198	0.230	0.183
A3	0.208	0.140	0.200	0.090	0.174	0.157	0.155	0.091	0.125	0.149
A4	0.137	0.140	0.200	0.048	0.106	0.196	0.193	0.099	0.365	0.165
A5	0.213	0.462	0.200	0.550	0.092	0.196	0.168	0.396	0.111	0.265

表 4 - 21 执行主体能力二级指标权重

指标	专家									W
	1	2	3	4	5	6	7	8	9	
B1	0.125	0.750	0.500	0.167	0.900	0.750	0.750	0.750	0.900	0.621
B2	0.875	0.250	0.500	0.833	0.100	0.250	0.250	0.250	0.100	0.379

表 4 - 22 执行主体能力三级指标权重

指标	专家									W
	1	2	3	4	5	6	7	8	9	
C1	0.500	0.667	0.500	0.167	0.125	0.667	0.667	0.667	0.125	0.454
C2	0.500	0.333	0.500	0.833	0.875	0.333	0.333	0.333	0.875	0.546
C3	0.500	0.333	0.500	0.250	0.143	0.667	0.667	0.333	0.143	0.393
C4	0.500	0.667	0.500	0.750	0.857	0.333	0.333	0.667	0.857	0.607

表 4 - 23 组织执行二级指标权重

指标	专家									W
	1	2	3	4	5	6	7	8	9	
B3	0.125	0.500	0.333	0.833	0.889	0.750	0.750	0.500	0.889	0.619
B4	0.875	0.500	0.667	0.167	0.111	0.250	0.250	0.500	0.111	0.381

表 4－24　组织执行三级指标权重

指标	专家									W
	1	2	3	4	5	6	7	8	9	
C5	0. 490	0. 122	0. 173	0. 188	0. 042	0. 318	0. 316	0. 122	0. 054	0. 203
C6	0. 186	0. 423	0. 245	0. 224	0. 550	0. 390	0. 387	0. 423	0. 601	0. 381
C7	0. 156	0. 227	0. 291	0. 078	0. 209	0. 171	0. 188	0. 227	0. 078	0. 181
C8	0. 168	0. 227	0. 291	0. 509	0. 200	0. 121	0. 109	0. 227	0. 267	0. 235
C9	0. 200	0. 250	0. 229	0. 553	0. 377	0. 380	0. 380	0. 250	0. 293	0. 324
C10	0. 200	0. 250	0. 173	0. 184	0. 170	0. 149	0. 149	0. 250	0. 174	0. 189
C11	0. 200	0. 250	0. 199	0. 119	0. 184	0. 161	0. 161	0. 250	0. 432	0. 217
C12	0. 200	0. 125	0. 199	0. 090	0. 140	0. 161	0. 161	0. 125	0. 062	0. 140
C13	0. 200	0. 125	0. 199	0. 054	0. 129	0. 149	0. 149	0. 125	0. 039	0. 130

表 4－25　学校体育政策二级指标权重

指标	专家									W
	1	2	3	4	5	6	7	8	9	
B5	0. 500	0. 500	0. 500	0. 333	0. 167	0. 500	0. 500	0. 500	0. 167	0. 407
B6	0. 500	0. 500	0. 500	0. 667	0. 833	0. 500	0. 500	0. 500	0. 833	0. 593

表 4－26　学校体育政策三级指标权重

指标	专家									W
	1	2	3	4	5	6	7	8	9	
C14	0. 200	0. 500	0. 500	0. 250	0. 800	0. 750	0. 750	0. 800	0. 800	0. 594
C15	0. 800	0. 500	0. 500	0. 750	0. 200	0. 250	0. 250	0. 200	0. 200	0. 406
C16	0. 800	0. 500	0. 333	0. 250	0. 143	0. 750	0. 667	0. 500	0. 143	0. 454
C17	0. 200	0. 500	0. 667	0. 750	0. 857	0. 250	0. 333	0. 500	0. 857	0. 546

表 4－27　执行资源与环境二级指标权重

指标	专家									W
	1	2	3	4	5	6	7	8	9	
B7	0. 167	0. 667	0. 667	0. 750	0. 857	0. 667	0. 667	0. 667	0. 857	0. 663
B8	0. 833	0. 333	0. 333	0. 250	0. 143	0. 333	0. 333	0. 333	0. 143	0. 337

表 4－28　执行资源与环境三级指标权重

指标	专家									W
	1	2	3	4	5	6	7	8	9	
C18	0. 047	0. 489	0. 198	0. 329	0. 378	0. 247	0. 229	0. 489	0. 429	0. 315
C19	0. 081	0. 299	0. 198	0. 329	0. 378	0. 159	0. 173	0. 299	0. 294	0. 246
C20	0. 096	0. 095	0. 261	0. 181	0. 049	0. 198	0. 199	0. 095	0. 032	0. 134
C21	0. 259	0. 058	0. 172	0. 078	0. 119	0. 198	0. 199	0. 058	0. 118	0. 140
C22	0. 517	0. 058	0. 172	0. 084	0. 076	0. 198	0. 199	0. 058	0. 127	0. 165
C23	0. 143	0. 311	0. 333	0. 550	0. 635	0. 240	0. 327	0. 311	0. 537	0. 376
C24	0. 429	0. 493	0. 333	0. 210	0. 287	0. 550	0. 413	0. 493	0. 364	0. 397
C25	0. 429	0. 136	0. 333	0. 240	0. 078	0. 210	0. 260	0. 196	0. 099	0. 220

表 4－29　执行效果二级指标权重

指标	专家									W
	1	2	3	4	5	6	7	8	9	
B9	0. 101	0. 333	0. 386	0. 564	0. 114	0. 400	0. 400	0. 333	0. 062	0. 299
B10	0. 208	0. 167	0. 223	0. 263	0. 593	0. 200	0. 200	0. 167	0. 572	0. 288
B11	0. 316	0. 167	0. 098	0. 118	0. 067	0. 200	0. 200	0. 167	0. 092	0. 158
B12	0. 376	0. 333	0. 293	0. 055	0. 225	0. 200	0. 200	0. 333	0. 273	0. 254

表 4－30　执行效果三级指标权重

指标	专家									W
	1	2	3	4	5	6	7	8	9	
C26	0. 200	0. 667	0. 500	0. 250	0. 143	0. 500	0. 500	0. 667	0. 143	0. 397
C27	0. 800	0. 333	0. 500	0. 750	0. 857	0. 500	0. 500	0. 333	0. 857	0. 603
C28	0. 333	0. 250	0. 200	0. 614	0. 577	0. 500	0. 500	0. 250	0. 311	0. 393
C29	0. 333	0. 250	0. 200	0. 117	0. 081	0. 250	0. 250	0. 250	0. 196	0. 214
C30	0. 333	0. 500	0. 600	0. 268	0. 342	0. 250	0. 250	0. 500	0. 493	0. 393
C31	0. 333	0. 500	0. 200	0. 143	0. 674	0. 540	0. 540	0. 500	0. 627	0. 451
C32	0. 333	0. 250	0. 400	0. 429	0. 226	0. 297	0. 297	0. 250	0. 280	0. 307
C33	0. 333	0. 250	0. 400	0. 429	0. 101	0. 163	0. 163	0. 250	0. 094	0. 243
C34	0. 167	0. 500	0. 500	0. 333	0. 167	0. 500	0. 500	0. 500	0. 500	0. 407
C35	0. 833	0. 500	0. 500	0. 667	0. 833	0. 500	0. 500	0. 500	0. 500	0. 593

根据上述对学校体育政策执行评价指标权重的计算，最终得出学校体育政策执行评价指标体系权重，如表 4－31 所示。

表 4－31 学校体育政策执行评价指标体系权重

	一级指标	二级指标	三级指标
学校体育政策执行评价指标体系	执行主体能力（0.237）	学校校长（0.621）	校长对学校体育政策的认知和态度（0.454）
			校长对学校体育政策执行的能力（0.546）
		体育教师（0.379）	体育教师对学校体育政策的认知和态度（0.393）
			体育教师对学校体育政策执行的能力（0.607）
	组织执行（0.183）	组织机构（0.619）	学校组织机构设置的合理性（0.203）
			学校各部门与体育教研组的协调配合程度（0.381）
			体育教研组的协同能力（0.181）
			体育教师岗位职责的明确性（0.235）
		运行机制（0.381）	奖励性制度的可行性和有效性（0.324）
			约束性制度的可行性和有效性（0.189）
			监督评价制度的可行性和有效性（0.217）
			学校传播体育政策信息渠道的畅通性和准确性（0.140）
			学校接收体育政策执行信息的及时性和有效性（0.130）
	学校体育政策（0.149）	学校体育政策科学性（0.407）	学校体育政策制定的理论依据科学性（0.594）
			学校体育政策方案的科学性（0.406）
		学校体育政策明晰性（0.593）	学校体育政策目标的明确性（0.454）
			学校体育政策内容的可操作性（0.546）
	执行资源与环境（0.165）	学校执行资源环境（0.663）	学校生均体育活动经费投入情况（0.315）
			学校生均体育场地面积与体育器材设施情况（0.246）
			体育教师与学生比例（0.134）
			体育教师学历结构（0.140）
			体育教师职称结构（0.165）
		学校文化环境（0.337）	学校体育物质文化（0.376）
			学校体育制度文化（0.397）
			学校体育精神文化（0.220）
	执行效果（0.265）	体育教学情况（0.299）	体育课时开足、开齐比例（0.397）
			体育教学计划执行情况（0.603）
		课外体育锻炼开展情况（0.288）	课外体育活动开展情况（0.393）
			大课间体育活动开展情况（0.214）
			学生每天平均体育活动时间（0.393）
		课余体育训练、竞赛（0.158）	每年全校体育运动会召开次数（0.451）
			每学期开展小型群体体育竞赛次数（0.307）
			学校系统进行训练的运动队数量（0.243）
		学生体质与成绩（0.254）	学生体质测试达标情况（0.407）
			学生体育成绩及格情况（0.593）

5. 西部农村中小学校体育政策执行实证研究

5.1　总体评价分析

学校体育政策的具体执行主体是学校校长和体育教师，执行目标群体是广大学生。对两类人员进行“您对贵校学校体育政策执行的总体评价”的统计结果显示：“执行好，效果好”的比例为58.12%；“执行一般，效果一般”的比例为31.62%；“执行差，效果差”的比例为10.26%（见表5－1）。从统计数据可以看出，有近六成的具体执行人员对学校体育政策执行是满意的，当然，也有四成多的执行人员表示学校体育政策执行一般甚至执行差，表明学校体育政策执行情况不容乐观，仍然还存在许多不尽如人意和需要改进、完善的地方。

表5－1　学校体育政策执行总体评价

单位：人，%

评价	执行好，效果好	执行一般，效果一般	执行差，效果差	合计
人数	68	37	12	117
占比	58.12	31.62	10.26	100

相对于体育教师而言，学校校长对学校体育政策执行的认可度更高，学校校长认为“执行好，效果好”的比例为63.64%；“执行一般，效果一般”的比例为33.33%；“执行差，效果差”的比例为3.03%（见表5－2）。分析其原因，对于学校校长而言，不仅要负责学校体育工作的开展，还要负责学校教

育教学的其他工作，因此，对学校体育工作的定位相对较低，只要课程表上有体育课，学生体质测试数据能按时上报，能够顺利通过各种学校体育工作的检查，校长则以此判断学校体育政策执行效果好，形成较高的评价。而体育教师作为学校体育政策的直接执行者，对学校体育政策的目标任务更加了解，对学校体育政策执行的各个环节更加清楚，因此也深知学校体育政策在执行过程中的实际成效，对学校体育政策执行的评价也相对较高。相对于学校校长而言，体育教师对学校体育政策执行的认可度低一些，认为“执行好，效果好”的比例为55.95%；“执行一般，效果一般”的比例为32.14%；“执行差，效果差”的比例为11.90%（见表5-3）。

表5-2　学校校长对学校体育政策执行的总体评价

单位：人，%

评价	执行好，效果好	执行一般，效果一般	执行差，效果差	合计
人数	21	11	1	33
占比	63.64	33.33	3.03	100

表5-3　体育教师对学校体育政策执行的总体评价

单位：人，%

评价	执行好，效果好	执行一般，效果一般	执行差，效果差	合计
人数	47	27	10	84
占比	55.95	32.14	11.90	100

5.2　评价结果分析

将西部农村中小学校体育政策执行评价分为好（8~10分）、一般（6~8分）、差（6分以下）三个等级。[①] 根据对西部农村中小学不同人群问卷调查的结果、访谈情况和实地考察获得的信息，首先，判断西部农村中小学执行学校体育政策每个三级指标的所属等级；其次，结合调研结果给出所属等级恰当的分值，用每一个三级指标的等级分值乘以指标对应的权重，得出该项

① 王书彦：《学校体育政策执行力及其评价指标体系实证研究——以黑龙江省普通中学为例》，博士学位论文，福建师范大学，2009，第103页。

指标的最后得分。同理，用二级指标的等级分值乘以该指标的权重得出二级指标的最后得分，用一级指标的等级分值乘以该指标的权重得出一级指标的最后得分，由此得出西部农村中小学校体育政策执行的总体水平。同时，从计算过程中还能获得执行主体能力、组织执行、学校体育政策、执行资源与环境、执行效果每一指标的具体水平，也为后续分析西部农村中小学校体育政策执行存在的问题提供切入点。

5.2.1 执行主体能力的评价内容、等级分值与判断依据（见表5-4）

表5-4 执行主体能力的评价内容、等级分值与判断依据

评价指标	评价内容（三级指标）	等级分值	判断依据
学校校长（0.621）	校长对学校体育政策的认知和态度（0.454）	7	1. 问卷调查结果表明，有63.64%的学生认为校长重视学校体育政策，而体育教师认为校长把握学校体育政策精神和内容一般的占39.68%，校长认为自身对学校体育政策精神和内容把握一般的占33.33% 2. 访谈中发现大多数校长对学校体育的重视局限在大课间体育活动等形式性项目上，对学校体育政策精神和内容的认知一般
	校长对学校体育政策执行的能力（0.546）	7	校长问卷和体育教师问卷的统计结果表明，两者认为校长决策、政策执行、沟通、协调处理突发情况的能力一般的分别是36.36%和34.92%。38.10%的体育教师认为校长对学校体育工作岗位职责履行情况一般
体育教师（0.379）	体育教师对学校体育政策的认知和态度（0.393）	6	1. 体育教师问卷的统计结果表明，自己对学校体育政策的认知和态度，知识、能力和素质总体评价一般的比例为44.44%，对学校体育政策的执行态度一般的比例为25.40% 2. 访谈中发现由于学科的差异，体育教师在职称晋升、待遇等方面受到影响，工作热情不是特别高，产生职业倦怠
	体育教师对学校体育政策执行的能力（0.607）	7	1. 体育教师问卷的统计结果显示，自己在学校体育政策执行方面的能力一般，其中执行能力一般的占39.68%，专业执行能力一般的占38.1% 2. 访谈中发现学校对体育教师的能力关注不如语数外等学科高，只要上课时间在操场上就可以，教师形成得过且过的心理，在执行学校体育政策时问题意识不强，解决问题缺乏针对性和创新性

按照前面的评价思路，学校校长执行主体能力（B1）由C1和C2两个三级指标构成，因此，学校校长的等级分值＝C1权重×C1等级分值＋C2权

重×C2等级分值，即0.454×7+0.546×7=7。同理，体育教师的等级分值=0.393×6+0.607×7=6.607。由此，执行主体能力的等级分值=学校校长的权重×学校校长的等级分值+体育教师的权重×体育教师的等级分值=0.621×7+0.379×6.607=6.851。

5.2.2 组织执行的评价内容、等级分值与判断依据（见表5-5）

表5-5 组织执行的评价内容、等级分值与判断依据

评价指标	评价内容（三级指标）	等级分值	判断依据
组织机构（0.619）	学校组织机构设置的合理性（0.203）	8	1. 校长问卷和体育教师问卷调查结果表明，分别有50.79%的校长和54.55%的体育教师认为学校组织机构设置合理 2. 访谈中了解到学校多数采用传统的垂直化组织机构设置，即校长统管，副校长具体分工，由体育教研组负责学校体育具体事务
	学校各部门与体育教研组的协调配合程度（0.381）	7	1. 问卷调查结果表明，分别有48.48%和42.86%的校长认为学校各部门与体育教研组的协调配合好和一般，另有11.11%的体育教师认为协调配合差 2. 访谈中了解到学校组织的大型运动会各部门都能积极配合支持，但各部门对体育和体育课的重视程度仍有待提高
	体育教研组的协同能力（0.181）	9	1. 校长问卷调查结果表明，校长认为体育教研组的协同能力好的占57.58%；体育教师问卷调查结果表明，有63.49%的体育教师认为体育教研组协同能力好 2. 访谈中了解到体育教师工作中协同能力好，团结意识强
	体育教师岗位职责的明确性（0.235）	9	1. 问卷调查结果表明，学生认为体育教师工作态度非常认真的占79.10% 2. 访谈中了解到学校制定了相应的规章制度，体育教师岗位职责较为明确
运行机制（0.381）	奖励性制度的可行性和有效性（0.324）	7	1. 体育教师问卷的统计结果表明，45.45%的体育教师认为该校奖励性制度的可行性一般，42.42%的体育教师认为实施奖励性制度的有效性一般 2. 访谈中了解到这些学校在制定奖励性制度的范围和条件等方面合理性欠缺，不利于体育教师积极性的调动
	约束性制度的可行性和有效性（0.189）	6	1. 问卷调查结果表明，51.52%的被调查者认为约束性制度的可行性一般，48.48%的被调查者认为约束性制度的有效性一般 2. 实地调查中能够查阅到学校关于约束性制度的文件，但文件的系统性、规范性有待提高

续表

评价指标	评价内容（三级指标）	等级分值	判断依据
运行机制（0.381）	监督评价制度的可行性和有效性（0.217）	6	1. 体育教师问卷的统计结果显示，57.58%的体育教师认为监督评价制度的可行性一般，54.55%的体育教师认为监督评价制度的有效性一般 2. 在对体育教师的访谈中了解到，学校体育政策的监督总体较好，但由于监督评价缺乏明确的标准，因此学校体育政策任务实际完成情况不是特别好
	学校传播体育政策信息渠道的畅通性和准确性（0.140）	9	1. 问卷调查结果表明，66.67%的学校校长和42.86%的体育教师认为学校传播体育政策信息渠道畅通、准确 2. 访谈中发现，学校体育政策信息渠道畅通，但在对学校体育政策精神实质的把握上还略显不足
	学校接收体育政策执行信息的及时性和有效性（0.130）	8	1. 问卷调查结果表明，57.58%的学校校长和46.03%的体育教师认为学校接收体育政策执行信息及时、有效 2. 实地考察发现多数学校注重学校体育政策执行信息的接收，但在对信息的反馈处理上还尚显不足

依据前面的计算方法，二级指标组织机构的等级分值 $=0.203\times8+0.381\times7+0.181\times9+0.235\times9=8.035$；运行机制的等级分值 $=0.324\times7+0.189\times6+0.217\times6+0.140\times9+0.130\times8=7.004$。以此类推，组织执行的等级分值 $=0.619\times8.035+0.381\times7.004=7.642$。

5.2.3 学校体育政策的评价内容、等级分值与判断依据（见表5－6）

学校体育课程的开展和落实直接影响学校体育工作开展的效果，最终从学生的体质健康和体育价值观以及参与体育活动的意识和能力情况等方面体现出来。《体育与健康课程标准》是提高学生体质健康水平、培养学生体育锻炼习惯的基本途径，“阳光体育运动”是实现学生体质健康的重要举措，而《国家学生体质健康标准》则是指导和衡量学校体育工作开展情况的纲领性文件，是促进和保障学生体质健康的基础。因此，以《体育与健康课程标准》、“阳光体育运动”文件、《国家学生体质健康标准》作为核心政策对学校体育政策执行进行分析，从政策制定的理论依据科学性、政策方案的科学性、政策目标的明确性、政策内容的可操作性几个方面对学校体育政策本身进行分析。

表 5-6　学校体育政策的评价内容、等级分值与判断依据

评价指标	评价内容（三级指标）	等级分值	判断依据
学校体育政策科学性（0.407）	学校体育政策制定的理论依据科学性（0.594）	10	《体育与健康课程标准》是为实施人才素质教育，培养德智体美劳全面发展人才而制定的；“阳光体育运动”文件制度的初衷是让广大青少年积极参加体育锻炼，掀起群众体育锻炼热潮；《国家学生体质健康标准》是监测学生体质健康水平，激励学生积极参与体育锻炼的教育手段。政策文件既是对学校体育存在的问题和需求的积极反映，也能与时俱进，根据时代需要进行不断修订完善，符合国家、民族、学生的切身利益，保障学生的体育权益，具有坚实的理论基础和现实依据
	学校体育政策方案的科学性（0.406）	8	《体育与健康课程标准》、“阳光体育运动”文件、《国家学生体质健康标准》的制定都经过专家团队的充分调研，采用科学的方法和手段，结合时代需求，方案具有一致性和工具性。但是，专家访谈认为，以上政策也存在问题，如《国家学生体质健康标准（2014 年修订）》存在动作方法表述不清、没有充分考虑学校地域差异等问题，对某些项目增加权重却未能起到积极作用
学校体育政策明晰性（0.593）	学校体育政策目标的明确性（0.454）	9	《体育与健康课程标准》将课程目标分为运动参与目标、运动技能目标、身体健康目标、心理健康与社会适应目标四个方面，并对不同水平阶段每个方面的目标进行了具体说明。“阳光体育运动”文件的目标是达标争优、强健体魄，并在总目标的基础上提出了三年具体目标。《国家学生体质健康标准》的目标是监测学生体质健康水平，激励学生积极参与身体锻炼。从三份文件可以看出，其政策目标的确定是切合当时实际且明确的
	学校体育政策内容的可操作性（0.546）	7	《体育与健康课程标准》对课程内容分水平做出具体要求，并对每一个目标维度的评价方法和要求进行说明，但是这些内容过于原则和抽象，缺乏明确、具体的规定，可操作性差。“阳光体育运动”文件对活动时间、活动内容、运动安全保障等进行了具体的规定。《国家学生体质健康标准》也对各项指标分值与权重做出了具体的规定。但是，通过分析发现，政策制定中一些表述不考虑实际情况，具体执行起来困难。如“阳光体育运动”文件要求课间操自由活动时间 10 分钟，要以班级为单位开展队列训练、健美操排练等，实际的调查结果显示，有 47.62% 的体育教师指出学校体育场馆、器材设施不能满足体育教学和课余体育活动的需要。此外，《国家学生体质健康标准》对测试项目的动作方法表述不清，缺乏可操作性，如女生仰卧起坐项目测试要求“必须两腿并拢”，要求对究竟是直腿并拢还是屈腿并拢没有表述清楚，造成测试结果差异很大，影响测试的真实性

根据前面的计算方法，二级指标学校体育政策科学性的等级分值 =0.594 × 10 +0.406 × 8 = 9.188；学校体育政策明晰性的等级分值 = 0.454 ×9 + 0.546 ×7 =7.908。以此类推，学校体育政策的等级分值 =0.407 ×9.188 + 0.593 ×7.908 =8.429。

5.2.4 执行资源与环境的评价内容、等级分值与判断依据（见表5 -7）

表5 -7 执行资源与环境的评价内容、等级分值与判断依据

评价指标	评价内容（三级指标）	等级分值	判断依据
学校执行资源环境（0.663）	学校生均体育活动经费投入情况（0.315）	8	1. 问卷调查结果表明，分别有18.18%和66.67%的学校校长认为学校体育活动经费完全满足和基本满足体育教学和课余体育活动开展的需要，分别有23.81%和30.61%的体育教师认为学校体育活动经费完全满足和基本满足体育教学和课余体育活动开展的需要 2. 访谈中了解到，每年体育教研组的体育活动经费都能基本满足和较好使用
	学校生均体育场地面积与体育器材设施情况（0.246）	8	1. 问卷调查结果表明，分别有17.46%和34.92%的体育教师认为学校体育场地和器材设施完全满足和基本满足体育教学和课余体育活动的需要，71.60%和21.60%的学生认为学校体育场地和器材设施完全满足和基本满足体育课和课余体育活动的需要 2. 访谈中了解到，大部分学校体育场地和器材设施基本能够满足学校体育活动开展的需要，但生均体育场地面积仍然不足
	体育教师与学生比例（0.134）	6	1. 问卷调查结果显示，认为体育教师数量不能满足和完全不能满足（差距大）体育教学和课余体育活动需要的体育教师均占17.46% 2. 访谈中了解到，一些有1600余人的学校仅有体育教师4人，与初中每5个班配备1名体育教师的要求差距较大
	体育教师学历结构（0.140）	10	问卷调查结果显示，79.36%的体育教师获得了本科学历，20.63%的体育教师获得了专科学历，达到了国家体育教师的学历要求
	体育教师职称结构（0.165）	7	问卷调查结果表明，被调查的90名体育教师中，高级职称10人，中学一级职称28人，31～40岁的体育教师中获高级职称的比例为1.6%，获中学一级职称的比例为43.75%

续表

评价指标	评价内容（三级指标）	等级分值	判断依据
学校文化环境（0.337）	学校体育物质文化（0.376）	8	1. 问卷调查结果表明，所有的学校每天都有课间操和大课间体育活动，且由学校统一组织的占 85.71%，学校执行体育政策文化氛围较浓厚 2. 访谈中了解到，大多数学校的体育政策标语是比较醒目的
	学校体育制度文化（0.397）	8	1. 问卷调查结果显示，95.24% 的学校开展了大课间体育活动和实行了《国家学生体质健康标准》，且组织制度比较完善 2. 访谈中了解到，大多数学校在体育活动竞赛开展方面形成了相对完善的工作制度，但也有相关制度不够健全和完善
	学校体育精神文化（0.220）	7	1. 问卷调查结果显示，分别有 66.67% 的学校校长和 42.86% 的体育教师认为学校传播体育政策信息渠道畅通、准确 2. 访谈中了解到，学校体育政策信息渠道畅通，但在对学校体育政策精神实质的把握上还略显不足（与三级指标学校传播体育政策信息渠道的畅通性和准确性的判断依据一样）

根据前面的计算方法，二级指标学校执行资源环境的等级分值 =0.315 × 8 +0.246 ×8 +0.134 ×6 +0.140 ×10 +0.165 ×7 =7.847；学校文化环境的等级分值 =0.376 ×8 +0.397 ×8 +0.220 ×7 =7.724。以此类推，执行资源与环境的等级分值 =0.663 ×7.847 +0.337 ×7.724 =7.806。

5.2.5 执行效果的评价内容、等级分值与判断依据（见表 5 – 8）

表 5 – 8 执行效果的评价内容、等级分值与判断依据

评价指标	评价内容（三级指标）	等级分值	判断依据
体育教学情况（0.299）	体育课时开足、开齐比例（0.397）	8	1. 问卷调查结果表明，每周体育课时为 4 节、3 节、2 节的比例分别为 26.98%、42.86%、30.16%，体育课经常有、偶尔有和从未被占用的比例分别为 7.00%、24.6% 和 68.4% 2. 访谈中了解到，大多数学校能按照教学计划开足、开齐体育课

续表

评价指标	评价内容（三级指标）	等级分值	判断依据
体育教学情况（0.299）	体育教学计划执行情况（0.603）	8	1. 问卷调查结果表明，26.98%的体育教师能够完成教学任务，53.97%的体育教师能够80%完成，14.29%的体育教师能够60%完成；95.24%的体育教师完全能和基本能保证45分钟的体育课 2. 此外，调查发现，西部农村中小学教学文件或计划为《体育与健康课程标准》总体方案的占比34.92%，为学年体育教学工作计划的占比28.57%，为学期体育教学计划的占比11.11%，为课时教学计划的占比25.4%，缺少单元教学计划
课外体育锻炼开展情况（0.288）	课外体育活动开展情况（0.393）	7	1. 问卷调查结果显示，西部农村中小学校每周课余体育活动次数是3次及以上的比例为42.86%，2次的比例为36.51%，1次的比例为9.52%，0次的比例为11.11%。每次活动时间在30分钟以上的学校占76.19% 2. 从实地考察的一些学校来看，课外体育活动执行的效果不是很好
	大课间体育活动开展情况（0.214）	8	1. 问卷调查结果显示，开展大课间体育活动的学校比例为95.24%，由全校统一组织进行的占85.71% 2. 从访谈调查的情况看，大课间体育活动每周能进行，但不能保证每天进行
	学生每天平均体育活动时间（0.393）	9	问卷调查结果显示，学生每天平均体育活动时间在60分钟以上的为30.16%，在50~60分钟的为6.35%，在40~50分钟的为11.11%，在30~40分钟的为23.81%，在20~30分钟的为15.87%，在10~20分钟的为12.7%
课余体育训练、竞赛（0.158）	每年全校体育运动会召开次数（0.451）	8	问卷调查了解到，所调查学校一年举行2次运动会的学校有8所，占44.44%；一年1次的有9所，占50.00%；两年1次的有1所，占5.56%
	每学期开展小型群体体育竞赛次数（0.307）	8	问卷调查了解到，每年学校举办单项小型体育竞赛次数为3次、2次、1次的比例分别为23.81%、39.68%、31.75%，0次的比例为4.76%
	学校系统进行训练的运动队数量（0.243）	7	被调查的学校中有7所学校组建有系统的运动队，占38.89%。这些学校组建的运动队数量都在2支及以上，分别为田径队（58.73%）、篮球队（60.32%）、排球队（6.35%）、足球队（60.32%），还有啦啦操队、民族舞蹈队等
学生体质与成绩（0.254）	学生体质测试达标情况（0.407）	7	1. 问卷调查结果显示，95.24%的学校实施了《国家学生体质健康标准》，47.62%的学校体质测试达标率为一般或低 2. 进一步访谈了解到，学生体质健康状况并不乐观
	学生体育成绩及格情况（0.593）	8	问卷调查结果显示，所调查学校学生体育成绩合格率在良好及以上的为98.42%，学生问卷统计结果显示有91.30%的学生体育成绩在良好及以上

依据前面的计算方法，二级指标体育教学情况的等级分值 =0.397×8 + 0.603×8 =8；课外体育锻炼开展情况的等级分值 =0.393×7 +0.214×8 + 0.393×9 =8；课余体育训练、竞赛的等级分值 =0.451×8 +0.307×8 + 0.243×7 =7.765；学生体质与成绩的等级分值 =0.407×7 +0.593×8 =7.593。以此类推，执行效果的等级分值 =0.299×8 +0.288×8 +0.158×7.765 + 0.254×7.593 =7.851。

最后，根据一级指标的权重和等级分值，运用上述计算方法，计算出西部农村中小学校体育政策执行的等级分值 = 执行主体能力的权重 × 等级分值 + 组织执行的权重 × 等级分值 + 学校体育政策的权重 × 等级分值 + 执行资源与环境的权重 × 等级分值 + 执行效果的权重 × 等级分值 =0.237×6.851 + 0.183×7.642 +0.149×8.429 +0.165×7.806 +0.265×7.851 =7.647。依照前面 8~10 分为执行好，6~8 分为执行一般，6 分以下为执行差的评价标准，西部农村中小学校体育政策执行的等级分值为 7.647 分，处于 6~8 分，说明西部农村中小学校体育政策执行处于中等水平，即执行一般。总体而言，西部农村中小学校大部分能够完成学校体育政策任务和要求，基本能实现学校体育政策目标。分析各一级指标的等级分值可以看出，学校体育政策和执行效果两项的等级分值较高，执行主体能力、组织执行、执行资源与环境的等级分值相对较低（见表 5-9）。

表 5-9　西部农村中小学校体育政策执行一级指标评价结果统计

一级指标	权重	等级分值
执行主体能力	0.237	6.851 ±1.21
组织执行	0.183	7.642 ±1.18
学校体育政策	0.149	8.429 ±1.25
执行资源与环境	0.165	7.806 ±1.19
执行效果	0.265	7.851 ±1.17

由表 5-9 可知，执行主体能力等级分值所在列的 6.851 是均值，1.21 是标准差，变异系数即标准差/均值很小，说明数据可靠，稳定性好，通过了一致性检验。其他一级指标也均通过了一致性检验，说明评价意见较为一致。

5.3 分类评价分析

5.3.1 执行主体能力的评价结果分析

执行主体能力是指作为学校体育政策执行的基层主体，学校校长和体育教师群体执行并完成学校体育政策目标的能力。学校校长对学校体育政策的执行能力主要表现在校长对学校体育政策的认知和态度以及校长对学校体育政策执行的能力两个方面。体育教师对学校体育政策的执行能力主要表现在体育教师对学校体育政策的认知和态度以及体育教师对学校体育政策执行的能力两个方面。从“西部农村中小学校体育政策执行一级指标评价结果统计”中可以看出，执行主体能力的等级分值为6.851分，介于6~8分，处于一般水平。其中，学校校长的等级分值为7分，体育教师的等级分值为6.607分，都处于一般水平，由此判断，西部农村中小学校长和体育教师政策执行的能力一般。

学校校长是学校体育政策执行的第一责任人，因此，学校体育政策执行效果好坏的关键在于校长。调查发现，体育教师认为，西部农村中小学校长对学校体育政策的态度分别为重视的占49.21%，一般重视的占38.10%，不重视的占12.70%；对学校体育政策精神和内容的认知程度分别为好的占49.21%，一般的占39.68%，差的占11.11%；对学校体育政策的决策能力、沟通能力、协调能力、支持能力和处理突发情况的能力分别为好的占61.90%，一般的占34.92%，差的占3.17%；对学校体育工作岗位职责的履行情况分别为好的占53.97%，一般的占38.10%，差的占7.94%。由此可以看出，西部农村中小学校长对学校体育政策的决策能力、沟通能力、协调能力、支持能力和处理突发情况的能力要优于对学校体育政策精神和内容的认知程度，也就是说，西部农村中小学校长的行为能力优于意识能力。同时84.85%的校长认为自身对学校体育政策执行持重视态度，81.82%的校长认为自身对有效执行学校体育政策提供的支持力度大。通过对比发现，校长自身的认知和体育教师对校长的认知之间存在较大差异，说明校长和体育教师在对待学校体育政策执行所持的政策态度上存在差异。访谈中了解到，西部农村中小学校长对学校体育政策的重视更多体现在应对上级相关部门检查以及一些大型体育活动上，校长的工作重心仍然在升学率上，学校体育政策相对中高考变得没有那么重要。总体来看，西部农村中小学校长对学校体育政策的执行能力一般，对学校体育政策的重视程度有待提高，对有效推动学校体育政策执行的行为支持力度也有待加大。校长对学校体育政策的态度和行为直接影响整个学校组织对学校体育政策的态度和行为，特别是一线的体育教师，他们对学校体育工作的信心和职业认同感会受到校长对学校体育政策的态度和行为的影响。因此，如何从态度上提升校长对学校体育政策的重要性认知，从而内化为自身的价值认同，并由此转化为具体行动的支持力，这是促进西部农村中小学校体育政策有效执行的关键。

体育教师是学校体育政策执行的直接推动者，学校体育政策需要体育教师在教学实践过程中予以实施。因此，体育教师对学校体育政策的认知和态度以及体育教师对学校体育政策执行的能力的高低是影响学校体育政策能否有效执行的关键。调查结果显示，有 81.82% 的西部农村中小学体育教师表示在执行学校体育政策时持坚决执行的积极态度，70% 以上的西部农村中小学体育教师对执行学校体育政策投入很多和较多。体育教师对学校体育政策的执行能力分为一般执行能力和专业执行能力，一般执行能力主要体现为体育教师在执行学校体育政策时所表现出的解决一般问题的能力，专业执行能力则体现为体育教师在执行学校体育政策时所表现出的传递体育专业知识、技术的能力。调查结果显示，有 45.45% 的西部农村中小学体育教师一般执行能力强，42.42% 的西部农村中小学体育教师专业执行能力强。由此可以看出，西部农村中小学体育教师在执行学校体育政策时思想上积极的执行态度要优于执行能力，西部农村中小学体育教师的个人执行能力有待加强。不可否认，积极的思想认识是有效执行学校体育政策的前提，只有积极的执行态度才能促成积极的执行行为，但同时也应该认识到，只有积极的执行态度是不够的，还应该将积极的思想认识转化为完备的个人执行能力，如此，才能使积极的执行态度和完备的个人执行能力相结合，在执行学校体育政策过程中才能够结合学校体育工作实际情况，充分利用专业知识和能力，顺利实现学校体育政策目标。

5.3.2 组织执行的评价结果分析

组织执行包括组织机构和运行机制。组织机构包括学校组织机构设置的合理性、学校各部门与体育教研组的协调配合程度、体育教研组的协同能力、体育教师岗位职责的明确性；运行机制包括奖励性制度的可行性和有效性、约束性制度的可行性和有效性、监督评价制度的可行性和有效性、学校传播体育政策信息渠道的畅通性和准确性、学校接收体育政策执行信息的及时性和有效性。从“西部农村中小学校体育政策执行一级指标评价结果统计”可以看出，组织执行的等级分值为7.642分，介于6~8分，处于一般偏高的水平。其中，组织机构的等级分值为8.035分，运行机制的等级分值为7.004分，组织机构处于较好水平，运行机制处于一般水平，由此判断，西部农村中小学校体育政策的组织执行总体处于中上水平。

对于西部农村中小学组织机构的调查结果显示，除了认为西部农村中小学各部门与体育教研组的协调配合好的校长的比例只有48.48%外，其余，认为西部农村中小学组织机构设置合理的体育教师的比例为54.55%，认为西部农村中小学体育教研组协同能力好的体育教师的比例为63.49%，认为体育教师工作态度非常认真的学生的比例为79.10%。学校相关职能部门与体育教研组的协调配合是影响西部农村中小学校体育政策执行效果的因素之一，学校体育工作不是体育教研组一个部门的事，也不是一个体育教研组就能将体育课程、“阳光体育运动”、学生体质健康监测、学校运动队训练与竞赛等众多工作完成的，同时，在调查中发现，大多数西部农村中小学采用传统的垂直化组织机构设置，这就更加需要各职能部门加强与体育教研组的协调配合，这样才能提高西部农村中小学校体育政策执行效率。

对于西部农村中小学运行机制的调查结果显示，体育教师认为西部农村中小学奖励性制度一般合理和不合理的比例分别为52.38%和20.16%，认为西部农村中小学约束性制度一般合理和不合理的比例分别为50.79%和15.87%，认为西部农村中小学监督评价制度一般合理和不合理的比例分别为47.62%和19.05%。统计结果说明，在被调查者中，分别有超过一半的西部农村中小学体育教师对学校奖励性制度、约束性制度和监督评价制度的合理性不满意和一般满意，同时，有53.96%的西部农村中小学体育教师认为学校对体育教师在学校体育政策执行上的检查与监督力度一般甚至缺乏监督与检查。一名西部农村中学体育教师在访谈中谈道：“我们学校体育教师评职称跟文化课老师是不能相提并论的。同时，文化课老师，如果是班主任的话，他每个月的课时津贴加班主任津贴比我们一个月所有工资加在一起还要多，人家上一个月的班，相当于我们上两个月的班。”奖励性制度的不完善，会直接影响体育教师工作的积极性，使他们对工作产生惰性。实地考察发现，有些学校对学校体育工作处于放任的状态，用这些学校体育教师的话说就是“也不叫重视，也不叫不重视”，很多时候学校对学校体育政策的执行停留在传达文件、做表面文章上。此外，在对西部农村中小学“自上而下”传递学校体育政策信息的渠道畅通性和内容准确性的调查中，认为好、一般、差的体育教师的比例分别为42.86%、46.03%、11.11%；在对西部农村中小学“自下而上”反馈学校体育政策执行信息的及时性、准确性和有效性上，认为好、一般、差的体育教师的比例分别为45.50%、42.14%、12.33%。访谈过程中，有体育教师反映，有的学校对体育政策信息的传递存在模棱两可的现象，本应该是必须执行的说成应该执行，本应该是必须完成的说成应该完成，有的学校对体育政策的执行有选择性地回避。总之，西部农村中小学组织执行处于中上水平，运行机制的不完善是阻碍学校体育政策有效执行的重要因素。

5.3.3 学校体育政策的评价结果分析

从“西部农村中小学校体育政策执行一级指标评价结果统计”可以看出，西部农村中小学校体育政策的等级分值为8.429分，介于8～10分，处于好的水平。其中，学校体育政策明晰性的等级分值为7.908分，学校体育政策科学性的等级分值为9.188分，两者等级分值分别处于好的边缘和好，由此判断，西部农村中小学校体育政策较好。

《体育与健康课程标准》产生的时代背景是国民经济发展与国民体质健康之间形成了巨大的反差，特别是在青少年中表现得尤为突出，青少年体质健康水平的持续下降，引起了国家和社会的高度关注，在此背景下，经过专家团队的调研考察，体育与健康课程是增强学生体质、增进学生健康、促进学生全面发展的重要途径，落实好《体育与健康课程标准》对全民族体质健康水平的提高具有重要意义。首先，《体育与健康课程标准》的政策目标明晰合理，在《体育与健康课程标准》的前言部分和课程性质部分就明确了为什么要制定该标准，以及该标准的目标任务。体育与健康课程是增进学生健康的重要途径，是学校课程的重要组成部分，体育与健康课程是以身体练习为主要手段，以学习体育的基本知识、技术为主要内容，以提高学生健康水平、培养学生养成终身体育意识和能力为目标的课程。《体育与健康课程标准》的颁布顺应了时代发展要求，突破了原有体育大纲死板单一的特性，赋予体育与健康课程基础性、实践性、健身性、综合性等特性，更贴合学生的实际需求。当然，随着素质教育改革的不断推进，《体育与健康课程标准》的部分条款和内容已经不能适应学校体育发展的实际情况，因此，该标准也在进行及时的修订，以更有效提升学校体育政策的执行效果。其次，课程标准内容制定抽象，可操作性较差。课程标准将体育与健康课程学习划分为四级水平，并分别从运动参与、运动技能、身体健康、心理健康与社会适应方面设置学习目标，但是具体到不同水平阶段的学习内容时，其制定的内容过于原则和抽象，可操作性差。如水平二（3～4 年级）运动技能学习内容，学习目标 2 指出：初步掌握几项球类活动的基本方法，如初步掌握小篮球、小足球、羽毛球、乒乓球或其他新兴球类活动的基本方法。这里对几种球类活动的基本方法、对究竟是哪些基本方法的描述太过于笼统，对这个年龄阶段的学生来讲究竟要掌握篮球、足球的什么基本方法，应该具体明确，否则，体育教师在执行政策的过程中会无所适从，不知道究竟应该如何具体执行，给广大体育教师执行学校体育政策带来难度和不确定性。

“阳光体育运动”产生的时代背景是为贯彻“一切为了学生”的可持续发展教育理念，激发学生运动兴趣，让广大青少年学生走到阳光下、走向操场、走进大自然，积极参与体育锻炼，调动体育锻炼积极性，进而掀起群众性体育锻炼热潮。在此背景下，2007 年 4 月，教育部、共青团中央、国家体育总局联合启动了有利于学生健康的“全国亿万学生阳光体育运动”。首先，“阳光体育运动”的初衷是让更多的青少年学生积极参与到体育锻炼中，提高青少年学生体育参与的积极性，养成积极参加体育锻炼的习惯，形成终身体育意识，掀起群众性体育锻炼的热潮。由此可以看出，政策制定依据是科学合理的。其次，“阳光体育运动”文件的目标合理，文件开篇便明确了用 3 年时间使能够全面实施《国家学生体质健康标准》的学校在 85% 以上，使每天锻炼 1 小时达到《国家学生体质健康标准》及格等级及以上的学生在 85% 以上，要让学生掌握至少 2 项体育运动技能，养成良好的体育锻炼习惯，切实提高学生体质健康水平的政策目标。最后，政策内容制定具体，可操作性强。活动方案对活动时间、活动内容、运动安全保证等都进行了具体说明，活动时间安排在“每天‘两操’、午间及下午第三节课后的 20 分钟”，活动内容包括“广播操、课间操自由活动、游戏活动、自由活动”，具体明晰的操作内容使政策本身的可操作性增强，为政策执行者提供了明确的方向，保证了政策执行的可操作性。

《国家学生体质健康标准》产生的时代背景是经济的飞速发展给国民带来便捷生活方式的同时，也给人类健康带来威胁。现代生活方式所引发的营养过剩、运动不足、情绪障碍等“现代文明病”不断蔓延，对广大青少年学生而言，学业压力大，睡眠严重不足，体力活动随年龄增长不断减少，儿童青少年肥胖、超重明显增多，爆发力、耐力等身体素质不断下降。在此背景下，2014 年，为激励学生积极参加体育锻炼，健全国家体质健康监测评价机制，促进青少年身心健康、全面发展，教育部在认真总结现行标准的基础上，结合新时期青少年体质健康现状，从学校体育工作实际出发，制定了《国家学生体质健康标准（2014 年修订)》。首先，中共中央、国务院从我国人才培养和可持续发展战略高度提出“健康体魄是青少年为祖国和人民服务的基本前提”，为标准的制定明确了方向，也为《国家学生体质健康标准（2014 年修订)》奠定了科学的理论依据。其次，标准政策目标合理。该标准在说明部分明确指出，坚持“健康第一”，落实《国家中长期教育改革和发展规划纲要（2010—2020 年)》、《国务院办公厅转发教育部等部门关于进一步加强学校体育工作若干意见的通知》（国办发〔2012〕53 号）和《教育部关于印发〈学生体质健康监测评价办法〉等三个文件的通知》（教体艺〔2014〕3 号）有关要求，着重强化标准的教育激励、反馈调整、引导锻炼的功能。最后，标准内容制定存在表述不清晰，可操作性差。对《国家学生体质健康标准（2014 年修订)》而言，有些动作实行了新的动作标准，与往年相比是有变化的，但是，在对动作方法的表述上却出现模糊不清的情况，如女生仰卧起坐项目测试要求“必须两腿并拢”，而究竟是直腿并拢还是屈腿并拢没有表述清楚；男生引体向上项目测试，对向上拉伸身体时没有明确表述是相对静止拉伸还是可以晃动向上拉伸。诸如这些表述，给体育教师的具体执行带来困难，不同体育教师自然会根据自己的理解进行测试，而这样测试出来的数据由于执行动作标准不一致，可比性差。

综上所述，从对《体育与健康课程标准》、“阳光体育运动”文件、《国家学生体质健康标准》三个代表性政策的分析可以看出，虽然有些政策在内容的可操作性上存在欠缺，但总体来看，学校体育政策制定的理论依据科学性、政策方案的科学性、政策目标的明确性等方面处于好的水平。

5.3.4 执行资源与环境的评价结果分析

执行资源与环境是指为保证学校体育政策顺利执行所提供的人力、物力、财力资源以及营造的学校文化环境。学校执行资源环境包括学校生均体育活动经费投入情况、学校生均体育场地面积与体育器材设施情况、体育教师与学生比例、体育教师学历结构、体育教师职称结构五个方面。学校文化环境主要是指学校内部的文化环境，包括学校体育物质文化、学校体育制度文化、学校体育精神文化。从“西部农村中小学校体育政策执行一级指标评价结果统计”可以看出，执行资源与环境的等级分值为7.806分，介于6~8分，处于一般水平。其中，学校执行资源环境的等级分值为7.847分，学校文化环境的等级分值为7.724分。由此判断，西部农村中小学校执行资源与环境总体处于中等偏上水平。

对西部农村中小学校执行资源环境的调查结果显示，认为体育活动经费部分不能满足和完全不能满足体育教学和课余体育活动需要的体育教师占32.28%和13.30%；认为体育场地和器材设施不能满足体育教学和课余体育活动需要的体育教师占28.57%，且有19.05%的体育教师认为体育场地和器材设施离满足体育教学和课余体育活动需要的差距大；认为体育教师数量不能满足体育教学和课余体育活动需要的体育教师占17.46%，且另有17.46%的体育教师认为体育教师数量离满足体育教学和课余体育活动需要的差距大。学校执行资源环境是学校体育政策得以有效执行的资源保障，其中物力资源和财力资源是基本，人力资源是关键。首先，从调查结果可以看出，有近一半的体育教师认为体育场地和器材设施不能满足和完全不能满足体育教学和课余体育活动的需要，尤其是生均体育场地面积存在较大差异。近年来，随着国家对基础教育投入的不断加大，西部农村中小学校的体育场地、器材设施有了很大的改观，但是，整体来看，其物力资源和财力资源与城市学校相比还存在一定差距，需要进一步加大投入，为学校体育政策的顺利实施提供必要的物力和财力资源支持。其次，从调查结果可以看出，西部农村中小学校的体育教师资源现状也不容乐观，虽然在被调查的体育教师中有79.36%获得了本科学历，但体育教师数量不足、职称结构不合理、职称水平整体偏低等现实制约着西部农村中小学校体育政策的有效执行。在实地访谈中，有学生人数为1600余人的学校只有4名体育教师，与初中每5个班配备1名体育教师的要求差距大。在学校教师编制固定的情况下，为了升学率的提高，大多数学校会在编制上向主科教师倾斜，压缩副科教师的编制，体育教师的配备当然会受到影响。同时，体育教师职称水平整体偏低，在被调查的体育教师中，31～40岁的体育教师获中学一级职称的比例为43.75%。职称评定是对体育教师工作的肯定，与教师的工资、待遇紧密相关，教师对自身职业的认同与否很多时候就来源于职称是否得到认定，如果由于学科因素而受到不公平或者不合理对待，体育教师的工作积极性将受到极大的影响，从而影响体育教师在执行学校体育政策时的积极性。

对西部农村中小学校文化环境的调查结果显示，认为学校文化环境对学校体育政策执行非常有利、比较有利、不太有利、非常不利的比例分别为23.81%、44.44%、23.81%、7.94%，说明西部农村中小学校营造的体育文化环境总体上还是比较好的。在学校体育物质文化环境和制度文化环境方面，85.71%的西部农村中小学校每天会统一组织课间操和大课间体育活动，95.24%的学校开展了大课间体育活动和实行了《国家学生体质健康标准》，且有统一的组织制度规范。在学校体育精神文化环境方面，随着素质教育理念的不断深入，大多数学校逐渐改变“唯分数论”的观念，注重学生综合素质的提升，调查结果显示，有一半以上的学校能够坚决执行上级颁布的各项政策，保持政令畅通，但是，访谈调查也发现，能够真正将德智体美劳纳入办学理念的学校仅占9%，说明西部农村中小学校营造的体育精神文化环境还有待进一步提高。

总体来看，西部农村中小学校执行资源与环境处于中上水平，学校生均体育场地面积与体育器材设施、体育师资仍然是制约当前西部农村中小学校体育政策执行的因素。

5.3.5 执行效果的评价结果分析

本书中的执行效果主要是指学校体育政策执行所产生的实际效果和结果。具体表现在学校体育政策目标的达成情况和学校体育政策任务的完成程度。执行效果主要体现在体育教学情况，课外体育锻炼开展情况，课余体育训练、竞赛，学生体质与成绩几个方面。从“西部农村中小学校体育政策执行一级指标评价结果统计”可以看出，执行效果的等级分值为7.851分，介于6～8

分，处于一般水平。其中，体育教学情况的等级分值为 8 分，课外体育锻炼开展情况的等级分值为 8 分，课余体育训练、竞赛的等级分值为 7.765 分，学生体质与成绩的等级分值为 7.593 分。由此判断，西部农村中小学校体育政策执行效果总体处于一般水平。

体育教学情况主要包括体育课时开足、开齐比例和体育教学计划执行情况两个方面。调查结果显示，西部农村中小学校每周体育课时为 4 节、3 节、2 节的比例分别为 26.98%、42.86%、30.16%。按照教育部关于义务教育阶段体育与健康课占总课时的比例为 10%～11%，小学 1～2 年级体育课相当于每周 4 学时，3～9 年级相当于每周 3 学时，高中相当于每周 2 学时的要求，目前西部农村中小学校体育课时安排是按照课程标准要求执行的，初三年级体育课照常上的学校比例达 85.71%。但同时，调查结果显示，西部农村中小学校体育课有时被占用和经常被占用的比例分别为 52.38% 和 6.35%，说明规定的体育课学时没有得到有效保证，存在人为缩减体育课时的现象，且每节体育课完全能确保上课时间的比例仅为 52.38%，上课时间也存在人为缩减的现象。对体育教学计划执行情况的调查结果显示，西部农村中小学校体育文件或计划基本齐备，其中包括《体育与健康课程标准》总体方案、学年体育教学工作计划、学期体育教学计划、课时教学计划。校长问卷的统计结果显示，西部农村中小学校体育教学文件或计划齐备的学校占被调查学校的 66.67%，说明西部农村中小学校对体育教学文件或计划的管理基本规范，但也存在一些问题，以至于体育教学文件或计划不齐备的学校占被调查学校的 24.24%。同时，在对西部农村中小学体育教师对教学计划规定教学任务完成情况的调查中发现，能够 80% 以上完成教学计划规定教学任务的体育教师比例为 80.95%，有 14.29% 的体育教师只能完成教学计划规定教学任务的 60%。这说明在西部农村中小学校体育政策执行中，体育教学任务完成情况良好，但也有不尽如人意的地方，其原因主要存在以下几个方面。第一，学校对体育教学的检查流于形式，只要体育教师在操场，只要队伍整齐，只要不出安全责任事故，就是完成了体育教学工作，至于有没有真正按照教学计划严格执行就显得没有那么重要，这种现象与当前部分检查“办公室一坐，报告一听，材料一看”的形式相吻合，形式主义造成虚假现象。第二，体育教师自身对教学计划进度的执行意识不强。由于对制订体育教学工作计划等文件目的不明确，体育教师在制订学年工作计划、学期工作计划、单元工作计划、课时教学计划时抱有应付检查的心态，不能与学校体育教学工作的实际相结合，自然难以真正落实，且偏离了教学计划制订的真正目的和意义，进而使体育教学随意性大，学校体育教学任务不能得到很好完成，势必造成学校体育政策执行效果受到影响。在实地访谈中很多体育教师也坦言，由于各种原因没有按照课时计划进行上课的现象比较普遍，但是，为了应付检查，各种计划又不得不做，这是需要我们认真反思的一个问题。

课外体育锻炼开展情况主要包括课外体育活动开展情况、大课间体育活动开展情况、学生每天平均体育活动时间三个方面。调查结果显示，西部农村中小学校每周课余体育活动次数为 3 次及以上的学校占被调查学校的比例为 42.86%，每周课余体育活动次数为 2 次的学校占被调查学校的比例为 36.51%，每周课余体育活动次数为 1 次及以下的学校占被调查学校的比例为 20.63%。按照《学校体育工作条例》的要求，普通中小学校每周安排 3 次及以上课外体育活动来看，西部农村中小学校课外体育活动执行情况一般，有一半多的学校没有严格执行这一规定。另外，76.19% 的被调查学校每次活动时间在 30 分钟以上。对西部农村中小学校大课间体育活动开展情况的调查结果显示，95.24% 的被调查学校开展了大课间体育活动；同时，西部农村中小学校大课间体育活动采用全校统一组织的形式进行的学校占被调查学校的 85.71%，其课间操和大课间体育活动的内容多样，有广播操、韵律操、集体舞、自编操、跑步、球类等。按照2007 年发布的“中央 7 号文件”要求学校确保学生每天体育锻炼 1 小时的规定，学生每天平均体育活动时间在 60 分钟以上的学校占被调查学校的 30.16%，学生每天平均体育活动时间在 40 ~ 60 分钟的学校占被调查学校的 17.46%，但是，这一数据与学生问卷反馈的每天平均体育活动时间在 60 分钟以上的比例仅为 12.3% 的差异较大，由于体育教师熟知学校体育相关文件的规定，所以在接受调查时可能会潜意识地将答案接近标准，而学生在接受调查时则是根据实际的活动时间回答，因此体育教师和学生的回答自然会存在一定差异，但无论从哪方面看，西部农村中小学校学生每天平均体育活动时间距离每天体育锻炼 1 小时的标准都有较大差距。

对课余体育训练、竞赛开展情况而言，主要通过每年全校体育运动会召开次数、每学期开展小型群体体育竞赛次数和学校系统进行训练的运动队数量三个方面反馈。调查结果显示，有 94.44% 的西部农村中小学校能够每年定期召开 1～2 次全校体育运动会，其中 44.44% 的学校能够每年定期召开 2 次全校体育运动会，由此可以看出，全校体育运动会的定期开展在西部农村中小学校已经形成常态化和规范化。小型群体体育竞赛活动不断丰富学校课余体育，每年举办单项小型体育竞赛次数在 2 次及以上的西部农村中小学校占比达 63.49%，内容丰富多彩，有篮球比赛、足球比赛、健美操比赛、广播操比赛、武术操比赛、跳绳比赛等，学生参与率达到被调查人数的 72.8%。长期系统开展运动训练的西部农村中小学校有 7 所，占被调查学校的 38.89%，以田径队、篮球队、足球队、排球队为主。

学生体质与成绩的调查结果显示，95.24% 的西部农村中小学校实施了《国家学生体质健康标准》，仍有 4.76% 的学校没有实施此标准。从学生体质测试达标情况来看，测试成绩优秀的学生人数占被调查学生人数的 32.18%，测试成绩良好的学生人数占被调查学生人数的 20.20%。在对“贵校近五年学生体质健康标准测试达标率”的问卷调查结果统计中，学生体质测试达标率高的学校占被调查学校的 52.38%，达标率一般和低的学校分别占被调查学校的 44.44% 和 3.17%。在和体育教师的访谈中，体育教师们坦言：“现在的娃娃都弱不禁风，年级越高体质越差，年龄越大身体素质越差。”相对于体质测试达标情况而言，西部农村中小学校学生体育成绩合格率相对高一些，近年来体育成绩优秀的学生占被调查学生的 51.80%，体育成绩良好的学生占被调查学生的 39.50%。

6. 西部农村中小学校体育政策执行存在的问题及原因探析

结合学校体育政策执行特点，在分析西部农村中小学校体育政策执行现状的基础上，对西部农村中小学校体育政策执行存在问题及产生问题的原因进行深入分析，为找出提升西部农村中小学校体育政策执行的对策建议提供依据，以期建立学校体育发展的良性运行机制，有效解决青少年体质持续下降的问题，从而促进西部农村中小学校体育改革的跨越发展。

6.1 存在的主要问题

6.1.1 执行主体能力方面存在的问题

如前所述，在执行主体能力方面，西部农村中小学校存在的问题主要表现在以下两方面。其一，学校校长对学校体育政策执行的认知不足和重视程度不够。具体表现为校长对学校体育政策精神的学习和领会“走形式”，导致对学校体育政策执行存在问题的复杂性和执行过程的艰巨性认识不清，从而缺乏稳定执着的改革心态。在升学率的利益选择面前，部分校长对学生全面成长的价值认同降低，自然不可避免地要为学生“成才”让路，于是，在经费紧张、场馆资源不足、升学压力等影响下，作为政策执行第一责任人的校长，难免出现以各种理由推脱执行学校体育政策或“走捷径、抄近道”执行学校体育政策的情况。从政策有效执行的角度看，政策执行主体对政策的认同和认知能力、对政策执行的创新精神等都是政策有效执行的重要条件，因此，如何提高校长对学校体育政策执行的认同、认知水平，从真正意义上重视学校体育工作，是西部农村中小学校体育政策有效执行的关键。其二，西部农村中小学校体育教师的个人执行能力有待提高。体育教师是学校体育政策的直接推动者，除了要具备对学校体育政策的良好认知和积极的执行态度外，还需具备推动学校体育政策执行的一般执行能力和专业执行能力，而认知能力、学习能力和创新能力是影响体育教师个人执行能力提升的重要因素，因此，要加强体育教师在这些能力方面的培养。

6.1.2 组织执行方面存在的问题

在组织执行方面，西部农村中小学校体育政策执行存在的问题主要表现在组织运行机制不完善，包括协调配合机制不畅和执行制度不完善两个方面。协调配合机制不畅突出表现在学校相关职能部门与体育教研组之间的协调配合不够顺畅。如前所述，学校体育政策目标的实现不是体育教研组一个部门就能够完成的，而是需要在学校校长的统筹领导下，学校相关职能部门、体育教研组各司其职、协调配合，如后勤保障部门要做好学校场馆、器材设施等后勤保障工作；财务部门要做好体育经费统筹安排，做到经费准时到位；学工部做好学生学校体育政策信息宣传工作；等等。如此，体育教研组负责的体育课教学，课外体育活动开展，课余体育训练、竞赛等学校体育工作才能顺利完成。执行制度不完善主要表现在奖励性制度不合理和监督评价制度形式化，奖励性制度不合理主要是针对学校制定的职称评审制度对西部农村中小学体育教师相对不合理，在同等条件下，体育教师未能获得和主科教师相同的晋升机会，工作积极性受到打击，也直接影响了学校体育政策目标任务的完成。监督评价制度形式化突出体现在，对西部农村中小学而言，包含校长在内的领导人员对学校体育工作的检查监督停留在各种相关体育文件是否完整、体育教师是否按照课表出现在操场上、学生在体育课上是否安全、大课间体育活动是否整齐划一等，至于是否严格执行体育与健康课程标准、是否严格按照教学进度安排上课、是否按照文件规定组织进行课外体育活动等几乎没有进行检查监督。此外，对学生体育成绩的评定和学生体质监测也多流于形式，没有实事求是地反馈学生体质健康现状的真实水平，久而久之，这种流于形式的习惯会影响体育教师的职业责任感，形成一种恶性循环，最终成为影响学校体育政策有效执行的重要因素。

6.1.3 执行资源与环境方面存在的问题

在执行资源与环境方面，西部农村中小学校体育政策执行存在的主要问题表现在物力资源和人力资源缺乏、学校精神文化环境氛围营造不够等方面。物力资源和人力资源缺乏体现在生均体育场地面积不足，器材设施缺乏，体育教师数量不足且职称结构不合理。充足的场地、器材设施是学校体育政策有效执行的物质基础，也是学生进行身体活动必要的条件保障。近 39.2% 的学校设施数量和质量远远低于学生的需求数量，资源缺乏成为制约学校体育发展的重要因素。[①] 实际上，大量免费、便利的体育设施是刺激青少年积极参加体育锻炼的重要因素，而体育设施资源的缺乏则让热爱运动的青少年望而却步。人力资源缺乏表现为“量”的不足和“质”的不硬。“量”的不足体现在西部农村中小学校体育教师数量不足，有 34.92% 的被调查者认为体育教师数量不能满足和完全不能满足体育教学和课余体育活动开展的需要。与此同时，这种中小学体育教师数量不足的问题不仅仅在西部农村中小学存在，有数据显示，截至 2010 年全国中小学体育教师缺额达 241176 人，缺额率达到 50.17% 。[②] 体育教师数量的不足，制约学校体育工作的有效开展，也使学校体育政策难以保质保量落实。“质”的不硬体现在西部农村中小学体育教师体育专业素养落后于学校体育发展的需要。实际上，当前西部农村中小学这种体育场地的“高大上”与学校体育实践的“低弱小”之间的反差是我国学校体育的一个缩影，很多传统体育学校、阳光体育示范校、校园足球示范校的各种评估文件应有尽有，体育课表、训练计划表等详尽具体，但其具体的执行却让人大跌眼镜。此外，西部农村中小学忽视对学校体育精神文化环境氛围的营造，虽然，有一半以上的学校能够坚决执行上级颁布的各项政策，但是，这种执行更多地表现在注重表演化的大课间体育活动和课间操，能够将德智体美劳纳入办学理念，真正实现体教融合的学校凤毛麟角。

6.1.4 执行效果方面存在的问题

在执行效果方面，西部农村中小学校体育政策执行存在的主要问题表现

---

① 孙波、傅琴：《健康中国战略下学校体育治理的问题与对策》，《广州体育学院学报》2019 年第 4 期，第 5 页。

② 胡剑波、汪珞琪、任丽萍、汪杰：《我国中小学体育教师队伍建设 10 年追踪调查研究》，《体育成人教育学刊》2013 年第 4 期，第 73 页。

在体育教学质量不高，课外体育活动时间不足和学生体质健康状况堪忧。西部农村中小学体育教学质量不高问题主要体现在体育课被占用、体育课时不能完全保证、体育教学随意性较大。体育教学是学生系统接受体育基本知识、基本技术、基本技能的根本途径，因此，体育教学质量的高低将直接影响学生对基本知识、技术、技能的掌握程度。然而，在西部农村中小学，体育课被占用现象依然普遍，且体育课的时间不能得到完全保证。同时，体育教学计划的制订与体育教学进度安排脱节，致使在体育教学中出现“两层皮”现象，体育教学任务很难在教学实践中得到全面落实，学校体育政策执行也困难重重。课外体育活动是体育课的延伸，学生在课堂上学习的技术、技能需要通过课外体育活动实践加以巩固完善，如此，所学到的技术、技能才能不断强化，最终实现自动化。同时，这种有规律的课外锻炼，也会在无形中培养学生终身体育锻炼的习惯，使他们终身受益。但是，西部农村中小学生每天 1 小时在校体育活动时间不能得到保障、每周 3 次课外体育活动没有全面落实、每天体育活动时间在 1 小时以上的学校甚少的现状，无法保证学生进行体育学习和体育锻炼的时间，又何谈使学校体育政策更有效地执行呢？

6.2 原因探析

20 世纪 80 年代以来，西方政策学家将政策网络理论引入公共政策管理领域，并发现对政策的制定和执行具有理论的适用性。英国学者罗迪斯认为：政策网络是国家与社会行动者基于政策互动和资源依赖而结成的组织集群，资源依赖的结构不同，形成的集群也不同。[①] 由此可见，罗迪斯的政策网络理论为政策行动者之间通过资源交换而形成的网络互动关系研究提供了新的视角，推动了公共政策制定和执行的研究。基于此，引入政策网络理论，通过分析多元政策行动者之间基于资源依赖而形成的网络关系，试图揭示西部农村中小学校体育政策执行阻滞产生的原因，为我们寻求学校体育政策有效执行提供一个新的分析路径。

依据罗迪斯政策网络理论的主体内容和特征，学校体育政策执行的网络主体主要有宏观层面、中观层面和微观层面的。宏观层面包括中央政府、教

① 杨艳红：《政策网络理论及其应用》，硕士学位论文，厦门大学，2009，第 16 页。

育部、国家体育总局、卫生部等；中观层面包括地方政府、地方教育部门、地方体育部门等；微观层面包括学校、学生及家长等。这些学校体育政策执行的网络主体形成了一个由学生、家长、学校、地方政府、中央政府等组成的学校体育网络“金字塔”。根据本书研究范围的限制，西部农村中小学校体育政策的执行主体是基层学校校长和体育教师。中央政府发布的学校体育政策直接正式授权给地方政府，再由地方政府依据本地区学校、学生的实际情况，做出具体的学校体育政策执行方案，交由学校具体执行。在生产者网络与议题网络的关系中，学校是促进学生体质健康发展的直接责任主体，学生是受教育者，学校掌握着与学生相关的重要政策信息，将学校体育政策执行情况向上级部门如实反映，为学生及家长做好服务工作。而学生和家长作为重要的议题网络主体，又将自身对政策的理解反馈给生产者网络。

计划经济体制下，政府被认为是政策制定和执行的唯一主体。然而，随着我国社会主义市场经济体制改革的不断深入，以国家为中心的传统科层制管理方式已经无法解释涉及政策的政府部门、社会组织以及个人在政策过程中的行为作用机制。政策网络是由具有不同利益目标的多元主体构成，这些多元主体之间相互作用发生关系，没有任何一个主体能够主导其他主体的战略性活动。[①] 政策网络理论正是提倡多元主体之间的沟通与合作，通过不断与其他主体之间进行资源和利益交换来实现自身利益和目标。多元网络主体之间形成各种不同类型的关系和规则，同时，这些关系和规则又使彼此之间的互动方式不断持续，形成新的资源分配方式，并在这种互动中发生变化。[②] 在西部农村中小学校体育政策执行中，由于学校校长、体育教师本身地位和价值取向的不同，他们之间对学校体育政策执行的价值取向也不同，在追求利益过程中自然也会受到不同程度规则的制约。在西部农村中小学校体育政策执行网络中，学校校长和体育教师根据自身所处的地位在职权范围内行使权力和履行义务。

6.2.1 执行主体情绪障碍

如前所述，执行主体能力方面，西部农村中小学校体育政策执行主体对学校体育政策执行的认知不足和重视程度不够。情绪是社会心态的一种表现

---

① 董幼鸿：《论公民参与地方政府政策评估制度建设——以政策网络理论为视角》，《上海行政学院学报》2009 年第 4 期，第 83 页。

② 杨艳红：《政策网络理论及其应用》，硕士学位论文，厦门大学，2009，第 27 页。

形式，“其本质是人的主体能力和本质力量的一种价值展示评价”[①]。负面情绪表现为政策执行主体抱怨、冷漠、抵触、畏惧甚至逆反改革的情绪。[②] 政策执行主体的情绪影响着改革的价值取向和思维方式，决定着改革的方式和走向。当前西部农村中小学校长和体育教师对学校体育政策执行的主流情绪是积极、健康、热情的，但是，面对机遇和挑战并存的社会转型时期，复杂多变的教育环境以及多元化的利益诉求，一些消极的负面情绪呈现增长的趋势。[③]

新中国成立以来，国家对学校体育工作的重视可以从频频颁布的学校体育政策中得以窥见，但是，学校体育始终是学校教育的薄弱环节，尤其是西部农村学校体育。近年来不断增加的校园足球、学生体质等政策，使基层学校执行主体在压力和难度面前难免出现负面情绪，最终导致政策在学校执行过程中走形式、走偏甚至走样。情绪障碍体现在政策执行第一责任人的学校校长身上，是对学校体育政策精神的学习和领会“走形式”，导致对学校体育政策执行存在问题的复杂性和执行过程的艰巨性认识不清，从而缺乏稳定执着的改革心态。情绪障碍体现在体育教师身上，则为体育教师对本职工作产生职业倦怠甚至抵触，得过且过，不愿意克服困难提高自身的个人执行能力，影响学校体育政策的有效执行。西部农村中小学校体育政策执行主体的情绪障碍产生的根源主要有以下几个方面。

第一，学校体育政策适用性与问题解决情况不吻合，导致政策执行主体产生变相迎合的负面情绪。如前所述，《体育与健康课程标准》《国家学生体质健康标准》在政策内容的可操作性上存在模棱两可、含糊不清的情况，致使体育教师在实际操作过程中不知道具体应该执行怎样的操作标准，于是，为了达到上面规定的“达标率”，便产生变相迎合的负面情绪，在测试过程中敷衍了事，数据上报时按照达标要求进行数据处理。在访谈中，有西部农村中小学体育教师反映：“体质测试基本是走过场，如果要真正严格起来，不知道有多少学生达不到标准。”《国家学生体质健康标准》的初衷是通过测试的反馈评定青少年的体质健康水平，激发青少年参与体育锻炼的积极性。

---

① 胡红生：《社会心态论》，中国科学出版社，2011，第 33 页。

② 何劲鹏、杨伟群：《我国基层学校体育改革负面情绪制度化调适》，《中国教育学刊》2017 年第 2 期，第 41 页。

③ 温淑春：《当前我国社会情绪的现状、成因及疏导对策》，《理论与现代化》2013 年第 3 期，第 104 页。

但是，由于《国家学生体质健康标准》未能起到教育和激励的作用，与解决问题的实际情况之间出现较大偏差，为了完成政策的目标任务，作为政策执行主体的校长和体育教师便产生变相迎合的负面情绪，变相迎合执行学校体育政策，造成政策不断颁布，但问题依然是问题的状况。

此外，有些学校体育资源的输入，没有充分考虑区域之间、农村学校和城市学校之间的差异，单纯从顶层的意志出发，没有充分考虑基层的实际情况，导致输入的体育资源不但不能满足基层学校的需要，有时还成为一种“为难”的负担。目前，我国农村学校以“项目制”方式输入的教育资源，成为西部农村学校获取学校体育发展资源的重要途径，这种“自上而下”的资源配置方式能最大限度地体现国家意志，也最大限度地减少了资源损耗。但是，由于没有充分考虑基层学校的实际情况，学校的需求很难得以满足，于是，就形成了“国家建设什么我们就用什么，不建就不用”的怪圈。[①] 在对西部农村中小学校长的访谈调查中，有校长反映：全省统一配送的云梯、爬杆、单双杠等体育设施学校都有，但出于安全因素考虑，学校一直不敢用。由于国家层面输入的资源与西部农村中小学实际需求不吻合，学校运行成本增加，出现资源闲置与浪费的执行困惑，学校体育政策执行主体出现“为难”的负面情绪，只能通过迎合上面需求来执行学校体育政策。

第二，政策执行方式的上挤下压，导致政策执行主体产生“做也不是不做也不是”的为难情绪。一方面，我国学校体育政策“自上而下”的执行方式，使基层学校基本没有自主权，只能无条件执行上级下达的政策任务，在如用3年时间使能全面实施《国家学生体质健康标准》的学校在85%以上，达到及格及以上等级和能够每天锻炼1小时的学生在85%以上，掌握至少2项体育运动技能，体质健康水平切实得到提高的“阳光体育运动”目标要求下，基层执行学校做也不是不做也不是，于是，轰轰烈烈的“阳光体育运动”最终昙花一现，而最终3年的时间是否真正达到政策目标任务，当前学生体质健康水平现状可见一斑。另一方面，“自上而下”的学校体育政策执行方式，迫使基层学校不得不通过变相迎合的方式“选择性”执行相关政策。面对每年上报的全国范围的学校体育体质测试数据和政策规定的数据，

① 马军：《农村学校体育内卷化的生成逻辑分析》，《河北体育学院学报》2019年第5期，第65页。

基层学校如实上报不是，不如实上报也不是，处于左右为难的境地。与此同时，体育中考的“放水式”送分、加分也时有存在。2015 年 4 月 27 日，媒体报道：在部分地区和学校，体育中考已经成为堂而皇之的送分考试，初三男生引体向上满分标准由 10 个降低至 5 个，这种按照国家标准本应是不及格的成绩，到了这些地区和学校就成为满分。[①] 本应是一项项对学校体育改革发展利好的政策，为何总是无法产生预期的效果？究其原因，与这种上挤下压式的执行方式不无关系。一方面，应试教育背景下，学生毕业、升学、就业本就是一个大难题，倘若要严格执行学校体育政策相关标准，那么自然要花去学生很多的时间，学校和家庭在这种情况下难以认同。另一方面，学生体质下降的原因是多方面的，不能完全归结于学校体育的责任，也不是靠学校体育单方面努力就能解决的，因此，在这种上挤下压的学校体育政策执行模式下，学校体育政策执行主体常常会陷入“改也不是，不改也不是”“执行不是，不执行也不是”的两难境地，长此以往，政策执行主体难免产生政策执行负面情绪，影响学校体育政策的顺利执行。

第三，政策执行检查注重文件形式，导致政策执行主体产生“表里不一”的负面情绪。由于缺乏完善的监管机制，当前，对学校体育政策执行的检查基本是“操场上一走，办公室一坐，汇报一听”，因此，作为基层执行主体的校长和体育教师普遍认为，所谓的学校体育政策执行，不过是“满足于对上级文件的摘抄解释和机械照搬”[②]，最终，这种注重文件形式的管理方式，导致政策执行主体产生“表里不一”的负面情绪，于是，为迎合上级的检查，不惜加班加点杜撰数据、撰写文件。学校体育改革是一个系统性、长期性、循序渐进的工程，不是靠拍脑门就能一下解决问题的，因此，需要改革者以平常心态面对改革中出现的各种浮躁心态，才能真正避免走形式、走过场。

6.2.2 执行组织协同机制缺乏

政策治理理论认为，政策议题的提出、表达政策意见、选择政策工具的过程，正是各利益相关者之间的“议价与协商”形成有效互动的过程，这种

---

① 于珍：《体育中考岂能如此“放水”?》，《中国教育报》2015 年 4 月 29 日。

② 何劲鹏、杨伟群：《我国基层学校体育改革负面情绪制度化调适》，《中国教育学刊》2017 年第 2 期，第 41 页。

互动过程使彼此之间达成一致意见。[①] 但是，从西部农村中小学校体育政策执行过程和结果来看，学校体育政策颁布数量的不断增加，并未从根本上遏制青少年体质健康指标日益下降的趋势，学校体育政策有效执行能力明显不足，各政策网络主体之间并没有真正做到相互沟通和协商，主要表现在以下几个方面。

第一，学校体育政策社群之间缺乏有效的交流和沟通，致使各部门在政策制定和执行时各自为政，形式大于实质，未能有效履责。从调查数据统计来看，认为西部农村中小学校体育教研组与学校各部门之间的协调配合情况好的校长的比例只有 48.48%，同时，66.67% 的西部农村中小学校采用传统的垂直化组织结构，这种结构会使职能部门间由于缺乏有效的交流与沟通，表面上看都在为学校体育工作出谋划策，而这种多元政策执行主体之间所谓“齐抓”而无“共管”的实际才是导致学校体育政策执行形式大于实质，未能有效履责的关键因素。为了加强青少年体育、增强青少年体质，中发〔2007〕7 号、教体艺〔2007〕14 号、卫疾控发〔2007〕214 号相继颁布，但是在分析过程中发现，《关于加强青少年体育增强青少年体质的意见》只是在“中央 7 号文件”的基础上，将政策制定对象限定在自身所辖职能范围内，在实施细则上却没有更多具体措施，政策执行主体之间缺乏有效沟通与协商，没有形成“牵头部门 +”的联动合作机制，部门之间不同利益诉求难以得到满足，导致政策执行的“孤岛现象”。

第二，府际网络主体之间协同工作机制缺乏，致使相互之间信息封闭，资源未能有效整合。如前所述，我国学校体育工作的开展主要是由府际网络中的教育部门和体育部门协同完成，教育部门主要负责“青少年体质健康”，体育部门主要负责“竞技后备人才培养”。由于彼此之间利益诉求的不同，教育部门和体育部门在“青少年体质健康”与“竞技后备人才培养”之间没有形成协同工作机制，以致在学校体育经费投入比例上存在差异，如上海、广东等地体育和教育部门之间青少年体育经费投入比例为40∶1。同时，2014 年《全国青少年体育统计年报报表》数据显示，体育和教育两个部门办运动员文化教育的体校数量分别为 245 所和 58 所，体育和教育部门共同合办体校数量仅为 181 所。

---

① 张文鹏：《英国青少年体育政策的治理体系研究》，《北京体育大学学报》2017 年第 1 期，第 71 页。

第三，平行（协商）工作机制局限性较大，致使社会组织、学校、家庭、企业等议题网络主体参与度不高。社会力量参与体育是未来体育改革的方向，是保障学校体育供给效率与公平、实现体育资源有效配置的重要途径。[①] 但是，在当前我国学校体育政策“自上而下”的执行方式下，学校体育组织建设滞后，组织动员力度不足，平行运行方式以政府部门之间的协同为主，没有将社会组织、学校、家庭、企业等多元网络主体有效纳入其中，使社会力量参与青少年体育的数量少且活力有待激发，特别是西部农村地区的学校，由于地理位置、资源环境因素的影响，多元网络主体没有发挥应有的作用。

6.2.3 执行资源结构封闭

一般而言，政策网络边界的开放程度与公共政策效能呈正相关。政策网络边界的开放程度是指政策网络对其他政策相关社群接纳的程度。[②] 要想实现政策网络边界的真正开放，需要注意以下两个方面，一是其他政策社群进入的机会程度，二是进入后的政策社群在政策网络群体中拥有的话语权程度。然而，由于我国长期以来政治、社会发展、文化习惯对政策产生和实施的影响，我国学校体育政策制定过程很少考虑部分相关利益主体的利益诉求，使相关政策利益主体因参与途径少和话语权小而“不在场”。

首先，作为议题网络主体的青少年话语权小，致使学校体育政策“区域性失真”和青少年体育需求被忽视。我国幅员辽阔，不同地区之间差异显著，青少年在身体形态、身体机能方面存在的差异为大家所共知，但是，《国家学生体质健康标准》在身体形态、身体机能评价指标上的“一概而论”却恰恰没有考虑我国西部农村青少年体质的区域性特征，这种指标的“一概而论”对经济落后地区的青少年来讲是很不公平的。[③] 青少年体育需求是学校体育政策能否有效执行的关键，但是，为了在学校体育政策执行技术手段上，达到国家层面的既定目标需求，青少年个体需求明显被忽视，缺乏对宣传环境的必要重视，体育与健康知识宣传不到位，使自觉体育意识难以形成，

---

① 王先亮、王晓芳、韩继振：《社会力量办体育的可行性及实现路径》，《体育学刊》2016 年第 6 期，第 26 页。

② 陈震聃：《政策网络结构与公共政策效能分析》，硕士学位论文，浙江工商大学，2013，第 75 页。

③ 牟骏睿：《〈国家学生体质健康标准〉在重庆市普通高校的实施现状及策略思考》，硕士学位论文，西南大学，2009，第 40 页。

体育政策传播机制不健全，导致青少年对体育价值、体育与健康关系的认知不足、体育意识薄弱。到目前为止，我国仅有 19.43% 的中学生拥有较好的体育锻炼习惯。① 同时，由于受传统应试教育和“望子成龙”思想的影响，许多家长并未真正认识到青少年健康成长的长远意义，更多的则是希望孩子能够考上好大学，找一份好工作，在孩子成才和健康成长之间发生冲突时，部分家长会选择前者。而作为学校的第一责任人——校长在面对优异升学率和积极执行学校体育政策给青少年带来快乐，促进他们健康成长时，多数校长会选择前者而与学生家长达成共识。

其次，作为生产者网络主体的基层学校实际现状没有得到真正重视，致使学校体育政策陷入“概念化”状态，很难真正落到实处。在对西部农村中小学的调查中发现，有 6.35% 的学校体育课经常被占用，52.38% 的学校体育课有时被占用，在开设体育课的学校中，每节体育课的时间完全能保证的学校只占被调查学校的 52%。青少年身体素质的改变不是一朝一夕的，增强青少年体质只是培养全面发展的社会主义接班人的一种手段，当前这种为了实现既定政府目标而人为降低各项评价指标的做法，使达到政府目标成了政策执行的最终目的。

从以上分析可以看出，我国西部农村中小学校体育政策资源结构的边界看似开放，但由于政府主体对其话语权的限制，资源结构的边界实际上仍然处于封闭状态。这就导致了国家制定出台的政策遭到质疑，阻碍了学校体育政策的顺利实施，制约了学校体育改革。

6.2.4 执行监管缺位

有效的政策执行监督是使政策目标实现的关键环节。学校体育政策执行过程中出现的“青少年体质健康水平持续下降”等现象，政策社群与府际网络主体常态化监管缺位和形式化监督普遍是不可排除的客观因素。

在我国学校体育政策执行中以“运动”方式轰轰烈烈组织的会议和活动不少，但更加注重形式建设，缺乏对青少年体育工作常态化的推进和监管。② 以“中央 7 号文件”（中发〔2007〕7 号）为例，文件中虽然规定要“建立对学校体育的专项督导制度，实行督导结果公告制度。健全学生

① 乔玉成：《青少年锻炼习惯的养成机制及影响因素》，《体育学刊》2011 年第 3 期，第 88 页。

② 张绰庵：《青少年体育综合改革的理性思考》，《北京体育大学学报》2014 年第 1 期，第 4 页。

体质健康监测制度，定期监测并公告学生体质健康状况”，但在具体的操作实践中，由于政策社群与府际网络主体缺乏对青少年体质监测政策落实的常态化监督，青少年对政策执行认同中的过程管理和重视程度认同度较低。① 久而久之，政策执行监督制度的不完善，常态化监管的缺位，会使人们对青少年体育发展不再那么关注，最终也使青少年体育政策实施不到位。

从监督形式上看，当前政策社群与府际网络主体对青少年体育政策执行的监督形式基本上呈现“学校会议室一坐，一听汇报，二看材料，三到体育场馆一走”的状态，这种“形式化”监督，导致很多学校为了自身发展利益，不惜在数据和文字上下功夫，使学校体育政策执行中的具体问题不能得到真实呈现，“检查组前脚走，学校后脚就恢复常态”②。与此同时，处于“监督者与被监督者”的府际网络主体，其本身隶属于同一地方教育行政主管部门，因此，它们难以在监督过程中真正行使监督和指导的职能，其“形式化”监督在所难免。

① 潘秀刚、陈善平、潘星安、程春凤、刘丽萍、张中江：《大学生的体质健康标准政策态度的测量研究》，《首都体育学院学报》2019 年第 5 期，第 438 页。

② 潘凌云、王健、樊莲香：《我国学校体育政策执行的制约因素与路径选择—— 基于史密斯政策执行过程模型的分析》，《体育科学》2015 年第 7 期，第 27 页。

7. 西部农村中小学校体育政策执行水平提升策略

7.1 提高执行主体认知能力，提升执行主体认知积极性

消除西部农村中小学校体育政策执行主体的负面情绪，必须发挥制度优势，从制度层面消除诱导执行主体负面情绪产生的土壤和环境，使学校校长和体育教师对顶层设计产生认同感和归属感，促进顶层设计和基层改革实践的互通互动，提高执行主体认知能力。

第一，疏导不良情绪，达成观念共识，凝聚改革合力，建立长效机制。凝聚改革合力，建立长效机制的目的是使政策执行主体达成对学校体育政策认知的共识，形成正确的体育价值认知，树立积极向上的体育价值观。以身体活动为媒介促进人的身心健康发展的体育活动决定了体育对人的生理性改造与提升不是一蹴而就的，而是一个复杂的、系统性的提升过程。因而，相对于文化分数的即时可见性，学校体育对学生成长过程的价值一时很难显见，由此，校长、教师乃至家长集体向“分数”低头屈服的现状会长期存在，这就决定了学校体育改革的艰巨性和长期性。面对学校体育改革任务的艰巨性和长期性，政策执行主体应摒弃变相迎合等政策执行心态，以平常心正确看待当前学校体育政策执行遭遇的瓶颈问题，建立持久、务实的长效机制，深入西部农村中小学，了解西部农村中小学的实际，建立学校校长的责、权、利制度评价体系，体育教师的业绩考核评价体系和体育教师权利保障体系。

第二，化解消极情绪，维护基层学校、教师利益，健全协调配合机制。

当前，中国应试教育显现出严重的比例失调问题：智育的重要性被无限放大，而德、体、美、劳等教育的重要性几乎仅存在于各式学生手册和评优须知中。由于受应试教育和片面追求升学率的影响，西部农村中小学对学校体育的地位和作用认识不足，导致学校体育政策不能很好落实，学校体育“被边缘化”现象依然存在。因此，应建立协调配合机制，化解基层执行主体的不满情绪，从维护基层体育教师着手，倾听一线体育教师在政策执行过程中的困惑，维护体育教师的切身利益并花工夫去实际解决问题。与此同时，顶层设计要给予基层改革充足的时间和空间，不要给基层政策执行主体太大压力，避免制造轰轰烈烈的迎合执行场面，让基层学校和体育教师安心探索政策有效执行的路径，不断培育基层学校体育改革的群体力量。

第三，消除应付心态，规范监督评价制度，落实问责机制。当前，为应对上级检查采取的轰轰烈烈的校园足球、大课间体育活动等似乎已成常态，这与监督评价制度的不规范和问责机制的不健全存在很大关系，因此，加强制度约束非常必要，唯有如此，学校体育政策执行才不至于走过场，流于形式。首先，规范监督评价制度，应摒弃“操场上一走，办公室一坐，材料一看”的形式化监督，应切实深入学校中间，了解学校体育政策执行的真实情况，切实改变西部农村中小学监督评价制度一般的现实。其次，落实问责机制要从体育经费投入不足抓起，对不按照规定投入体育经费、不按照政策开展体育课和课外体育活动、不执行“每天锻炼 1 小时”体育活动时间、不执行学生体质健康监测的问题，要严格落实问责，坚决杜绝数据造假和应付检查，坚决贯彻校长“一票否决制”和体育教师问责机制。

7.2 结合青少年和基层学校实际需求，实现政策网络边界的真正开放

政策制定者对学校体育的准确辨识是制定学校体育政策的逻辑前提。我们在制定和执行学校体育政策时，应认识到除了府际网络、专业网络之外，生产者网络和议题网络在学校体育政策执行网络中的必要性和意义，只有充分重视青少年自身以及基层执行学校的现实需求，并给予他们更多的话语权，实现政策网络边界的真正开放，输入的体育政策才能真正融入青少年的生活之中。

为提升英国青少年体育参与比例，营造积极的青少年体育锻炼氛围，培

养青少年良好的体育锻炼习惯，2012 年，英国政府启动“让运动成为生活习惯——新青少年体育战略”，重视青少年自身实际，注重政策传播机制从理念转变上加以完善，该战略通过“学校运动会计划”积极引导青少年形成正确的体育观念，建立可持续发展的竞技体育遗产；积极加强学校与社区体育俱乐部的互动，确保青少年在校内外都能享有体育运动的机会；以服务外包的方式与国家单项体育治理组织合作，分阶段实现对青少年运动参与率的提升。与此同时，为了保证“学校运动会计划”顺利推行，英国政府充分重视生产者网络主体基层学校的实际现状，通过建立 6000 个新的学校与俱乐部联盟，投入 5000 万英镑彩票公益金用于升级 1000 所地方体育俱乐部和设施，投入 3000 万英镑修建综合性体育设施，投入 1000 万英镑维护体育场馆设施。① 积极改善学校和社区体育场馆设施质量，有效地提升了青少年体育运动参与率。

英国青少年体育政策的成功经验告诉我们，英国青少年体育政策是在本国国情基础上，结合青少年身心发展的实际问题和基层学校的实际现状，提出的一系列不断延续和完善的政策网络体系。同时，为保证政策的顺利实施，积极改善基层学校和社区场馆设施质量，注重体育环境的营造，积极构建学校 - 社区 - 俱乐部发展模式，拓宽青少年体育活动场域，使之成为学校体育的有力补充和支撑。因此，我们在制定青少年体育政策时，应结合基层学校和不同地区青少年的实际情况，积极开放网络边界，注重政策传播机制的健全和完善，从青少年体育观念的转变开始抓起，在社区场域中规划与建设符合青少年身心特征的体育活动参与场所与设施；积极引导体育俱乐部场域推行青少年喜爱的体育项目，采用学校购买公共体育服务的方式向青少年提供多样化的体育服务，弥补学校体育推行方式单一的不足。只有这样，我们所推进的学校体育政策才能融入青少年的生活之中，成为青少年真正需要的体育方向标。

7.3 注重资源整合，强调多元执行主体对学校体育政策的协同推进

从表面上看，当前我国学校体育改革取得了很大的进步，但实际上却失

① 杨运涛、刘红建、陈茜茜：《让运动成为生活习惯——英国新青少年体育战略：内容、特征及启示》，《南京体育学院学报》（社会科学版）2016 年第 6 期。

去了可持续发展的动力。一方面，青少年迫切需要适合自己的体育文化产品；而另一方面，政策社群提供的体育文化产品又不能满足广大青少年的需求，学校体育发展的内在动力不断消失。因此，从长远来看，要注重资源整合，鼓励政策社群之间、府际网络主体之间联动合作，不断培育学校体育发展的社会力量，实现多元执行主体对学校体育政策的协同推进。

美国青少年体育政策制定和执行部门相互合作、协同共进的"牵头部门+"的联动合作机制是美国青少年体育发展强大的关键。美国青少年体质健康促进计划中，美国中央协调机构"总统体育、健身和营养委员会"（PCSFN）的建立为不同政策社群参与青少年体质健康促进计划发挥了重要作用。在不同领域青少年体质健康促进计划中，涉及美国疾控中心、教育部、农业部等政策社群，为确保政策社群之间有效沟通与合作，成立以"总统体育、健身和营养委员会"为协调机构的牵头部门，协调美国健康、体育、休闲和舞蹈联盟，美国业余体育联盟，美国疾控中心，美国健身、体育和营养基金会分别负责不同层面的工作（见图7－1）。"牵头部门+"联动合作机制的确立，为美国青少年体质健康促进计划的顺利实施提供了良好的制度保障。

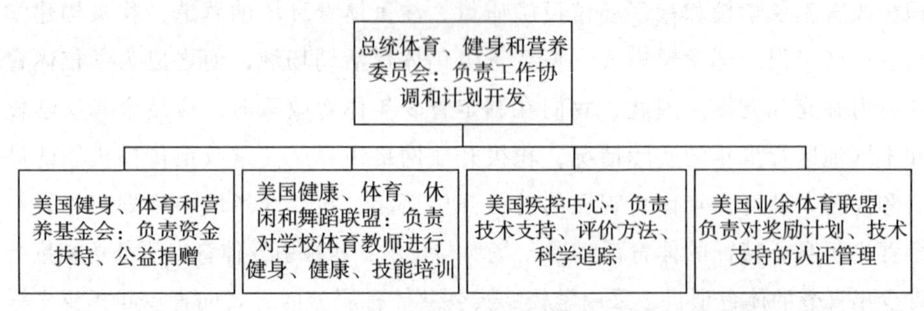

图7－1　美国青少年体质健康促进计划协调机构工作分工

与美国青少年体质健康促进计划的政策网络体系一样，英国青少年体育的快速发展同样得益于英国政府"公共服务整合"理念下多部门协同推进的执行体系。进入21世纪以来，英国青少年体育政策的推行体系由文化、传媒和体育部以及教育技能部负责组织，这些隶属政府的部门负责制定青少年体育政策并提供政策资金保障，为避免府际网络主体之间由利益差异导致协同缺乏，确保文化、传媒和体育部与教育技能部之间实现资源有效整合，英国文化、传媒和体育部与教育技能部委派专人成立政府代表委员会，与英格兰体育理事会代表、英国青少年体育信托基金会代表一起，定期召开代表会议，共同决定具体执行方案，确保府际网络主体之间有效交流与沟通。

与此同时，英国青少年体育信托基金会意识到，社会力量参与是青少年体育工作开展的关键，因此，英国青少年体育信托基金会注重发挥市场职能，充分整合英国青少年校外体育资源。塞恩斯伯里学校运动会（Sainsbury's School Games）的开展借助国家彩票资金资助，发挥市场职能，以校际竞技性比赛为依托，动员社会、市场等力量共同为青少年体育事业服务，并将其打造成一项国家级体育赛事，实现了资源的有效配置。

英美发达国家青少年体育政策有效执行的实例表明，要提高青少年体育政策执行效率，激发青少年体育发展的内在动力，需要建立多元网络主体之间畅通的协调合作机制，加强政策社群、府际网络主体之间的交流合作和注重资源整合，调动社会力量的积极性，使政府力量与社会力量之间实现良性互动，形成教育与体育部门、政府与学校、学校与社区等政策社群和府际网络主体之间的联动合作机制，如此，学校体育才能获得源源不断的发展动力。

7.4 重视政策执行量化标准的规范，强化对政策执行效果的常态化监督评估

政策能否有效执行和落实的着力点在于是否具有可操作、可量化的考核标准。[①] 20 世纪 90 年代，英国“公民宪章运动”绩效考核机制形成，英国青少年体育政策在这种机制影响下，形成以“服务目标量化原则”为指导，用明确可操作、可量化的信息考核具体政策方案，形成了常态化的监管制度，奖罚分明。英国青少年体育信托基金会对“体育改变生活：青少年体育信托基金会五年战略规划”的工作目标和完成标准进行了具体的量化规定，分为三个领域的目标：“体育开始”领域目标要求改变 100 万名基础学校学生的生活；“体育机会”领域目标要求培养 25 万名立志为青少年体育服务的教师和志愿者等；“体育优异”领域目标要求推动 250 万名青少年生活能力的最优改变。该规划方案中明确的可操作、可量化信息为相关部门的考核提供了具体的量化标准。监督、评估、反馈是科学、及时调整各类公共政策执行的有力工具，为保证青少年体育政策目标的实现，英国成立专门的教育质量监

① 刘红建、尤传豹：《新世纪英国青少年体育政策的演进脉络、有益经验与本土启示》，《南京体育学院学报》（社会科学版）2017 年第 4 期，第 7 页。

测局，负责学校体育质量的监测与评估，并形成相应的监测报告，及时发现青少年体育政策执行过程中存在的问题，供相关部门决策参考。

因此，政策社群在制定具体政策方案时，应借鉴英国经验，解决当前我国学校体育政策制定中理论层面的阐释较多、可供操作的量化措施较少、明确的业绩目标较少、评价主体和监督部门体系不完善的问题。在政策内容中明确相应的业绩目标和完成标准，明确监督评估主体及其主要职责，积极引入学校体育议题网络主体（专家、学者、社会组织、家长、学校等）第三方评估机构，通过建立内外部相结合的监控机制，强化政策网络主体责任，最大限度地保证学校体育政策有效、顺利执行。

8. 研究结论与对策建议

8.1 研究结论

学校体育政策是为了解决学校体育发展过程中的问题而制定的，反映了国家和执政党的政治意志和愿望，是调整学校体育发展中各种利益关系的工具，也是服务社会经济发展和文化进步的手段。学校体育政策执行是学校体育政策执行者为实现学校体育目标而贯彻、落实学校体育政策的全部活动和整个过程。

学校体育政策执行的特点包括执行内容和手段的规定性、执行过程的动态性、执行对象的可塑性、执行影响的深远性，这些特点决定了学校体育政策执行是一个多元复杂的过程。学校体育政策执行是实现学校体育政策落地生根的关键，是检验学校体育政策质量的基本途径并为后续学校体育政策的制定提供依据。制度变迁理论、政策执行理论、政策网络理论构成了学校体育政策执行的理论基础。

新中国成立以来，学校体育政策在不同时期的基本特征主要表现在：奠定发展时期，学校体育政策与政治、社会发展紧密联系，主要围绕增强学生体质展开，其政策制定主体呈现多元化特征；调整发展时期，学校体育政策体系进一步完善，学科性得到不断增强，学校体育政策执行主体由多元化趋于集中；平稳发展时期，确立学校体育地位和性质的相关法律出台，使学校体育有法可依，同时，“健康第一”指导思想的确立，使学校体育回归到科学性和人文性的发展轨道；蓬勃发展时期，学校体育建设纳入国家发展战略，学校体育政策体现出全局性和全面性特征，把学校体育推向了新的高度。

在对西部农村中小学校体育政策执行进行实证研究后发现，西部农村中小学校体育政策执行处于中等偏上的水平，其主要问题表现在：学校校长对学校体育政策执行的认知不足和重视程度不够；体育教师的个人执行能力有待提高；学校组织运行机制不完善，突出表现在学校各职能部门与体育教研组之间的协调配合不够顺畅；物力资源和人力资源缺乏，学校精神文化环境氛围营造不够；体育教学质量不高，课外体育活动时间不足和学生体质健康状况堪忧。

提升西部农村中小学校体育政策执行的主要对策建议包括：第一，消除执行主体负面情绪，提高执行主体认知能力；第二，结合青少年和基层学校实际需求，实现政策网络边界的真正开放，只有充分重视青少年自身以及基层执行学校的现实需求，并给予他们更多的话语权，实现政策网络边界的真正开放，输入的体育政策才能真正融入青少年的生活之中；第三，注重资源整合，鼓励政策社群之间、府际网络主体之间联动合作，不断培育学校体育发展的非政府力量，强调多元执行主体对学校体育政策的协同推进；第四，重视政策执行量化标准的规范，明确监督评估主体及其主要职责，积极引入学校体育议题网络主体（专家、学者、社会组织、家长、学校等）第三方评估机构，通过建立内外部相结合的监控机制，强化政策网络主体责任，最大限度保证学校体育政策有效执行。

8.2 对策建议

我国西部地区尤其是西部农村地区，教育资源匮乏，教育发展相对滞后，城乡学校之间差距较大，通过梳理新中国成立以来学校体育政策的变迁，对西部农村中小学校体育政策执行进行实证研究，分析找出影响西部农村中小学校体育政策执行存在问题的原因，提出提升西部农村中小学校体育政策执行水平的策略，拓展学校体育政策执行研究的内容领域，为国家或地区改变青少年体质健康持续下滑的现实提供相关决策参考，对促进我国学校体育改革具有重要的现实意义。由于我国西部地区地广人稀，学校分布分散，西部农村中小学校体育政策执行影响因素多、涉及范围广，给研究资料和信息的收集、整理带来了很大的困难，因此，本书在研究范围的确定、调查对象的选取及系统性方面存在一定的遗憾。这些因素制约了研究结论的全面性，本书建议后续研究可以在研究范围、调查对象上进一步扩展，形成比较系统的西部农村中小学校体育政策执行的理论体系，同时，可以深入具体学校进行具体政策的案例研究，以此更深入地剖析影响学校体育政策执行的因素，也可以通过对城市学校和农村学校、东部地区学校和西部地区学校之间学校体育政策执行的比较研究，发现不同地区、不同学校之间存在的问题和差异，为更好地发现和解决问题提供思路。

参考文献

白旭盛:《我国反兴奋剂政策变迁研究》，博士学位论文，北京体育大学，2014。

卞璐:《学校体育政策执行中目标群体策略行为研究》，硕士学位论文，西华师范大学，2017。

兰秉洁、刁田丁主编《政策学》，中国统计出版社，1994。

陈爱辉:《我国体育产业政策变迁的研究》，博士学位论文，北京体育大学，2015。

陈福亮、杨剑、季浏:《学校体育政策执行力影响因素模型的构建》，《沈阳体育学院学报》2015 年第 5 期。

陈冠楠:《我国体育赛事税收政策中的问题及对策》，硕士学位论文，西安体育学院，2015。

陈林祥:《我国体育产业结构与产业布局政策选择的研究》，《体育科学》2007 年第 3 期。

陈庆云:《公共政策分析》，中国经济出版社，1996。

陈钰潇:《沈阳市大众体育政策执行研究——以“沈阳市全民健身实施计划(2011—2015 年)”为例》，硕士学位论文，沈阳体育学院，2017。

陈振明:《西方政策执行研究运动的兴起》，《江苏社会科学》2001 年第 6 期。

陈振明主编《政策科学》，中国人民大学出版社，1998。

陈震聃:《政策网络结构与公共政策效能分析》，硕士学位论文，浙江工商大学，2013。

陈智寿:《学生体质健康状态与体育课程改革成果的反差》，《体育学刊》2002 年第 4 期。

兰诚、梁风:《广西农村中小学体育政策研究》,《体育成人教育学刊》2010年第4期。

程华:《大众体育政策执行效果评估研究——以〈上海市全民健身实施计划(2011—2015年)〉为例》,博士学位论文,上海体育学院,2018。

《辞海》(第六版),上海辞书出版社,2010。

慈鑫:《拯救政策为何止不住青少年体质的下滑》,《中国青年报》2010年3月21日。

戴兴鸿、赵洪波、詹建国:《学校体育政策执行力协同动力机制模型构建及提升路径研究》,《天津体育学院学报》2018年第4期。

《邓小平文选》第3卷,人民出版社,1993。

《邓小平文选(一九七五——一九八二年)》,人民出版社,1983。

董进霞、钟秉枢、布鲁斯·维科斯乐:《大脑可塑性和儿童认知能力研究进展对我国学校体育改革的启示》,《体育与科学》2014年第6期。

董幼鸿:《论公民参与地方政府政策评估制度建设——以政策网络理论为视角》,《上海行政学院学报》2009年第4期。

杜治华:《普通高中学校体育政策执行情况研究》,《四川体育科学》2018年第5期。

冯发金:《中小学生体质健康教育的政策监控研究》,博士学位论文,西南大学,2016。

冯晓丽:《建国以来我国群众体育政策的变迁特点与影响因素》,《体育学刊》2012年第3期。

冯欣欣、王晓春、荆俊昌、邹英:《论"阳光体育运动"政策系统存在的问题及其完善》,《沈阳教育学院学报》2010年第2期。

高巍:《完善我国体育产业政策体系研究》,博士学位论文,东北师范大学,2014。

葛新、曹磊、王华倬:《教育公平视域下我国农村学校体育发展的困境与对策》,《北京体育大学学报》2013年第10期。

耿培新:《我国第八次基础教育课程改革体育与健康课程标准可行性实验研究与分析》,《中国学校体育》2009年第9期。

顾渊彦:《困惑与征途——从体育课程标准谈当前体育课程改革的发展动态》,《江苏教育》2002年第18期。

郭立涛、贾文彤：《我国青少年体育发展政策研究》，《成都体育学院学报》2013年第9期。

郭志明、杨成伟：《我国青少年体质健康政策的研究回顾与展望》，《吉林体育学院学报》2016年第3期。

国家教育委员会体育卫生司主编《学校体育卫生工作文件选编》，辽宁大学出版社，1988。

国家体委群体司编著《〈国家体育锻炼标准〉手册》，人民体育出版社，1982。

国家体育总局政策法规司编《体育事业“十二五”规划文件资料汇编》，人民体育出版社，2011。

《国务院办公厅关于强化学校体育促进学生身心健康全面发展的意见》，《中华人民共和国国务院公报》2016年第14期。

《国务院办公厅转发教育部等部门关于进一步加强学校体育工作若干意见的通知》，《中国学校体育》2012年第11期。

韩勇：《体育法的理论与实践》，北京体育大学出版社，2009。

郝晓岑：《中国幼儿体育政策研究：权利保障与权利救济》，博士学位论文，北京体育大学，2013。

何东昌：《加强中小学的体育教育　为提高全民族的健康水平打好基础——在中华人民共和国第三届中学生运动会开幕式上的讲话》，《学校体育》1986年第5期。

何东昌主编《中华人民共和国重要教育文献（1949～1975）》，海南出版社，1998。

何劲鹏、杨伟群、韩文娜：《顶层设计主导下我国学校体育“微改革”力量的培育》，《北京体育大学学报》2014年第12期。

何劲鹏、杨伟群：《我国基层学校体育改革负面情绪制度化调适》，《中国教育学刊》2017年第2期。

何劲鹏、杨伟群：《我国学校体育政策执行“不良心态”本质透析与制度性化解》，《北京体育大学学报》2018年第2期。

何晓美：《河北省部分高校学校体育政策实施情况的调查研究——以“阳光体育运动”实施为例》，硕士学位论文，河北师范大学，2014。

侯高璐：《供给侧改革的体育产业政策分析》，硕士学位论文，北京体育大学，2016。

胡红生：《社会心态论》，中国科学出版社，2011。

胡剑波、汪珞琪、任丽萍、汪杰：《我国中小学体育教师队伍建设10年追踪调查研究》，《体育成人教育学刊》2013年第4期。

郇昌店：《我国青少年体质健康政策协同研究》，博士学位论文，上海体育学院，2016。

黄盛泉：《上海市大众体育政策执行的制度分析》，硕士学位论文，东华大学，2014。

黄世席：《〈反对在体育运动中使用兴奋剂国际公约〉研究》，《武汉体育学院学报》2006年第3期。

黄衍存、彭雪涵：《改革开放以来我国学校体育政策法规的演进与思考》，《福州大学学报》（哲学社会科学版）2015年第4期。

季浏、汪晓赞、汤利军：《我国新一轮基础教育体育课程改革10年回顾》，《上海体育学院学报》2011年第2期。

季强：《增强青少年体质的战略部署——中共中央政治局召开会议研究加强青少年体育工作》，《下一代》2007年第6期。

姜熙：《比较法视角下的我国体育立法研究——以〈体育法〉修改为切入点》，博士学位论文，上海体育学院，2017。

教育部体育卫生与艺术教育司编《学校体育工作重要法规文件选编（2008年版）》，人民教育出版社，2008。

康冰心：《学校体育政策执行效力研究——以〈国家学生体质健康标准〉为例》，硕士学位论文，华中科技大学，2016。

康均心、夏婧：《兴奋剂的入罪问题研究》，《武汉体育学院学报》2010年第1期。

课程教材研究所编《20世纪中国中小学课程标准·教学大纲汇编：体育卷》，人民教育出版社，2001。

课程教材研究所编著《新中国中小学教材建设史1949—2000研究丛书：体育卷》，人民教育出版社，2010。

雷敏：《成都市初中学校体育现状调查与对策研究》，硕士学位论文，成都体育学院，2018。

黎文普：《高考新政策下我国学校体育竞赛管理改革研究》，《湖北体育科技》

2014 年第 5 期。
李冲、史曙生：《我国青少年体质健康促进政策评估现存问题及改进思路》，《体育学刊》2018 年第 4 期。
李翠琴：《学校体育课程教学的政策演变与制度创新》，《武汉体育学院学报》2012 年第 4 期。
李佳坤：《河南省高校学校体育政策执行情况及提升策略研究》，硕士学位论文，河南师范大学，2018。
李晋裕、滕子敬、李永亮主编《学校体育史》，海南出版社，2000。
李旻俊：《中韩两国体育政策法规的比较研究》，硕士学位论文，湖南师范大学，2012。
李少群、卢其宝：《落实“中央 7 号文件”不妨从“校长重视体育抓起”——读〈体育教学〉卷首〈一小时之上〉所想到的》，《体育教学》2012 年第 7 期。
李德顺主编《哲学概论》，中国人民大学出版社，2011。
李卫东、王健、朱斌、闫彬、邹伟：《湖北省青少年体质健康促进政策研究》，《武汉体育学院学报》2016 年第 6 期。
李伟：《竞技体育宏观调控政策和法律问题研究》，硕士学位论文，山西大学，2009。
李祥主编《学校体育学》，高等教育出版社，2001。
李小伟、宋尽贤：《中国学校体育 30 年所经历的那些事儿历史法规篇——不断完善学校体育卫生法制政策为青少年学生健康成长打牢基础》，《中国学校体育》2011 年第 4 期。
李晓甜：《刍议群众体育政策执行的公私协力困境与前景》，《体育与科学》2012 年第 3 期。
李秀梅：《新中国初期学校体育改革回顾》，《体育文化导刊》2002 年第 1 期。
李园园：《改革开放以来中小学体育教师政策的嬗变研究》，硕士学位论文，华中师范大学，2015。
李允杰、邱昌泰：《政策执行与评估》，北京大学出版社，2008。
梁立启、邓星华：《“扬州会议”的回顾和对当前学校体育发展的启示》，《体育学刊》2014 年第 5 期。
林水波、张世贤：《公共政策》，五南图书出版公司，1982。

刘扶民、杨桦主编《中国青少年体育发展报告（2016）》，社会科学文献出版社，2017。

刘红建、李响：《利益分析范式下的群众体育政策执行探析》，《南京体育学院学报》（社会科学版）2014 年第 5 期。

刘红建、尤传豹：《新世纪英国青少年体育政策的演进脉络、有益经验与本土启示》，《南京体育学院学报》（社会科学版）2017 年第 4 期。

刘鹏：《落实全民健身国家战略　努力推进健康中国建设》，《人民日报》2016 年 10 月 10 日。

刘秋燕、范春晶：《中国群众体育政策执行偏差的表现及原因分析》，《经济研究导刊》2013 年第 15 期。

龙盈利：《我国体育产业政策有效性研究——以［国发（46 号文件）］为例》，硕士学位论文，华侨大学，2018。

鲁志民：《依法治校理念背景下北京义务教育学校体育法规执行情况的研究》，硕士学位论文，北京体育大学，2017。

吕娜：《法库县初级中学校园足球政策执行研究》，硕士学位论文，沈阳师范大学，2018。

罗敦雄：《学校体育政策执行阻滞问题研究——以高校实施“阳光体育运动”为例》，硕士学位论文，福建师范大学，2012。

罗建河、谭新斌：《我国〈学校体育工作条例〉执行过程的阻滞现象分析》，《天津体育学院学报》2008 年第 6 期。

骆雷：《体育强国建设中我国竞赛表演业政策研究——基于政策目标与政策思路的视角》，博士学位论文，上海体育学院，2013。

马贝贝：《新中国中小学体育课程改革的历史研究》，硕士学位论文，西南大学，2015。

马军：《农村学校体育内卷化的生成逻辑分析》，《河北体育学院学报》2019 年第 5 期。

马思远：《我国中小学生体质下降及其社会成因研究》，博士学位论文，北京体育大学，2012。

马晓河：《我国体育产业发展与产业政策选择》，《体育文史》2000 年第 1 期。

牟骏睿：《〈国家学生体质健康标准〉在重庆市普通高校的实施现状及策略思考》，硕士学位论文，西南大学，2009。

宁骚主编《公共政策学》（第二版），高等教育出版社，2011。

潘凌云、樊莲香、张文鹏：《国际上学校体育政策执行研究述论：缘起、论域及启示》，《首都体育学院学报》2018 年第 4 期。

潘凌云、王健、樊莲香：《我国学校体育政策执行存在的问题与应对策略》，《体育学刊》2017 年第 2 期。

潘凌云、王健、樊莲香：《我国学校体育政策执行的制约因素与路径选择——基于史密斯政策执行过程模型的分析》，《体育科学》2015 年第 7 期。

潘明：《改革开放以来我国中小学体育课程发展研究》，硕士学位论文，华南师范大学，2003。

潘绍伟、于可红主编《学校体育学》，高等教育出版社，2015。

潘秀刚、陈善平、潘星安、程春凤、刘丽萍、张中江：《大学生的体质健康标准政策态度的测量研究》，《首都体育学院学报》2019 年第 5 期。

彭雪涵：《改革开放时期学校体育政策法规的文本解读》，《北京体育大学学报》2009 年第 5 期。

乔玉成：《青少年锻炼习惯的养成机制及影响因素》，《体育学刊》2011 年第 3 期。

邱林、戴福祥、张廷安、曾丹：《我国校园足球政策执行效果及主要影响因素分析》，《体育学刊》2016 年第 6 期。

邱林：《利益博弈视域下我国校园足球政策执行研究》，博士学位论文，北京体育大学，2015。

桑玉成、刘百鸣：《公共政策学导论》，复旦大学出版社，1991。

苏可心：《太原市普通高校学校体育政策执行力研究》，硕士学位论文，中北大学，2018。

孙波、傅琴：《健康中国战略下学校体育治理的问题与对策》，《广州体育学院学报》2019 年第 4 期。

孙成林、王健、高嵩：《新中国学校体育设施政策发展研究》，《北京体育大学学报》2014 年第 5 期。

孙光：《政策科学》，浙江教育出版社，1988。

孙庆祝：《群众体育政策执行的协同效应研究》，《体育成人教育学刊》2014 年第 2 期。

孙效良：《政策科学论纲》（修订本），经济科学出版社，2012。

唐大鹏:《我国学校体育政策执行过程审视——以史密斯模型为理论框架》,《广州体育学院学报》2019年第1期。

唐文玲、王娟:《中学学校体育政策执行现状实证研究——以上海市20所中学为例》,《上海体育学院学报》2014年第6期。

陶克祥:《学校体育政策执行力及其影响因素》,《现代教育管理》2012年第6期。

《体育教学》记者:《贯彻全面发展的素质教育　促进青少年健康素质提高——全国学校体育工作会议在京召开》,《体育教学》2007年第1期。

《体育:教育之殇——青少年体质连续25年下滑引发的思考》,《陕西教育(行政)》2013年第4期。

田福蓉:《政策工具视角下的日本公共体育政策分析》,硕士学位论文,山东体育学院,2017。

汪晓赞、季浏、金燕:《我国新一轮中小学体育课程改革现状调查》,《上海体育学院学报》2007年第6期。

王登峰:《学校体育的困局与破局——在天津市学校体育工作会议上的报告》,《天津体育学院学报》2013年第1期。

王凤仙:《〈国家学生体质健康标准〉测试与数据上报存在的主要问题及其解决策略》,《体育学刊》2013年第3期。

王国红:《政策执行中的政策规避研究》,博士学位论文,中共中央党校,2004。

王华倬:《中国近现代体育课程史论》,高等教育出版社,2004。

王婧:《改革开放以来我国农村体育政策的研究——以山东省部分农村实施情况为例》,硕士学位论文,上海体育学院,2011。

王梦柔:《1978年以来我国社区体育政策的沿革》,硕士学位论文,北京体育大学,2017。

王骚编著《公共政策学》,天津大学出版社,2010。

王书彦、季景盛、吴巍、张萍、曲科宇:《学校体育政策执行力主体能力探析》,《高师理科学刊》2010年第6期。

王书彦、吴畏、赵英军:《学校体育政策执行力初探》,《吉林体育学院学报》2010年第2期。

王书彦:《学校体育政策执行力及其评价指标体系实证研究——以黑龙江省

普通中学为例》，博士学位论文，福建师范大学，2009。
王书彦、周登嵩：《学校体育政策执行力的评价指标体系》，《体育学刊》2010年第6期。
王涛：《基于文本分析的我国竞赛表演业政策研究》，硕士学位论文，苏州大学，2016。
王先亮、王晓芳、韩继振：《社会力量办体育的可行性及实现路径》，《体育学刊》2016年第6期。
魏相博：《我国中小学体育课程政策变化轨迹的发展研究》，硕士学位论文，西北师范大学，2010。
魏亚楠：《江苏省体育产业政策执行效果研究》，硕士学位论文，江苏师范大学，2018。
温淑春：《当前我国社会情绪的现状、成因及疏导对策》，《理论与现代化》2013年第3期。
吴凡：《我国残疾人群众体育政策变迁研究》，硕士学位论文，北京体育大学，2017。
吴香芝：《我国体育服务产业政策研究》，博士学位论文，上海体育学院，2012。
伍启元主编《公共政策》，商务印书馆，1989。
习近平：《关于〈中共中央关于全面深化改革若干重大问题的决定〉的说明》，《求是》2013年第22期。
肖乐乐：《2008年北京奥运会后中国体育产业政策变迁研究——基于政策文本的量化分析》，硕士学位论文，华东政法大学，2018。
肖谋文：《21世纪我国学校体育政策的情景、问题及优化——基于政策过程的视角》，《武汉体育学院学报》2018年第2期。
肖谋文：《我国群众体育政策的历史演进及过程优化》，博士学位论文，北京体育大学，2007。
谢明：《政策分析概论》，中国人民大学出版社，2004。
熊斗寅：《温故知新　继往开来——纪念扬州会议三十周年》，《中国学校体育》2009年第5期。
徐硕：《铁岭市普通高中〈学校体育工作条例〉执行情况的研究》，硕士学位论文，吉林体育学院，2016。
徐亦鹏：《我国体育产业税收优惠政策研究及对杭州亚运会税收政策的启

示》，硕士学位论文，杭州师范大学，2018。

许婕、赵均：《协同视角下中国学校体育角色认知误差原因分析》，《吉林体育学院学报》2017年第6期。

闫旭峰、余敏：《国际反兴奋剂立法发展趋势与我国反兴奋剂立法》，《北京体育大学学报》2004年第4期。

杨成伟、唐炎：《学校体育设施服务社会政策的执行困境与路径优化》，《体育学刊》2013年第6期。

杨成伟、唐炎、张赫、张鸿：《青少年体质健康政策的有效执行路径研究——基于米特－霍恩政策执行系统模型的视角》，《体育科学》2014年第8期。

杨定玉、杨万文、黄道主、廖萍：《学校体育政策执行偏差的表现、原因与对策——以"阳光体育运动"的政策分析为例》，《武汉体育学院学报》2014年第1期。

杨金娥：《湖北省体育产业政策研究》，硕士学位论文，华中师范大学，2017。

杨青松、罗建河：《我国群众体育政策执行阻滞效应的多维分析——以〈全民健身计划纲要〉为例》，《广州体育学院学报》2008年第6期。

杨馨蕾：《加拿大体育政策研究——目标、价值与工具的三维分析》，硕士学位论文，山东体育学院，2016。

杨艳红：《政策网络理论及其应用》，硕士学位论文，厦门大学，2009。

尹小兰：《改革开放以来我国大学体育课程政策研究》，硕士学位论文，湖南师范大学，2012。

曾吉、蔡仲林、黄勇前：《新中国成立以来我国学生体质健康标准的演变与发展》，《沈阳体育学院学报》2007年第4期。

詹姆斯·E. 安德森：《公共政策制定》（第五版），谢明等译，中国人民大学出版社，2009。

张绰庵：《青少年体育综合改革的理性思考》，《北京体育大学学报》2014年第1期。

张翠芳：《新中国以来我国竞技体育政策演进研究》，硕士学位论文，华中师范大学，2017。

张国庆主编《公共政策分析》，复旦大学出版社，2004。

张明：《新中国竞技体育政策的发展和特点初探》，《体育文史》1991年第

2 期。

张文鹏：《英国青少年体育政策的治理体系研究》，《北京体育大学学报》2017 年第 1 期。

张文鹏、王健、董国永：《让学校体育政策落地生根——基于教育部〔2014〕3 号文的解读》，《体育学刊》2015 年第 1 期。

张文鹏、王健：《新中国成立以来学校体育政策的演进：基于政策文本的研究》，《体育科学》2015 年第 2 期。

张文鹏、王志斌、吴本连：《健康中国视域下学校体育治理的政策表达》，《北京体育大学学报》2018 年第 2 期。

张文鹏：《中国学校体育政策的发展与改革研究》，博士学位论文，华中师范大学，2015。

张锡娟：《青少年学生体育政策执行过程研究》，硕士学位论文，天津体育学院，2014。

张晓林、文烨、陈新键、毛振明：《我国青少年体质健康政策执行困境及纾解路径》，《西安体育学院学报》2017 年第 4 期。

张艺贤：《欧盟体育政策现状的研究》，硕士学位论文，北京体育大学，2016。

张颖：《中国大众体育政策制定情况与执行者现状研究》，硕士学位论文，北京体育大学，2006。

张正民：《论我国学校体育发展方式转变》，博士学位论文，北京体育大学，2015。

赵富学、程传银：《学校体育中强制与自由关系之研究》，《体育科学》2016 年第 3 期。

赵建英：《2000 年全国学生体质健康调研结果公布》，《中国学校体育》2001 年第 6 期。

郑田：《唐山市普通中学学校体育政策执行力现状及提升策略研究》，硕士学位论文，福建师范大学，2015。

郑文强：《我国竞技体育政策及其变迁研究》，硕士学位论文，广西师范大学，2018。

《中共中央　国务院关于加强青少年体育增强青少年体质的意见》，《中国学校卫生》2007 年第 6 期。

《中共中央　国务院关于深化教育改革全面推进素质教育的决定》，《人民教育》1999年第7期。

《中华人民共和国教育法》,《中华人民共和国全国人民代表大会常务委员会公报》1995年第3期。

周琦:《〈国家学生体质健康标准〉的演变过程及现实问题分析》,《黑龙江教育(理论与实践)》2018年第6期。

《朱德副主席在中华全国体育总会筹备会议的讲话》,《新体育》1950年第1期。

朱富明、冉强辉、张业安:《中学体育政策执行力的影响因素与提升策略——以上海市20所中学为例》,《西安体育学院学报》2015年第4期。

朱源:《公益旅游利益相关者的博弈研究》,硕士学位论文,上海师范大学,2013。

Aaris, M. J., Van de Goor, I. A. M., et al., "Towards Translation of Environmental Determinants of Physical Activity in Children into Multi-Sector Policy Measures: Study Design of a Dutch Project," *BMC Public Health*, 2009 (9).

Amis, J. M., et al., "Implementing Childhood Obesity Policy in a New Educational Environment: The Cases of Mississippi and Tennessee," *American Journal of Public Health*, 2012 (7).

Bellew, B., et al., "The Rise and Fall of Australian Physical Activity Policy 1996 - 2006: A National Review Framed in an International Context," *Australia and New Zealand Health Policy*, 2008 (5).

Bornstein, D. B., Pate, R. R., "From Physical Activity Guidelines to a National Activity Plan," *Journal of Physical Education, Recreation & Dance*, 2014 (7).

Carlson, J. A., et al., "State Policies about Physical Activity Minutes in Physical Education or during School," *Journal of School Health*, 2013 (3).

Donovan, M., Jones, G., and Hardman, K., "Physical Education and Sport in England: Dualism, Partnership and Delivery Provision," *Physical Education and Sport*, 2006 (1).

Easton, D., *The Political System*, N. Y.: Knopf, 1953.

Evenson, K. R., et al., "Implementation of a School-Based State Policy to Increase Physical Activity," *Journal of School Health*, 2009 (5).

Evenson, K. R., Satinsky, S. B., "Sector Activities and Lessons Learned

Around Initial Implementation of the United States National Physical Activity Plan," *Journal of Physical Activity & Health*, 2014 (6).

Gray, S., MacLean, J., Mulholland, R., "Physical Education within the Scottish Context: A Matter of Policy," *European Physical Education Review*, 2012 (2).

Green, K., *Understanding Physical Education*, Paul Chapman Publishing Ltd, 2008.

Green, M., Collins, S., "Policy, Politics and Path Dependency, Sport Development in Australia and Finland," *Sports Management Review*, 2008 (3).

Haug, E., Torsheim, T., Samdal, O., "Local School Policies Increase Physical Activity in Norwegian Secondary Schools," *Health Promotion International*, 2010 (1).

Hornby, A. S., Wehmeier, S., McIntosh, C., Turnbull, J., Ashby, M., *Oxford Advanced Learner's Dictionary* (7th Edition), Oxford University Press, 2005.

Jones, C. O., *An Introduction to the Study of Public Policy*, California: Brooks Coles Publishing Company, 2005.

King, N., *Sport Policy and Governance*, Routledge, 2009.

Lafleur, M., Strongin, S., et. al., "Physical Education and Student Activity: Evaluating Implementation of a New Policy in Los Angeles Public Schools," *The Society of Behavioral Medicine*, 2013 (1).

Lasswell, H. D., *Power and Society*, N. Y.: McGraw-Hill Book Co., 1963.

Lee, S. M., et al., "Physical Education and Physical Activity: Results from the School Health Policies and Programs Study 2006," *Journal of School Health*, 2007 (8).

Lounsbery, M. A. F., et al., "District and School Physical Education Policies: Implications for Physical Education and Recess Time," *Annals of Behavioral Medicine*, 2013 (S1).

McCullick, B. A., et al., "An Analysis of State Physical Education Policies," *Journal of Teaching in Physical Education*, 2012 (31).

McNamee, M. J., "The Spirit of Sport and Anti-Doping Policy: An Ideal Worth

Fighting for," *Play True*, 2013 (1).

Mistry, K. B., et al., "A New Framework for Childhood Health Promotion: The Role of Policies and Programs in Building Capacity and Foundations of Early Childhood Health," *American Journal of Public Health*, 2012 (9).

Morrow, J. R., Jackson, A. W., et al., "Meeting Physical Activity Guidelines and Health-Related Fitness in Youth," *American Journal of Preventive Medicine*, 2013 (5).

Mâsse, L. C., Naiman, D., Naylor, P. J., "From Policy to Practice: Implementation of Physical Activity and Food Policies in Schools," *International Journal of Behavioral Nutrition and Physical Activity*, 2013 (10).

Oliveira, M. S., Bortoleto, M. A. C., "Public Sports Policy: The Impact of the Athlete Scholarship Program on Brazilian Gymnastics," *Science of Gymnastics Journal*, 2012 (1).

Pate, R. R., et al., "Policies to Increase Physical Activity in Children and Youth," *Exercise Science Fitness*, 2011 (1).

Patrick, W. C., Eric, C. H., "A Comparison of Australia, Singapore & Hong Kong Sport Policy," *Asian Journal of Physical Education & Recreation*, 2012 (1).

Penney, D., Evans, J., *Politics, Policy and Practice in Physical Education*, E & FN Spon, 1999.

Rainer, P., et al., "From Policy to Practice: The Challenges of Providing High Quality Physical Education and School Sport Faced by Head Teachers within Primary Schools," *Physical Education and Sport Pedagogy*, 2012 (4).

Reid, A., "The Concept of Physical Education in Current Curi and Asses Policy in Scotland," *European Physical Education Review*, 1996 (2).

Rich, W. C., "Professional Sports, Economic Development and Public Policy," *Review of Policy Research*, 1998 (1).

Ruetten, A., Frahsa, A., Engbers, L., "Supportive Environments for Physical Activity, Community Action, and Policy in 8 European Union Member States: Comparative Analysis and Specificities of Context," *Journal of Physical Activity & Health*, 2014 (5).

Sanchez-Vaznaugh, E. V., Sa'nchez, B. N., Rosas, L. G., et al., "Physical Education Policy Compliance and Children's Physical Fitness," *American Journal of Preventive Medicine*, 2012 (5).

Santo, C., Mildner, G., "Sport and Public Policy: Social, Political and Economic Perspectives," *Human Kinetics*, 2010 (6).

Skille, E. A., "Sport as Social Policy: A Conceptual Reflection about Policy Making and Implementation Through the Case of the Norwegian Sports Qty Program," *International Journal of Applied Sports Sciences*, 2009 (2).

Sotiria, P., Gowthorp, L., et al., "Elite Sport Culture and Policy Interrelationships: The Case of Spirit Canoe in Australia," *Leisure Studies*, 2014 (6).

"Strong Support in U. S. for Update Physical Activity Guidelines," *Active Living*, 2009 (6).

Van Meter, D. S., Van Horn, C. E., "The Policy Implementation Process," *Administration and Society*, 1995 (4).

附录1　学校体育政策执行评价指标权重专家调查表

尊敬的专家：

您好！感谢您在百忙之中为本课题研究提供宝贵的意见和建议！

为了更好地获取学校体育政策执行评价指标相应的判断信息，需要建立学校体育政策执行每一层级各指标的权重，因此，需要您提供宝贵的意见和建议。具体方法如下：请您对所列出的每一层级纵横两列指标进行重要程度的两两比较。以下面第一个表格为例，首先，需要您将行指标 A1 分别与列指标 A2、A3、A4、A5 进行重要程度的判断，在（）填入相对应的数值；其次，将行指标 A2 分别与列指标 A3、A4、A5 进行重要程度的判断，在（）填入相对应的数值；再次，将行指标 A3 分别与列指标 A4、A5 进行重要程度的判断，在（）填入相对应的数值；最后，将行指标 A4 与列指标 A5 进行重要程度的判断，在（）填入相对应的数值。

举例如下：行指标“A1 执行主体能力”分别与 A2、A3、A4、A5 进行比较，得出“A1 执行主体能力与 A2 组织执行”同等重要；“A1 执行主体能力比 A3 学校体育政策”略微重要；“A1 执行主体能力与 A4 执行资源与环境”相比，后者略微重要；“A1 执行主体能力与 A5 执行效果”相比，后者介于稍重要和明显重要之间。如此，体现在表格相应位置的数值分别为：1、3、1/3、1/4。

指标	A1 执行主体能力	A2 组织执行	A3 学校体育政策	A4 执行资源与环境	A5 执行效果
A1 执行主体能力	1	(1)	(3)	(1/3)	(1/4)

具体数值的含义如下所示。

数值“1”表示两个指标相比，“同等重要”。

数值“2”表示两个指标相比，前一指标比后一指标的重要性介于“同等重要”和“稍重要”之间，反之，则用它们的倒数表示。

数值“3”表示两个指标相比，前一指标比后一指标“稍重要”，反之，则用它们的倒数表示。

数值“4”表示两个指标相比，前一指标比后一指标的重要性介于“稍重要”和“明显重要”之间，反之，则用它们的倒数表示。

数值“5”表示两个指标相比，前一指标比后一指标“明显重要”，反之，则用它们的倒数表示。

数值“6”表示两个指标相比，前一指标比后一指标的重要性介于“明显重要”和“强烈重要”之间，反之，则用它们的倒数表示。

数值“7”表示两个指标相比，前一指标比后一指标“强烈重要”，反之，则用它们的倒数表示。

数值“8”表示两个指标相比，前一指标比后一指标的重要性介于“强烈重要”和“极端重要”之间，反之，则用它们的倒数表示。

数值“9”表示两个指标相比，前一指标比后一指标“极端重要”，反之，则用它们的倒数表示。

下面请您逐一进行判断。

一、一级指标对“学校体育政策执行效果”综合指标重要程度的两两比较表

指标	A1 执行主体能力	A2 组织执行	A3 学校体育政策	A4 执行资源与环境	A5 执行效果
A1 执行主体能力	1	（ ）	（ ）	（ ）	（ ）
A2 组织执行		1	（ ）	（ ）	（ ）
A3 学校体育政策			1	（ ）	（ ）
A4 执行资源与环境				1	（ ）
A5 执行效果					1

二、二级指标对上一级指标重要程度的两两比较表

1. “学校校长、体育教师”对“执行主体能力”重要程度的两两指标比较表

指标	B1 学校校长	B2 体育教师
B1 学校校长	1	（ ）
B2 体育教师		1

2. “组织机构、运行机制”对“组织执行”重要程度的两两比较表

指标	B3 组织机构	B4 运行机制
B3 组织机构	1	（ ）
B4 运行机制		1

3. “学校体育政策科学性、学校体育政策明晰性”对“学校体育政策”重要程度的两两比较表

指标	B5 学校体育政策科学性	B6 学校体育政策明晰性
B5 学校体育政策科学性	1	（ ）
B6 学校体育政策明晰性		1

4. “学校执行资源环境、学校文化环境”对“执行资源与环境”重要程度的两两比较表

指标	B7 学校执行资源环境	B8 学校文化环境
B7 学校执行资源环境	1	（ ）
B8 学校文化环境		1

5. “体育教学情况，课外体育锻炼开展情况，课余体育训练、竞赛，学生体质与成绩”对“执行效果”重要程度的两两比较表

指标	B9 体育教学情况	B10 课外体育锻炼开展情况	B11 课余体育训练、竞赛	B12 学生体质与成绩
B9 体育教学情况	1	（ ）	（ ）	（ ）
B10 课外体育锻炼开展情况		1	（ ）	（ ）
B11 课余体育训练、竞赛			1	（ ）
B12 学生体质与成绩				1

三、三级指标对二级指标重要程度的两两比较表

1.“C1、C2”对二级指标“学校校长”重要程度的两两比较表

指标	C1 校长对学校体育政策的认知和态度	C2 校长对学校体育政策执行的能力
C1 校长对学校体育政策的认知和态度	1	（ ）
C2 校长对学校体育政策执行的能力		1

2.“C3、C4”对二级指标“体育教师”重要程度的两两比较表

指标	C3 体育教师对学校体育政策的认知和态度	C4 体育教师对学校体育政策执行的能力
C3 体育教师对学校体育政策的认知和态度	1	（ ）
C4 体育教师对学校体育政策执行的能力		1

3.“C5、C6、C7、C8”对二级指标“组织机构”重要程度的两两比较表

指标	C5 学校组织机构设置的合理性	C6 学校各部门与体育教研组的协调配合程度	C7 体育教研组的协同能力	C8 体育教师岗位职责的明确性
C5 学校组织机构设置的合理性	1	（ ）	（ ）	（ ）
C6 学校各部门与体育教研组的协调配合程度		1	（ ）	（ ）
C7 体育教研组的协同能力			1	（ ）
C8 体育教师岗位职责的明确性				1

4.“C9、C10、C11、C12、C13”对二级指标“运行机制”重要程度的两两比较表

指标	C9 奖励性制度的可行性和有效性	C10 约束性制度的可行性和有效性	C11 监督评价制度的可行性和有效性	C12 学校传播体育政策信息渠道的畅通性和准确性	C13 学校接收体育政策执行信息的及时性和有效性
C9 奖励性制度的可行性和有效性	1	（ ）	（ ）	（ ）	（ ）

续表

指标	C9 奖励性制度的可行性和有效性	C10 约束性制度的可行性和有效性	C11 监督评价制度的可行性和有效性	C12 学校传播体育政策信息渠道的畅通性和准确性	C13 学校接收体育政策执行信息的及时性和有效性
C10 约束性制度的可行性和有效性		1	（ ）	（ ）	（ ）
C11 监督评价制度的可行性和有效性			1	（ ）	（ ）
C12 学校传播体育政策信息渠道的畅通性和准确性				1	（ ）
C13 学校接收体育政策执行信息的及时性和有效性					1

5. “C14、C15”对二级指标“学校体育政策科学性”重要程度的两两比较表

指标	C14 学校体育政策制定的理论依据科学性	C15 学校体育政策方案的科学性
C14 学校体育政策制定的理论依据科学性	1	（ ）
C15 学校体育政策方案的科学性		1

6. “C16、C17”对二级指标“学校体育政策明晰性”重要程度的两两比较表

指标	C16 学校体育政策目标的明确性	C17 学校体育政策内容的可操作性
C16 学校体育政策目标的明确性	1	（ ）
C17 学校体育政策内容的可操作性		1

7. “C18、C19、C20、C21、C22”对二级指标“学校执行资源环境”重要程度的两两比较表

指标	C18 学校生均体育活动经费投入情况	C19 学校生均体育场地面积与体育器材设施情况	C20 体育教师与学生比例	C21 体育教师学历结构	C22 体育教师职称结构
C18 学校生均体育活动经费投入情况	1	（ ）	（ ）	（ ）	（ ）
C19 学校生均体育场地面积与体育器材设施情况		1	（ ）	（ ）	（ ）
C20 体育教师与学生比例			1	（ ）	（ ）
C21 体育教师学历结构				1	（ ）
C22 体育教师职称结构					1

8. “C23、C24、C25”对二级指标“学校文化环境”重要程度的两两比较表

指标	C23 学校体育物质文化	C24 学校体育制度文化	C25 学校体育精神文化
C23 学校体育物质文化	1	（ ）	（ ）
C24 学校体育制度文化		1	（ ）
C25 学校体育精神文化			1

9. “C26、C27”对二级指标“体育教学情况”重要程度的两两比较表

指标	C26 体育课时开足、开齐比例	C27 体育教学计划执行情况
C26 体育课时开足、开齐比例	1	（ ）
C27 体育教学计划执行情况		1

10. “C28、C29、C30”对二级指标“课外体育锻炼开展情况”重要程度的两两比较表

指标	C28 课外体育活动开展情况	C29 大课间体育活动开展情况	C30 学生每天平均体育活动时间
C28 课外体育活动开展情况	1	（ ）	（ ）
C29 大课间体育活动开展情况		1	（ ）
C30 学生每天平均体育活动时间			1

11.“C31、C32、C33”对二级指标“课余体育训练、竞赛”重要程度的两两比较表

指标	C31 每年全校体育运动会召开次数	C32 每学期开展小型群体体育竞赛次数	C33 学校系统进行训练的运动队数量
C31 每年全校体育运动会召开次数	1	（ ）	（ ）
C32 每学期开展小型群体体育竞赛次数		1	（ ）
C33 学校系统进行训练的运动队数量			1

12.“C34、C35”对二级指标“学生体质与成绩”重要程度的两两比较表

指标	C34 学生体质测试达标情况	C35 学生体育成绩及格情况
C34 学生体质测试达标情况	1	（ ）
C35 学生体育成绩及格情况		1

问卷到此结束，诚挚感谢您的支持与帮助！祝您工作愉快，身体健康！

附录2 西部农村中小学校体育政策执行研究（校长问卷）

尊敬的校长：

您好！首先感谢您在百忙之中填写本问卷。我们是全国哲学社会科学青年基金项目“西部农村中小学校体育政策执行研究”课题组，现正在完成西部农村中小学校体育政策执行的实证研究。

学校体育政策是国家和政府为实现一定时期的学校体育目标任务而制定的具体行动方案，是保障学校体育工作正常开展的行动准则。本课题所指的学校体育政策执行是学校体育政策执行主体为实现学校体育目标而贯彻、落实学校体育政策的全部活动和整个过程。提升西部学校体育教育发展水平，促进基本公共体育服务均等化，有利于我国体育教育的改革和体育事业的全面发展。为此，本研究以西部农村中小学校长为调查对象，制作此问卷，希望从您那里获得宝贵的第一手资料。本问卷只做课题研究所用，答案无对错之分，请您放心作答。

西部农村中小学校体育政策执行研究

课题组

一、请在括号内填写您的基本信息和任职学校信息

1. 您个人的基本情况是：

性别（　　　）年龄（　　　）学历（　　　）职称（　　　）毕业学校（　　　　　）

是否属于专职体育教师（　　　）

任职学校（　　　）省（　　　）市（　　　）县（　　　）乡

(　　　)学校

2. 贵校的基本信息：

学校的性质（　　　）是否为体育传统校（　　　）是否为阳光体育示范校（　　　）

体育教师人数（　　　）学生人数（　　　）教学班数（　　　）

二、请对下面问题进行项目选择，同意的请打“√”

1. 您对贵校学校体育政策执行的总体评价是：

A. 执行好，效果好

B. 执行一般，效果一般

C. 执行差，效果差

2. 您认为贵校在执行下列具体学校体育政策时的效果和能力：

政策名称	好	一般	差
《体育与健康课程标准》			
“阳光体育运动”文件			
《国家学生体质健康标准》			

3. 贵校对学校体育工作的总体要求是：

A. 高　　B. 一般　　C. 低

4. 您对学校体育政策精神和内容的认知程度是：

A. 好　　B. 一般　　C. 差

5. 您对贵校学校体育政策执行的重视程度是：

A. 重视　　B. 一般　　C. 不重视

6. 贵校在对有效执行学校体育政策上提供的支持力度是：

A. 大　　B. 一般　　C. 小

7. 您认为您的学校体育政策领导能力：

A. 强　　B. 一般　　C. 弱

8. 贵校在学校体育工作上更重视下列哪些具体工作（请排序）：（　　　）

A. 体育教学

B. 课外体育活动（包括大课间活动）

C. 课余体育训练和竞赛

D. 学生体质健康测试

9. 贵校体育教师在执行下列具体学校体育政策时的态度是：

政策名称	积极坚决执行	一般消极执行	消极犹豫执行
《体育与健康课程标准》			
“阳光体育运动”文件			
《国家学生体质健康标准》			

10. 贵校体育教师在执行下列具体学校体育政策时的投入程度是：

政策名称	投入很多	投入较多	投入一般	投入较少	投入很少
《体育与健康课程标准》					
“阳光体育运动”文件					
《国家学生体质健康标准》					

11. 您对贵校体育教师在执行学校体育政策时的知识、能力和素质的总体评价是：

A. 高　　B. 一般　　C. 差

12. 您对贵校体育教师在执行学校体育政策时所表现的解决问题能力的评价是：

A. 强　　B. 一般　　C. 差

13. 您对贵校体育教师在执行学校体育政策时的专业执行能力评价是：

A. 强　　B. 一般　　C. 差

14. 贵校组织机构设置属于：

A. 扁平化　　B. 垂直化（传统）　　C. 其他

15. 您认为贵校组织机构设置：

A. 合理　　B. 一般　　C. 不合理

16. 您认为贵校各部门的职能分工：

A. 清晰　　B. 一般　　C. 模糊

17. 您认为贵校各职能部门与体育教研组的协调配合：

A. 好　　B. 一般　　C. 差

18. 您认为贵校在“自上而下”传播学校体育政策信息渠道的畅通性和准确性上：

A. 好　　B. 一般　　C. 差

19. 您认为贵校在接收学校体育政策执行信息的及时性和有效性上：

A. 好　　B. 一般　　C. 差

20. 您认为贵校体育教研组的团结协作能力：

A. 好　　B. 一般　　C. 差

21. 您认为贵校在奖励性制度、约束性制度、监督评价制度上的合理性为：

机制	合理	一般合理	不合理
奖励性制度			
约束性制度			
监督评价制度			

22. 您认为贵校在有效实施奖励性制度、约束性制度、监督评价制度上的表现为：

机制	合理	一般合理	不合理
奖励性制度			
约束性制度			
监督评价制度			

23. 贵校在检查与监督主管校长和体育教师执行学校体育政策的情况是：

A. 检查监督有力

B. 检查监督一般

C. 缺乏检查监督

24. 您认为下列学校体育政策目标的明确性：

政策名称	好	一般	差
《体育与健康课程标准》			
“阳光体育运动”文件			
《国家学生体质健康标准》			

25. 您认为下列学校体育政策内容的具体性：

政策名称	好	一般	差
《体育与健康课程标准》			
“阳光体育运动”文件			
《国家学生体质健康标准》			

26. 您认为下列学校体育政策执行的可操作性：

政策名称	好	一般	差
《体育与健康课程标准》			
“阳光体育运动”文件			
《国家学生体质健康标准》			

27. 您认为贵校在执行下列具体学校体育政策时的策略和方法：

政策名称	有创造性，方法策略得当	有一定创造性，方法策略基本得当	缺乏创造性，方法策略不太得当	没有创造性，方法策略不得当
《体育与健康课程标准》				
“阳光体育运动”文件				
《国家学生体质健康标准》				

28. 贵校的校训是（　　　　　　　　　　　　　　　　）

29. 贵校在政策执行上秉承的理念是（　　　　　　　　　　　）

30. 您认为贵校的政策执行环境是否有利于学校体育工作的开展：

A. 非常有利　　B. 比较有利　　C. 不太有利　　D. 非常不利

31. 贵校每年的教育经费是（　　）元，体育经费占学校教育经费的比例是（　　）%

32. 贵校生均体育经费有（　　）元

33. 贵校体育活动经费是否能够满足体育教学和课余体育活动开展的需要：

A. 能够　　B. 基本能够　　C. 不能够　　D. 差距较大

34. 贵校生均体育场地面积有（　　）平方米

35. 贵校体育器材设施是否达到国家中小学体育场地、器材标准：

A. 完全达标　　B. 基本达标

C. 部分未达标　　D. 完全没达标

36. 贵校体育场地设施是否能够满足体育教学和课余体育活动的需要：

A. 完全满足　　B. 基本满足

C. 部分不能满足　　D. 完全不能满足

37. 贵校体育教师教学中必需的学年体育教学计划、学期体育教学计划、单元体育教学计划、课时教学计划等教学文件是否齐备：

A. 齐备　　B. 不齐备　　C. 不全　　D. 相差较多

38. 贵校体育教师完成上述教学文件规定的教学任务的情况是：

A. 100%完成　　B. 80%以上完成

C. 60%以上完成　　D. 40%以上完成

E. 20%以上完成

39. 贵校近五年学生体质健康标准测试达标率是（　　）

40. 贵校近年学生体育成绩合格率是（初中以中考成绩为准）：

A. 高　　B. 一般　　C. 低

再次感谢您的支持和参与，祝您工作顺利，万事顺意！

附录3　西部农村中小学校体育政策执行研究（体育教师问卷）

尊敬的老师：

您好！首先感谢您在百忙之中填写本问卷。我们是全国哲学社会科学青年基金项目“西部农村中小学校体育政策执行研究”课题组，现正在完成西部农村中小学校体育政策执行的实证研究。

学校体育政策是国家和政府为实现一定时期的学校体育目标任务而制定的具体行动方案，是保障学校体育工作正常开展的行动准则。本课题所指的学校体育政策执行是学校体育政策执行主体为实现学校体育目标而贯彻、落实学校体育政策的全部活动和整个过程。提升西部学校体育教育发展水平，促进基本公共体育服务均等化，有利于我国体育教育的改革和体育事业的全面发展。为此，本研究以西部农村中小学校体育教师为调查对象，制作此问卷，希望从您那里获得宝贵的第一手资料。本问卷只做课题研究所用，答案无对错之分，请您放心作答。

西部农村中小学校体育政策执行研究

课题组

一、请在括号内填写您的基本信息和任职学校信息

1. 您个人的基本情况是：

性别（　　　）年龄（　　　）学历（　　　）职称（　　　）毕业学校（　　　）

是否属于专职体育教师（　　　）

任职学校（ ）省（ ）市（ ）县（ ）乡（ ）学校

2. 贵校的基本信息：

学校的性质（ ）是否为体育传统校（ ）是否为阳光体育示范校（ ）

体育教师人数（ ）学生人数（ ）教学班数（ ）

二、请对下面问题进行选择，同意的请打“√”

1. 您对贵校学校体育政策执行的总体评价是：

A. 执行好，效果好

B. 执行一般，效果一般

C. 执行差，效果差

2. 您认为贵校在执行下列具体学校体育政策时的效果和能力：

政策名称	好	一般	差
《体育与健康课程标准》			
“阳光体育运动”文件			
《国家学生体质健康标准》			

3. 贵校校长对学校体育政策的态度是：

A. 重视　　B. 一般重视　　C. 不重视

4. 贵校校长对学校体育政策精神和内容的认知程度是：

A. 好　　B. 一般　　C. 差

5. 贵校校长的决策能力、沟通能力、协调能力、支持能力和处理突发情况的能力：

A. 好　　B. 一般　　C. 差

6. 您认为贵校主管校长对学校体育工作岗位职责的履行情况是：

A. 好　　B. 一般　　C. 差

7. 您在执行下列具体学校体育政策时的态度是：

政策名称	积极坚决执行	一般消极执行	消极犹豫执行
《体育与健康课程标准》			
“阳光体育运动”文件			
《国家学生体质健康标准》			

8. 您在执行下列具体学校体育政策时的实际投入程度是：

政策名称	投入很多	投入较多	投入一般	投入较少	投入很少
《体育与健康课程标准》					
"阳光体育运动"文件					
《国家学生体质健康标准》					

9. 您认为贵校在执行下列具体学校体育政策时的策略和方法：

政策名称	有创造性，方法策略得当	有一定创造性，方法策略基本得当	缺乏创造性，方法策略不太得当	没有创造性，方法策略不得当
《体育与健康课程标准》				
"阳光体育运动"文件				
《国家学生体质健康标准》				

10. 您对自己在执行上述学校体育政策时的知识、能力和素质的总体评价是：

A. 高　　B. 一般　　C. 差

11. 您对自己在执行上述学校体育政策时的一般执行能力（学习、解决一般问题的能力）的评价是：

A. 强　　B. 一般　　C. 差

12. 您对自己在执行上述学校体育政策时的专业执行能力（学习、解决学校体育工作的专门能力）的评价是：

A. 强　　B. 一般　　C. 差

13. 近五年您是否参加过非学历继续教育学习：

A. 是　　B. 否

14. 您认为贵校组织机构的设置：

A. 合理　　B. 一般　　C. 不合理

15. 贵校教研组的设立依据是：

A. 学科　　B. 学年组　　C. 其他（　　）

16. 贵校各部门的职能分工：

A. 清晰　　B. 一般　　C. 模糊

17. 贵校各职能部门与体育教研组的协调配合情况：

A. 好　　B. 一般　　C. 差

18. 您对贵校奖励性制度的评价是：（请分别对 2 个问题进行回答）

A. 合理　　B. 一般　　C. 不合理

A. 有效　　B. 一般　　C. 无效

19. 您对贵校约束性制度的评价是：（请分别对 2 个问题进行回答）

A. 合理　　B. 一般　　C. 不合理

A. 有效　　B. 一般　　C. 无效

20. 您对贵校监督评价制度的评价是：（请分别对 2 个问题进行回答）

A. 合理　　B. 一般　　C. 不合理

A. 有效　　B. 一般　　C. 无效

21. 您认为贵校对体育教师在学校体育政策执行上的检查与监督：

A. 检查与监督有力　　B. 检查与监督一般　　C. 缺乏检查与监督

22. 您认为贵校在“自上而下”传播学校体育政策信息渠道的畅通性和准确性上：

A. 好　　B. 一般　　C. 差

23. 您认为贵校在接收学校体育政策执行信息的及时性和有效性上：

A. 好　　B. 一般　　C. 差

24. 您认为贵校体育教研组内的团结协作情况：

A. 好　　B. 一般　　C. 差

25. 在具体执行中您认为下列学校体育政策目标的明确性：

政策名称	好	一般	差
《体育与健康课程标准》			
“阳光体育运动”文件			
《国家学生体质健康标准》			

26. 在具体执行中您认为下列学校体育政策内容的具体性：

政策名称	好	一般	差
《体育与健康课程标准》			
“阳光体育运动”文件			
《国家学生体质健康标准》			

27. 在具体执行中您认为下列学校体育政策执行的可操作性：

政策名称	好	一般	差
《体育与健康课程标准》			
“阳光体育运动”文件			
《国家学生体质健康标准》			

28. 贵校体育活动经费是否满足体育教学和课余体育活动的需要：

A. 完全满足　　B. 基本满足

C. 部分不能满足　　D. 完全不能满足

29. 贵校体育场馆、器材设施是否满足体育教学和课余体育活动的需要：

A. 完全满足　　B. 基本满足

C. 不能满足　　D. 差距大

30. 贵校体育教师数量是否满足体育教学和课余体育活动的需要：

A. 完全满足　　B. 基本满足

C. 不能满足　　D. 差距大

31. 贵校的政策执行环境是否有利于学校体育政策的执行：

A. 非常有利　　B. 比较有利

C. 不太有利　　D. 非常不利

32. 贵校每周体育课时是：

A. 4 节　　B. 3 节　　C. 2 节　　D. 1 节

E. 0 节

33. 贵校初三年级每周体育课时是：

A. 3 节　　B. 2 节　　C. 1 节　　D. 0 节

34. 贵校初三年级体育课：

A. 照常上　　B. 有时上　　C. 停止上

35. 贵校体育课被其他科目占用的情况是：

A. 经常被占用　　B. 有时被占用　　C. 从未被占用

36. 贵校每节体育课的时间能确保吗？

A. 完全能　　B. 基本能　　C. 部分能　　D. 完全不能

37. 贵校具备下列哪些学校体育文件或计划：

A. 《体育与健康课程标准》总体方案

B. 学年体育教学工作计划

C. 学期体育教学计划

D. 单元教学计划

E. 课时教学计划（教案）

38. 贵校在完成上述教学计划中规定的教学任务情况是：

A. 100%完成　　B. 80%以上完成

C. 60%以上完成　　D. 40%以上完成

E. 20%以上完成

39. 贵校是否实行大课间体育活动：

A. 是　　B. 否

40. 贵校每天课间操和大课间体育活动的次数是（　　）次，每次（　　）分钟。

41. 贵校课间操和大课间体育活动的内容是（多选）：

A. 广播操　　B. 韵律操　　C. 集体舞　　D. 自编操

E. 跑步　　F. 球类（篮、排、足、乒乓球、羽毛球）

G. 踢毽子　　H. 跳皮筋　　I. 跳绳　　J. 体育游戏

K. 自由活动　　L. 其他

42. 贵校课间操和大课间体育活动的组织形式是（多选）：

A. 全校统一进行　　B. 分年级进行

C. 分班级进行　　D. 学生自由活动

E. 其他

43. 贵校学生平均每周课余体育活动的次数是：

A. 3次　　B. 2次　　C. 1次　　D. 0次

44. 贵校学生每天在校体育活动时间平均为：

A. 10~20分钟　　B. 20~30分钟　　C. 30~40分钟　　D. 40~50分钟

E. 50~60分钟　　F. 60分钟以上

45. 贵校每年举行运动会的次数是：

A. 一年2次　　B. 一年1次　　C. 两年1次　　D. 不定时

E. 不召开

46. 贵校每年举办小型单项体育竞赛的次数是：

A. 3次　　B. 2次　　C. 1次　　D. 0次

47. 贵校举办小型单项体育竞赛的主要内容是：

A. 篮球　　B. 排球　　C. 足球　　D. 羽毛球

E. 乒乓球　　F. 健美操　　G. 广播操　　H. 武术操

I. 跳绳　　J. 毽子　　K. 其他

48. 贵校有（　　）支运动队（不包括赛前临时组建的），分别是：

A. 田径队　　B. 篮球队　　C. 排球队　　D. 足球队

E. 其他

49. 贵校是否实施了《国家学生体质健康标准》：

A. 是　　B. 否

50. 贵校近五年学生体质健康标准测试达标率是：

A. 高　　B. 一般　　C. 低

51. 贵校近年学生体育成绩合格率是（初中以中考成绩为准）：

A. 好　　B. 一般　　C. 差

再次感谢您的支持和参与，祝您工作顺利，万事顺意！

附录4　西部农村中小学校体育政策执行研究（学生问卷）

亲爱的同学：

您好！为更好地了解西部农村中小学校体育政策执行情况，我们将耽误您几分钟宝贵的学习时间，请您根据实际情况和内心真实想法填写下列问题。问卷不需填写姓名，答案无对错之分，我们将对所有答案严格保密，请您放心作答。谢谢您的参与和支持！

西部农村中小学校体育政策执行研究

课题组

一、请在括号内填写你和学校的基本信息

性别（　　　）民族（　　　）年龄（　　　　）学校（　　　　）年级（　　　）

二、请对下列问题进行选择，同意的请打"√"

1. 你们学校重视体育吗？

A. 非常重视　　　　B. 比较重视

C. 一般重视　　　　D. 不太重视

E. 很不重视

2. 你们学校更重视下面哪些体育工作（可多选）：

A. 体育课　　　　B. 课间操

C. 课外体育活动　　　　D. 运动队训练

E. 体育竞赛

3. 你认为你们学校体育工作开展得怎么样？

A. 开展好，效果好

B. 开展一般，效果一般

C. 开展不好，效果差

4. 你们学校体育课开展得怎么样？

A. 开展好，效果好

B. 开展比较好，效果比较好

C. 开展不太好，效果不太好

D. 开展不好，效果差

5. 你们学校课间操或大课间体育活动开展得怎么样？

A. 非常好　　B. 比较好

C. 不太好　　D. 非常不好

6. 你们学校体育老师的工作态度认真吗？

A. 非常认真　　B. 比较认真

C. 一般认真　　D. 不太认真

E. 很不认真

7. 你们学校体育老师体育专业水平高吗？（如篮球打得怎么样？足球踢得怎么样？）

A. 非常高　　B. 比较高

C. 一般高　　D. 不太高

E. 很不高

8. 你们学校体育老师能胜任他自己的体育工作吗？

A. 完全胜任　　B. 比较胜任

C. 一般　　D. 不太胜任

E. 很不胜任

9. 你们学校体育场地、器材设施能够满足你们体育课的需要吗？

A. 完全满足　　B. 基本满足

C. 不能满足　　D. 完全不能满足

10. 你们学校体育场地、器材设施能够满足你们课外体育锻炼的需要吗？

A. 完全满足　　B. 基本满足

C. 不能满足　　D. 完全不能满足

11. 你们学校体育工作开展顺利吗？

A. 非常顺利　　B. 比较顺利

C. 不太顺利　　D. 非常不顺利

12. 你在学校平均每天进行体育活动的时间为：

A. 10～20分钟　　B. 20～30分钟

C. 30～40分钟　　D. 50～60分钟

E. 60分钟以上

13. 你们一周上几节体育课？

A. 3节及以上　　B. 2节　　C. 1节　　D. 0节

14. 你们的体育课经常被其他科目占用吗？

A. 经常　　B. 有时　　C. 没有占用过

15. 你们的体育课能上满40～45分钟吗？

A. 完全能　　B. 基本能　　C. 有时能　　D. 完全不能

16. 如果你们的体育课没有上满40～45分钟，一般会上多少时间？

A. 15分钟以下　　B. 15～25分钟

C. 25～35分钟　　D. 35～45分钟

17. 上学年你们的体育课开设了下面哪些内容？

A. 篮球　　B. 排球　　C. 足球　　D. 武术

E. 乒乓球　　F. 羽毛球　　G. 跑步　　H. 跳远

I. 跳高　　J. 投掷　　K. 健美操　　L. 单杠

M. 双杠　　N. 垫上技巧（如前滚翻）

O. 队列队形　　P. 广播操　　Q. 韵律操　　R. 跳绳

S. 跳皮筋　　T. 其他（　　）

18. 你们每周班级体育活动的次数是：

A. 3次　　B. 2次　　C. 1次　　D. 0次

19. 上学年你们学校共举行了（　　）次校内体育单项比赛（班级间以某一体育项目进行的比赛）

20. 上学年你们学校举行了哪些体育比赛（如果没有，可以不选择）？

A. 篮球赛　　B. 排球赛　　C. 足球赛　　D. 乒乓球赛

E. 羽毛球赛　　F. 健美操比赛　　G. 广播操比赛　　H. 跳绳比赛

I. 踢毽子比赛　　J. 其他（　　）

21. 你是否参加了上面的某种比赛？

A. 是　　B. 否

22. 你在学校统一组织的体质健康测试中的成绩是：

A. 优秀　　B. 良好　　C. 及格　　D. 不及格

23. 本学年你的体育成绩是：

A. 优秀　　B. 良好　　C. 及格　　D. 不及格

再次感谢你的支持，祝你学习愉快！

附录5　西部农村中小学校长、体育教师访谈提纲

学校校长访谈提纲：

1. 您认为影响学校体育政策执行的因素有哪些？

2. 您对学校体育在学生成长过程中的作用如何看待？

3. 请谈谈您对有效执行学校体育政策的看法？

体育教师访谈提纲：

1. 贵校是否有专门负责学校体育工作的校长？

2. 贵校各职能部门是否能够协调配合学校的体育工作？协调配合得如何？

3. 贵校是否按照规定排体育课？体育课时是否能够得到保证？有没有其他学科占用体育课的现象？占用严重不严重？

4. 贵校是否每周进行大课间体育活动？课外体育活动开展情况如何？

5. 贵校是否坚持学生体质监测？学生的体质健康状况如何？

图书在版编目(CIP)数据

西部农村中小学校体育政策：理论与实践 / 刘霞著
. -- 北京：社会科学文献出版社，2023.6
ISBN 978-7-5228-1819-1

Ⅰ.①西… Ⅱ.①刘… Ⅲ.①农村学校-中小学-体育教育-教育政策-中国 Ⅳ.①G633.962

中国国家版本馆 CIP 数据核字(2023)第 087045 号

西部农村中小学校体育政策：理论与实践

著　　者 / 刘　霞

出 版 人 / 王利民
责任编辑 / 王玉霞
文稿编辑 / 王红平
责任印制 / 王京美

出　　版 / 社会科学文献出版社 · 城市和绿色发展分社（010）59367143
地址：北京市北三环中路甲 29 号院华龙大厦　邮编：100029
网址：www.ssap.com.cn
发　　行 / 社会科学文献出版社（010）59367028
印　　装 / 三河市龙林印务有限公司

规　　格 / 开 本：787mm × 1092mm　1/16
印 张：12.75　字 数：216 千字
版　　次 / 2023 年 6 月第 1 版　2023 年 6 月第 1 次印刷
书　　号 / ISBN 978-7-5228-1819-1
定　　价 / 98.00 元

读者服务电话：4008918866